MICHAEL BAIGENT
Spiegelbild der Sterne

Michael Baigent

Spiegelbild der Sterne

Das Universum jenseits der sichtbaren Welt

Aus dem Englischen
von Bernhard Kleinschmidt

Droemer

Originaltitel: Ancient Traces II

Besuchen Sie uns im Internet:
www.droemer-weltbild.de

Redaktion: Ralph Thoms
Umschlaggestaltung: ZERO Werbeagentur, München
Umschlagabbildung: Zefa, Düsseldorf
Satz: Max Vornehm GmbH, München
Druck und Bindung: Wiener Verlag, Himberg
Printed in Austria
ISBN 3-426-27121-4

2 4 5 3 1

Inhalt

Einleitung

Die Hohen Priester der Wissenschaft wollen uns weismachen, alle Aspekte des Lebens könnten als zufällige Funktion physischer Prozesse begriffen werden. Unser Bewusstsein, behaupten sie, befinde sich im Gehirn und bestehe ausschließlich aus hoch entwickelten chemischen Reaktionen; die Menschheit setze sich aus individuellen, vom restlichen Leben auf unserem Planeten getrennten Einheiten zusammen. Wir seien, heißt es, durch Zufall und vermittels biochemischer Vorgänge entstanden und endeten als Staub.

Das kann jedoch nicht so recht stimmen. Immer wieder beobachten wir, dass echte Mysterien jeden Aspekt unseres Lebens begleiten, Geheimnisse, die sich gelegentlich kurz zu erkennen geben und die, wie wir sehen werden, sogar mit Hilfe ebender Methoden bewiesen werden können, die die Wissenschaft so sehr bewundert. Dennoch versteift diese Wissenschaft sich noch immer darauf, sie zu ignorieren.

Ein Beispiel ist der Wettkampf, den der Schachgroßmeister Gari Kasparow gegen den Supercomputer »Deep Blue« führte. Für jeden Zug standen ganze drei Minuten zur Verfügung. In dieser Zeit konnte der Supercomputer 20 Milliarden Möglichkeiten überprüfen. Dennoch gelang es Kasparow, ihn zweimal zu schlagen. Es ist unvorstellbar, dass Kasparow in dieser kurzen Zeit bewusst eine ebenso gewaltige Zahl an Alternativen überdenken konnte. Stattdessen muss etwas geschehen sein, was wesentlich merkwürdiger, aber dafür einzigartig menschlich war.

Der Mathematiker John von Neumann war im Alter von acht Jahren in der Lage, kurz in ein Telefonbuch zu schauen und dann ganze Seiten aus dem Gedächtnis zu rezitieren. Ein anderer Wissenschaftler, H. Goto, schaffte es, aus dem Gedächtnis die ersten 42 000 Stellen der Zahl Pi wiederzugeben. Er brauchte dafür neun Stunden.

Schon diese wenigen Beispiele stellen dramatische Beweise dafür dar, dass das menschliche Bewusstsein über Fähigkeiten verfügt, die wir gerade erst auszuloten beginnen.

Dennoch halten wir noch immer an der Auffassung fest, wir könnten alles über unsere Welt begreifen, wenn wir es nur messen, auf die Waage legen oder anderswie in eine naturwissenschaftliche Theorie zwängen können, nach der alle Wirkungen Ursachen haben. Ist etwas nicht mit irgendeinem unserer Sinne wahrnehmbar, so meinen wir, es existiere nicht. Doch so seltsam uns das eine oder andere Phänomen auch vorkommen mag, es könnte doch real sein.

In diesem Buch werden wir uns mit geistigen Fähigkeiten befassen, die so außergewöhnlich erscheinen, dass sie zunächst nur schwer zu glauben sind. Es wird zum Beispiel darum gehen, dass manche Menschen in der Lage sind, ihr Bewusstsein auf bestimmte geographische Koordinaten rund um den Erdball zu richten, um so die militärischen Geheimnisse anderer Länder auszuspionieren. Sie können, so scheint es, durch die Zeit reisen, in die Vergangenheit oder in die Zukunft. Ist das nichts als ein Traum aus der Sciencefiction? Rätselhafterweise haben Forschungen das Gegenteil bewiesen.

Dies konfrontiert uns alle mit einer grundlegenden Frage: In welcher Art von Universum leben wir, wenn solche Dinge möglich sind?

Mit modernster Technik hat die Medizin Tausenden von Menschen das Leben gerettet, die früher nicht überlebt hätten. Eine kurze Zeit lang waren viele dieser Männer und Frauen, die im Krieg verwundet, bei Unfällen schwer verletzt oder einer Notoperation unterzogen wurden, medizinisch gesehen tot. All ihre Körperfunktionen waren zum

Stillstand gekommen. Aber nachdem sie wieder ins Leben zurückgekehrt waren, berichteten viele über eine sehr tief greifende Erfahrung. Sie seien tatsächlich gestorben, sagten sie; das heißt, sie hätten wahrgenommen, wie sie ihren Körper verließen, den sie unter sich sehen konnten. Manche konnten die Operation oder die Wiederbelebungsmaßnahmen beobachten, durch die sie gerettet wurden; andere trieben zunächst dahin und »flogen« dann zu einem Ort, der sich offensichtlich weit jenseits unserer Welt befand.

Solche außergewöhnliche Erlebnisse spielen sich offenbar innerhalb einer bestimmten Art von Raum und Zeit ab, aber nicht innerhalb des Bereichs von Raum und Zeit, in dem wir uns normalerweise aufhalten. Ist unser Verständnis von Raum und Zeit also zu begrenzt? Dieser Schluss scheint sich aufzudrängen.

Vor allem in den Vereinigten Staaten hat das Militär Forschungen finanziert, die bis weit an die Grenzen dessen vorstoßen, was wir als Realität begreifen, und haben dadurch eine Art Neuland geschaffen, das es zu erkunden gilt. Diese Forschungen basieren auf der Annahme – oder, wie manche sagen würden, auf der Tatsache –, dass das Bewusstsein des Menschen unabhängig vom Körper existiert. Die Erfahrung, den Körper zu verlassen, hätte dann tatsächlich einen realen Charakter und wäre nicht nur eine Art komplexer Selbsttäuschung.

Kaum jemand würde leugnen, dass die technischen Errungenschaften der modernen Wissenschaft und Technologie viel Gutes für unsere Gesellschaft bewirkt haben, doch dürfen wir nicht vergessen, dass dadurch auch viel ebenso Wertvolles verloren gegangen ist. Die Wissenschaften müssen endlich erkennen, dass die so genannte Magie, die Rituale und die Philosophie der Vergangenheit viel praktische Weisheit enthalten, wie verrückt diese auch immer scheinen mag.

Die alten Ägypter zum Beispiel hielten es für eine selbstverständliche Tatsache, dass wir mit unserem physischen Körper nicht identisch sind. Auch die moderne Medizin und die Parapsychologie stoßen auf immer mehr Gründe, die diese Annahme unterstützen. Im Mittelpunkt der uralten Lehren steht die ewige innere Essenz des Menschseins.

Diese Essenz – die wahre Definition der Menschlichkeit – geht auch beim Tode nicht zugrunde; sie verlässt den Körper, muss bei der Reise durch eine »Unterwelt« bestimmte Prüfungen und Strapazen überstehen und vereint sich am Ende mit dem Göttlichen. Genau dieselbe Reise wird mit ganz anderen Worten von jenen unserer Zeitgenossen beschrieben, die eine Nahtodeserfahrung hinter sich haben.

Je mehr wir von den Kulturen der Vergangenheit wissen, desto mehr erkennen wir, dass sie uns in vielem voraus waren. Das heißt, dass wir uns der Vergangenheit zuwenden müssen, nicht mit dem Bewusstsein von Archäologen, die eine schon lange tote Kultur katalogisieren, sondern als Schüler, die etwas lernen wollen. Sobald wir die künstlichen Schranken überwunden haben, die die Übersetzung alter Sprachen mit sich bringt, können wir viel entdecken, was von konkretem Wert für unser heutiges Leben ist. Dazu gehört auch, dass wir eine weiter gefasste Vorstellung von dem gewinnen, wer wir wirklich sind und zu was wir als Menschen tatsächlich fähig sind.

Eines ist sicher: Die Zukunft wird nicht von der technologischen Entwicklung bestimmt werden, sondern von der fortschreitenden Entdeckung des menschlichen Potentials. Die Menschheit steht an der Schwelle eines Kosmos, der viel erstaunlicher ist, als wir uns je erträumt haben. Auf rätselhafte Weise scheint er uns jedoch gleichermaßen vertraut. Vielleicht haben wir insgeheim, wie es in den Schriften des Altertums behauptet wird, immer davon gewusst. Denn seit Urzeiten gibt es Geschichten von Menschen, die in die Unterwelt reisen, also an den Ort, an dem die Götter wohnen und an dem sich der Ursprung des Göttlichen befindet, und die von dort wieder zurückkehren. Unser kulturelles und vielleicht auch unser biologisches Gedächtnis hat diese Information über die Generationen hinweg bewahrt.

In diesem Buch werden wir viele Beispiele menschlicher

Fähigkeiten kennen lernen, die weit über das hinausgehen, was mit den fünf Sinnen oder der wissenschaftlichen Logik einer rein physischen Existenz erklärbar wäre. Diese Fähigkeiten legen Zeugnis dafür ab, dass wir Bestandteil eines größeren Lebenszusammenhangs sind, ganz gleich, ob wir uns dessen je bewusst werden oder nicht. Die alten Ägypter sprachen von der *Ma'at,* der kosmischen Wahrheit und Harmonie, und von der Aufgabe jedes Menschen, nach deren Prinzipien zu leben. Auch für unsere Kultur kann es kein besseres Ziel geben.

In den Religionen des Altertums war es die esoterische, rituelle Praxis der Initiation, die dazu diente, dem Geheimnis des Lebens näher zu kommen. Wer das Glück hatte, daran teilzunehmen, gelangte nach einer entsprechenden Vorbereitung und Ausbildung in einen neuen, allumfassenden Zustand, in dem er auf die Quelle des Göttlichen traf, genauer gesagt, diese Quelle *erfuhr.* Kehrte er aus diesem Zustand zurück, um sein alltägliches Leben wieder aufzunehmen, trug man ihm auf, über seine Erfahrungen zu schweigen. Dieses Gebot wurde gehalten, weshalb wir nur Bruchstücke und Andeutungen über das kennen, was während der Initiationen geschah. Die wenigen Hinweise aber reichen zum Verständnis aus, denn so, wie der Mensch sich in den vergangenen Jahrtausenden nicht geändert hat, so hat dies auch die Quelle des Göttlichen und damit das Ziel der Initiation nicht getan.

Die Initiation, heißt es in den alten Schriften, sei ein Ausblick auf den Tod und auf das Leben danach. Diese Erfahrung aber ist, wie wir sehen werden, seit Urzeiten gleich geblieben.

Erstes Kapitel

Die Geheimnisse
des alten Ägypten

Ägypten war immer schon ein entferntes Land, aber auch ein Land, das mit seinen sanften Winden und dem Duft seiner Gewürze eine unwiderstehliche Verlockung ausübte. Das galt früher ebenso wie heute. Denn Ägypten ist ein heiliges Land, in das im Verlauf der Jahrtausende nicht zuletzt all jene Menschen reisten, die etwas über die alten Götter erfahren wollten. Je nach ihren Fähigkeiten und nach dem, was man ihnen offenbarte, hatten sie teil an der uralten Weisheit, die sorgsam in den Tempeln gehütet wurde.

Selbst für die Skeptiker unserer wissenschaftlichen Welt sind die drei Pyramiden von Giseh ein lebendiger Teil des kulturellen Erbes. Im Norden erhebt sich die große Pyramide des Cheops, deren Schlussstein fehlt, in der Mitte die Chephren-Pyramide mit den Resten ihres Aufwegs, der an der Sphinx vorbei zu ihrem Taltempel führt, im Süden die wesentlich kleinere Pyramide des Menkaure oder Mykerinos, des letzten Herrschers aus der 4. Dynastie, über dessen Todesjahr völlige Uneinigkeit herrscht. Möglicherweise ist er gegen 2475 v. Chr. gestorben.

Als Symbole von Harmonie und Zeitlosigkeit haben die drei gewaltigen Bauten einen gleichsam göttlichen Status erreicht. Ihre Präsenz verbindet unser Jahrhundert mit lange zurückliegenden Zeiten, mit einem fernen Land und einer weit zurückliegenden Epoche, die uns weniger fremdartig erschiene, wenn wir nur begreifen könnten, welche Bedeutung die Pyramiden und ihre Mysterien einst wirklich hatten.

Die Existenz der Pyramiden ausschließlich auf menschliche Eitelkeit zurückzuführen ist absurd, denn sie verbreiten eine schweigende Würde, die alles derart Kleinliche transzendiert. Ihre Erbauer mögen eitel gewesen sein – denn wer ist das nicht zuzeiten –, doch in den Bauten selbst spiegelt sich etwas, das den Göttern viel näher ist als der menschlichen Schwachheit.

Die Pyramiden, heißt es auch, seien Monumente des Todes. Doch wenn wir vor ihnen stehen, strahlen sie etwas aus, das eher dem Leben und dessen ewiger Quelle verwandt ist. Die Erklärungen, die man uns anbietet, scheinen der Realität ihrer Existenz nicht angemessen.

In unserer heutigen Zeit, in der der Fortschritt sich so rasch vollzieht, dass wir in wenig mehr als 60 Jahren vom ersten Flugversuch zur ersten Landung auf dem Mond gelangt sind, kann es nicht verwundern, dass etwas, das nach 4500 Jahren noch immer eindrucksvoll, mysteriös und technologisch unerklärbar ist, mit unverhohlener Ehrfurcht und Achtung betrachtet wird.

Die Ägyptologen sind noch immer ratlos. Niemand weiß, wie die Cheops-Pyramide erbaut wurde und ob es tatsächlich Cheops war, der den Auftrag dazu gab. Niemand weiß, weshalb der Gang, der in ihrem Innern zur Grabkammer führt, zur Hälfte nur etwa einen Meter hoch ist, dann aber unvermittelt eine Höhe von achteinhalb Metern erreicht und zu dem wird, was man die Große Halle genannt hat.

Niemand weiß, wie die gewaltigen Steinquader des Taltempels der Chephren-Pyramide transportiert, angehoben und so perfekt zusammengefügt wurden, dass man nicht einmal eine Messerklinge in die Zwischenräume schieben kann. Und niemand weiß, weshalb die riesigen Steine, die mit ihrer unterschiedlichen Größe und Form ein gewaltiges technisches Problem darstellten, überhaupt ausgewählt wurden. Schließlich wäre es wesentlich einfacher gewesen, Quadersteine von einheitlicher Größe zu verwenden.

Niemand weiß, was sonst noch unter dem sandigen Fels des Plateaus von Giseh verborgen ist. Jene, die einen winzi-

Die Pyramiden von Giseh. Von links: die Mykerinos-, die Chephren- und die Cheops-Pyramide. Kairo ist im Hintergrund zu sehen.

Die umfassend restaurierte Sphinx, dahinter die Cheops-Pyramide. Die Restaurierung der Sphinx begann bereits zirka 1400 v. Chr. und dauert bis heute an.

gen Teil des offenbar vorhandenen Komplexes aus Gängen und Kammern erforscht haben, der sich unterhalb der sichtbaren Bauten ausbreitet, schweigen über ihre Entdeckungen. Und dennoch häufen sich die Berichte über Gegenstände, die nächtens aus nirgendwo verzeichneten Galerien mehr als dreißig Meter unter der Erdoberfläche geholt wurden, über Gänge, die von den Pyramiden zur Sphinx und zu den kleineren Tempeln führen.

Wahrscheinlich sollte uns das nicht überraschen. Im 5. Jahrhundert v. Chr. hat der griechische Historiker Herodot aufgezeichnet, was er auf seinen Reisen erlebte. In Ägypten besuchte er auch die Pyramiden, und im zweiten Buch seiner Historien schreibt er, man habe einen Kanal vom Nil zur Cheops-Pyramide gebaut, offenbar unter der Oberfläche des Plateaus, sodass die Grabkammern in der Tiefe zu Inseln im Wasser wurden.[1] Bislang hat kein Ägyptologe öffentlich bekundet, er habe diesen Kanal oder einen der notwendigen Zugangstunnels gefunden. Die geheimnisvollen Schächte und Gänge, die ägyptische Archäologen tief unter dem Plateau von Giseh entdeckt haben, haben aber neugierig auf die vermuteten unterirdischen Strukturen gemacht.

1935 entdeckte Selim Hassan, damals Direktor der ägyptischen Behörde für Altertümer, einen mysteriösen Brunnenschacht im unteren Drittel des Aufwegs, der vom Taltempel des Chephren (und der Sphinx) zur dazugehörigen Pyramide führt. Der Schacht steigt tief in den Fels hinab. Zahi Hawass, heute Leiter der für Giseh zuständigen Behörde, hat berichtet, er sei fast 30 Meter tief, führe durch eine Kammer mit zwei leeren Sarkophagen und ende an einer künstlichen, mit Wasser gefüllten Kammer, in der die Überreste von vier Kalksteinpfeilern zu finden seien, umgeben von einer Wand aus Stein. Auch hier befinde sich ein leerer Sarkophag, versehen mit einer einzigen Hieroglyphe, dem Zeichen *pr* (Haus).

Hawass weist darauf hin, dass das Plateau von Giseh früher als »Haus des Osiris« bezeichnet worden sei. Möglicherweise habe man hier, tief unter der Oberfläche und umgeben von Wasser, ein symbolisches Grab des Osiris angelegt. Aber das ist noch nicht alles. Von der Westseite der Kammer führt ein Tunnel weg, der noch nicht erforscht worden ist.[2] So wird jedenfalls behauptet.

1995 führte das ägyptische Ministerium für Bewässerung eine Bohrung vor dem Sphinx-Tempel durch. In 15 Metern Tiefe stieß die Bohrerspitze auf roten Granit. Da dieser Stein in Giseh nicht natürlich vorkommt, muss es sich um ein steinernes Objekt handeln, das absichtlich dort versenkt wurde.[3] Es liegt nahe, dass es auch einen Zugangstunnel geben muss, denn es ist mehr als unwahrscheinlich, dass die alten Ägypter einfach auf die Idee kamen, einen großen Block aus rotem Granit so tief im Boden zu versenken.

Offenbar wartet jedoch noch wesentlich mehr auf eine offizielle – oder zumindest inoffizielle – Bestätigung. 1996 gab Zahi Hawass in einem Interview mit der *Egyptian Gazette* zu, dass es eine Anzahl »geheimer Gänge« unterhalb des Plateaus von Giseh gibt, deren Ursprung und Zweck unbekannt sind. Mindestens drei der Gänge, behauptete Hawass, befänden sich innerhalb der Sphinx selbst.[4]

Das größte Geheimnis betrifft jedoch die Cheops-Pyramide. Es fehlt jeder Beweis, dass je ein Mensch in ihr begraben wurde. Es gibt keinerlei Hinweise, dass sie je als Grab diente wie die beiden anderen Pyramiden von Giseh, die eindeutig erkennbare Grabkammern enthalten. Ein anderer Unterschied zu diesen beiden Pyramiden sind die vielen außergewöhnlichen, ja einzigartigen Aspekte ihrer Struktur.

Das größte Kuriosum sind die Gänge im Innern. Der eine bildet den Zugang zur Pyramide, wo er bald auf den steil ansteigenden Gang trifft, durch den man die »Königinnenkammer« und die »Königskammer« erreicht. Diese Namen stammen nicht aus dem Altertum, sondern aus arabischer Zeit. Der grob behauene Gang steigt kontinuierlich in einem Winkel von 26° an und ist sehr mühsam zu begehen, da er kaum mehr als jeweils einen Meter hoch und breit ist. Nach knapp 40 Metern verändert er sich plötzlich: Ein horizontaler Gang führt direkt zur Königinnenkammer, wäh-

Die Königskammer in der Cheops-Pyramide mit dem »unvollendeten« Sarkophag. Höchstwahrscheinlich wurde dieser absichtlich so belassen.

rend sich – wieder mit einem Anstieg von 26° – nach oben die gewaltige, geheimnisvolle und schön behauene Große Halle erstreckt.

Diese tief im Herzen der Pyramide verborgene Galerie ist 8,5 Meter hoch, zwei Meter breit und führt knapp 47 Meter weit empor. An ihrem Ende ist schließlich der Eingang zur Königskammer, die sich im Zentrum des riesigen Bauwerks befindet.

Die Große Halle hat mehrere auffällige Merkmale. Deutlich erkennbar ist vor allem, dass die Wände über dem Besucher schrittweise immer näher zusammentreten. Sie tun dies in sieben Stufen, bis die Breite der Halle an der Decke nur noch gut einen Meter beträgt und damit genauso breit ist wie der von unten heraufführende Gang. Weshalb das so ist, ist noch immer unbekannt; keiner der vielen Erklärungsversuche ist schlüssig.

Schon seit den Anfängen der Archäologie sind sich die Ägyptologen der verblüffenden Präzision bewusst, mit der die Cheops-Pyramide erbaut wurde. Ihre Kanten sind exakt nach den vier Himmelsrichtungen ausgerichtet. Die dabei erreichte Genauigkeit ist so groß, dass nur eine minimale Abweichung zu der mit heutigen Mitteln durchgeführten Messung erkennbar wird. Die Südkante zum Beispiel weicht weniger als zwei Minuten von der entsprechenden Himmelsrichtung ab; das ist ein Irrtum von weniger als sechs Hundertsteln eines Grades.

All dies haben die Erbauer ohne Hilfe von Kompassen geleistet, und das bei einem Bauwerk, das 146,7 Meter hoch ist und mit 2,3 Millionen Kalksteinquadern erbaut wurde, von denen jeder etwa 2,5 Tonnen wiegt. Zudem war die Pyramide mit einer perfekt angepassten Verkleidung aus noch größeren, härteren Platten aus weißem Kalkstein versehen, die aus einem Steinbruch in der Nähe stammten.

Eine derartige Präzision kann nur durch einen Bezug zu den Sternen erklärt werden. Zumindest in dieser Hinsicht stehen die wichtigsten Bauten von Giseh in Verbindung mit dem Himmel. Doch das ist nicht ihr einziges Geheimnis. Ihre scheinbar ebenmäßige Konstruktion weist seltsame Anomalien auf.

Ein Spiegelbild der Sterne

Die drei Pyramiden, die alle nach den vier Himmelsrichtungen ausgerichtet sind, sind durch Tore an der Nordseite zugänglich. Im Innern führen die Gänge und Galerien nach Süden. Erkennbar ist also, dass die Bauten entlang einer Nord-Süd-Achse errichtet sind. Doch so perfekt die einzelnen Pyramiden ausgeführt sein mögen, ihre Beziehung untereinander ist mehr als seltsam.

Sie sind nicht entlang einer von Norden nach Süden verlaufenden Linie aufgereiht, wie man erwarten könnte. Auch die logische Alternative, eine Ost-West-Achse, trifft nicht zu. Stattdessen ergibt sich eine merkwürdig gebrochene Linie. Verbindet man die Spitzen der Cheops- und der Chephren-Pyramide, so ergibt sich eine Südwestdiagonale, von der die dritte und kleinste Pyramide abweicht. Sie steht ein wenig zu weit östlich.

Das gab dem Autor Robert Bauval zu denken, der als erfahrener Bauingenieur wusste, dass Bauten nicht einfach aufs Geratewohl errichtet werden, sondern nach einem Plan. Welcher Plan, fragte er sich, hätte einerseits eine präzise Ausrichtung nach den Himmelsrichtungen erfordert, andererseits ein auffällig schiefes Verhältnis der Bauten zueinander?

Bauval studierte das Felsplateau von Giseh aus der Perspektive eines modernen Ingenieurs. Ein mechanischer oder geologischer Grund für die abgeknickte Linie war nicht zu entdecken. Mit Ausnahme eines Bereichs neben der Cheops-Pyramide war die felsige Oberfläche des Plateaus sorgfältig begradigt worden, um ein flaches Fundament für die Bauten zu bilden. Die kleinste Pyramide im Südwesten hätte problemlos in die durch die anderen beiden Pyramiden führende Linie platziert werden können. Waren ihre Erbauer einfach nicht daran interessiert oder gar nachlässig gewesen? Dem widersprachen die Hinweise auf ihre Leidenschaft für äußerste Präzision.

Bauval kam zu dem Schluss, dass Nachlässigkeit oder ein

Das früheste Beispiel eines spirituellen Pyramidentextes; im Inneren der Pyramide des Königs Unas (zirka 2350 v. Chr.) in Sakkara.

willkürlich ausgewählter Standort nicht zu Menschen passten, die sonst so genau und technisch perfekt vorgingen. Deshalb, folgerte er, musste es einen Plan für die Anordnung geben, der eine gebrochene Linie erforderte. Aber welchen? Was waren Ursprung und Bedeutung dieser scheinbar exzentrischen Anordnung?

Bauval begann, sich mit den uralten Ritualen und Mythen der Ägypter zu befassen, um dort einen Hinweis zu finden. Was die mit dem Tod und dem Nachleben verbundenen Riten betrifft, so finden sich die entsprechenden Texte auf den Innenwänden verschiedener Pyramiden. Sie stammen zwar aus einer späteren Epoche als die Pyramiden von Giseh, genauer gesagt aus der späten 5. und der frühen 6. Dynastie, doch beziehen sie sich zweifellos auf eine uralte Tradition. Die unter dem Namen *Pyramidentexte* bekannten Schriften berichten von dem Glauben, der König werde nach dem Tod zu den Sternen aufsteigen und dort eins mit dem Gott Osiris werden. Zu erkennen ist auch, dass die himmlische Form des Osiris ein Sternbild mit Namen Sahu darstellt.

21

Zwei Fachleute für altägyptische Astronomie, Otto Neugebauer und R. A. Parker, kamen zu dem Schluss, dass *Sahu* dem heute unter dem Namen Orion bekannten Sternbild entsprochen haben muss. Das heißt, die Ägypter identifizierten Osiris mit Orion.[5] Bei dem irdischen Tor zum Himmel wiederum, das den Namen *Ra-Setau* oder *Rasetjau* trug, handelt es sich offenbar um Giseh.[6]

All dies war überaus aufschlussreich, da Bauval bereits aufgefallen war, dass die so genannten Luftschächte, die von den beiden großen Kammern der Cheops-Pyramide schräg nach oben führen, ursprünglich direkt auf bestimmte Sterne ausgerichtet waren. So wies einer der Schächte der Königskammer zur Bauzeit auf den unteren Stern im Gürtel des Orion.

In Bezug zur Milchstraße, stellte Bauval ferner fest, bilden die drei Sterne des Oriongürtels eine nach Südwesten verlaufende Linie, die identisch ist mit der Position der drei Pyramiden von Giseh in Bezug zum Nil. In den alten ägyptischen Schriften wird die Milchstraße als »großer Fluss« bezeichnet. Hatte man den Nil, fragte sich Bauval, als irdische Entsprechung der Milchstraße betrachtet? Und entsprachen die drei Pyramiden damit den drei Sternen im Gürtel des Orion?

Was die Südwestdiagonale betrifft, die die drei Sterne des Gürtels verbindet, ist sie nicht ganz gerade. Der oberste, kleinste Stern des Gürtels ist ein Stück weit nach Osten verschoben. Auch die dritte, kleinste Pyramide von Giseh, erbaut von Mykerinos, ist auf exakt dieselbe Weise nach Osten gerückt. Die Übereinstimmung erscheint schlüssig. Begeistert schreibt Bauval in seinem gemeinsam mit Adrian Gilbert verfassten Buch: »[In] Giseh besitzen wir das Abbild des Gürtels des Orion auf Erden.«[7]

Teile des archäologischen Establishments reagierten durchaus positiv auf Bauvals Thesen. So sprach I. E. S. Edwards, der frühere langjährige Kustos der altägyptischen Abteilung im British Museum und Autor eines bekannten Buches über die Pyramiden, von »überzeugenden Belegen«

und stimmte mit Bauval überein,»dass die Sterne des Oriongürtels für die Ausrichtung der Großen Pyramide eine wesentliche Rolle gespielt« hätten.[8]

Inzwischen hatte Bauval die Ausrichtung der »Luftschächte« genauer bestimmt und herausgefunden, auf welche Sterne sie zu welchem Zeitpunkt zeigten. Um 2450 v. Chr., also zur Zeit des Baus der Cheops-Pyramide, wies der südliche Schacht der Königskammer auf den unteren Stern im Gürtel des Orion, mit dem die Pyramide korrespondiert. Der südliche Schacht der tiefer liegenden Königinnenkammer zeigte auf Sirius.

Bauval überlegte, wozu die Cheops-Pyramide gedient haben könnte. Einer der von der Königinnenkammer ausgehenden Schächte hatte auf Sirius gezeigt, den Stern der Göttin Isis, ein Schacht der Königskammer auf den mit Osiris gleichgesetzten Orion. Nach der ägyptischen Mythologie wird dem Königspaar Isis und Osiris ein Sohn namens Horus geboren, der, wie die Legende sagt, lange vor der Zeit der Pharaonen als Halbgott über Ägypten herrschte. In den *Pyramidentexten* ist von einer mystischen Schar der vordynastischen Zeit die Rede, den »Jüngern des Horus«. Zudem war »Horus« Teil des Namens aller frühen Pharaonen. Hatte die Cheops-Pyramide also zu einer Art Krönungs- oder Initiationsritual gedient, bei dem die Vereinigung der irdischen und der stellaren Vertreter der Götter vollzogen wurde – eine Vereinigung von Oben und Unten?

Mit einem der Monumente von Giseh hatte sich Bauval zu diesem Zeitpunkt noch nicht beschäftigt: mit der Sphinx, deren Blick für immer auf den östlichen Horizont gerichtet ist, und zwar auf den Punkt, an dem die Sonne zur Zeit des Frühlingsäquinoktiums (um den 21. März) aufgeht.

Mit diesem Aspekt befasst Bauval sich in einem späteren, gemeinsam mit Graham Hancock verfassten Buch. Hier ist von einem Zeitraum die Rede, in dem beim Frühlingsäquinoktium bei Sonnenaufgang drei bedeutsame astronomische Ereignisse zusammenfielen: in Blickrichtung der

23

Sphinx gingen die Sonne und das Sternbild Löwe auf; Sirius stand knapp über dem Horizont; das Sternbild Orion befand sich am niedrigsten Punkt seines 25 920 Jahre dauernden Präzessionszyklus.

Diese Epoche, schreiben Hancock und Bauval, sei jene »Erste Zeit«, in der Osiris nach den alten ägyptischen Texten dem Land seine Zivilisation und sein Königtum geschenkt habe. Zu datieren sei sie auf etwa 10 500 v. Chr.[9] Gültig ist das natürlich nur, wenn es überhaupt zulässig ist, den tiefsten Punkt eines Zyklus als Anfang zu nehmen. Die meisten Astrologen des Altertums wie der Moderne hätten eher den höchsten Punkt – die Kulmination – als Ende eines Zyklus und Beginn des nächsten genommen. Damit läge die von Hancock und Bauval berechnete »Erste Zeit« in der Mitte des aktuellen Zyklus, der um das Jahr 23 460 v. Chr. begonnen hat und um 2460 enden wird.

Fairerweise muss man sagen: Haben Hancock und Bauval mit ihrer Identifikation und Interpretation ins Schwarze getroffen, haben sie die geläufigen Theorien der Ägyptologie ernsthaft erschüttert. Es bleibt jedoch ein unübersehbares Problem, das unsere Begeisterung für diese revolutionäre Entdeckung dämpfen muss. Hancock und Bauval achten nicht ausreichend auf den grundlegenden Unterschied, der zwischen dem wörtlichen und dem symbolischen Verständnis eines Textes oder Mythos bestehen muss.

Gerade dies jedoch ist einer der zentralen Punkte, um die es in diesem Buch gehen wird: Es ist der Schleier der Symbolik, unter dem die tiefsten Geheimnisse des alten Ägypten lange Zeit verborgen waren.

Der Ort des Aufsteigens

Die drei Pyramiden von Giseh sind das bekannteste Wahrzeichen Ägyptens und wohl des gesamten Altertums. Allerdings sind sie nicht so einzigartig, wie gemeinhin angenommen wird: Alles in allem gibt es in Ägypten etwa

90 Pyramiden. Die meisten bilden eine Kette entlang des westlichen Nilufers, die in Giseh beginnt und sich etwa 100 Kilometer weit nach Süden erstreckt. Wesentlich weiter südlich stehen weitere Pyramiden, zum Beispiel in Abydos, in Edfu und auf der Insel Elephantine. Eine große Anzahl dieser Bauten ist nur noch als Ruine erhalten, und keiner ist so groß wie die Cheops-Pyramide. Dennoch legen viele ein eindrucksvolles Zeugnis für das damalige architektonische Können ab. Die allererste Pyramide ist der 60 Meter hohe Stufenbau des Königs Djoser, der um 2650 v. Chr. in Sakkara entstand. Als letzter Pharao ließ sich wahrscheinlich Ahmose um 1530 v. Chr. ein solches Grab erbauen. Das Zeitalter der Pyramiden dauerte also nur wenig mehr als elfhundert Jahre.

Keine von all diesen Stätten zeigt einen so einheitlichen und konsequenten Zusammenhang wie Giseh. Keine ist von einer so dichten Aura des Geheimnisses und der verborgenen Weisheit durchdrungen. Noch heute faszinieren die drei großen Pyramiden alle Besucher, vom abgebrühten Fachmann bis hin zum Liebhaber, dessen Sinn für Geschichte so schief und dessen Kritikfähigkeit so schwach ist, dass er sich zu der Ansicht versteigt, hier seien Außerirdische am Werk gewesen. Vor dem, was hier geleistet wurde, stehen beide jedoch mit derselben Bewunderung.

Es ist nur allzu gut bekannt, dass die Pyramiden von Giseh sich jeder sicheren Interpretation verweigern. Natürlich kann man sie messen, aber das ist auch schon alles. Wir wissen noch immer nicht, wie sie erbaut wurden. Insbesondere bei der Cheops-Pyramide bleiben unzählige Fragen ungeklärt. Der ganze Bau ist einfach zu seltsam. Er weist eine Reihe erstaunlicher Aspekte auf, deren Verwirklichung unglaubliche Mühe und Organisationstalent erfordert haben muss. Aber weshalb das Ganze?

Außerdem ist nicht beweisbar, dass die Pharaonen Cheops, Chephren und Mykerinos überhaupt in ihren Pyramiden bestattet wurden. Womöglich wurden sie nach den Bestattungszeremonien, die in den Tempeln und vielleicht auch in den Pyramiden stattfanden, heimlich irgendwo anders beigesetzt. Die Mutter von Cheops jedenfalls hat man nicht in ihrem großen Grab bestattet, sondern heimlich in eine Gruft tief unter dem Plateau von Giseh gebracht. Anschließend wurde der 30 Meter lange Gang verschlossen und der Eingang mit Schutt bedeckt, um alle Spuren zu beseitigen. Die Kombination solcher geheimen Grabkammern und als Attrappen dienender Pyramiden oder Felsgräber war durchaus üblich, um Grabräubern oder einer sonstigen Schändung vorzubeugen.

Seltsamerweise besitzt die Cheops-Pyramide nicht nur eine, sondern drei Grabkammern. Zwei davon sind leer und offenbar unvollendet, die dritte – die so genannte Königskammer – sieht zwar fertig aus, enthält aber einen unvollendeten Granitsarkophag, auf dessen Deckel noch die Spuren von Säge und Meißel zu sehen sind. Das steht im krassen Gegensatz zu den fein polierten Wänden der Kammer. Zudem ist der Sarkophag viel zu groß, um durch die Innengänge in die Kammer gelangt zu sein. Man muss ihn also bereits während des Baus der Pyramide platziert haben, noch bevor die Königskammer vollendet war.

Der Sarkophag stellt ein typisches Problem dar, denn er wirft eine ganz einfache Frage auf, auf die es keine klare Antwort gibt: Warum ist er so unfertig? – Wollte Cheops etwa Geld sparen? Oder wurde er von einem hinterlistigen Architekten betrogen, der wusste, dass der König tot sein würde, bevor die Sache aufflog?

Die herkömmliche Erklärung lautet, der ursprüngliche, komplett fertig gestellte Sarkophag sei zu einem sehr späten Zeitpunkt entweder durch einen Riss im Stein zerbrochen oder bei seiner 800 Kilometer weiten Reise, die er per Schiff von den Steinbrüchen bei Assuan nach Giseh zurücklegen musste, im Nil versunken. Um die Bauarbeiten nicht zu verzögern, habe man dann rasch ein zweites, unfertiges Exemplar geliefert und eingesetzt, solange die Grabkammer noch von oben zugänglich gewesen sei.

Wer diesem Unsinn Glauben schenkt, hat in der Ägyptologie nichts verloren. So plausibel die Erklärung auf den ersten Blick sein mag, sie klingt allzu sehr nach dem verzweifelten Versuch, eine klaffende Erklärungslücke zu stopfen.

Angesichts all dessen, was wir über die Ägypter und ihren Perfektionismus wissen, ist es kaum glaubhaft, dass sie derart nachlässig zur Sache gegangen wären. Bis die Pyramide fertig war, dauerte es nach dem Einsetzen des Sarkophags noch viele Jahre. In dieser Zeit hätten die Steinmetze ihre Arbeit in der Grabkammer problemlos vollenden können. Das ist einfach nicht zu bestreiten. Die Wände der Königskammer und der zu ihr führenden Großen Halle bestehen aus Steinplatten aus demselben Assuan-Granit, die alle fein poliert sind. Das muss geschehen sein, nachdem man die Blöcke die Rampen hinaufgeschleppt und eingesetzt hatte. Mit dem Sarkophag hätte man problemlos dasselbe tun können.

Einleuchtender ist die Erklärung, man habe den Sarkophag mit voller Absicht in rohem Zustand belassen. Dies hätte dann Symbolkraft besessen und wäre Teil eines rituellen Gebots gewesen, dem die Erbauer der Pyramide zu folgen suchten. Ein derartiges Gebot ist jedoch noch nicht entdeckt – oder zumindest nicht als solches identifiziert – worden.

Trotz aller Skepsis ist es wiederum auch möglich, dass die Pyramiden von Giseh tatsächlich als Grabstätten dienten. Das war aber bei weitem nicht ihre einzige Funktion. Es gibt wenig Zweifel, dass sie nach den Sternen ausgerichtet wurden. Ohne Bezug auf deren Position wäre es unmöglich gewesen, eine derart exakte Korrespondenz der Kanten mit den Himmelsrichtungen herzustellen. Kaum fraglich ist auch, dass die drei Pyramiden bewusst in einen einheitlichen geometrischen Zusammenhang gestellt wurden.[10] Ungewiss ist nur, wie weit man sich dabei von der simplen Geometrie entfernen und das Ganze im Rahmen eines religiösen Mysteriums interpretieren kann.

Dazu ein Beispiel: Zieht man, wie von Bauval und Gilbert vorgeschlagen, eine Linie durchs Zentrum der beiden gro-

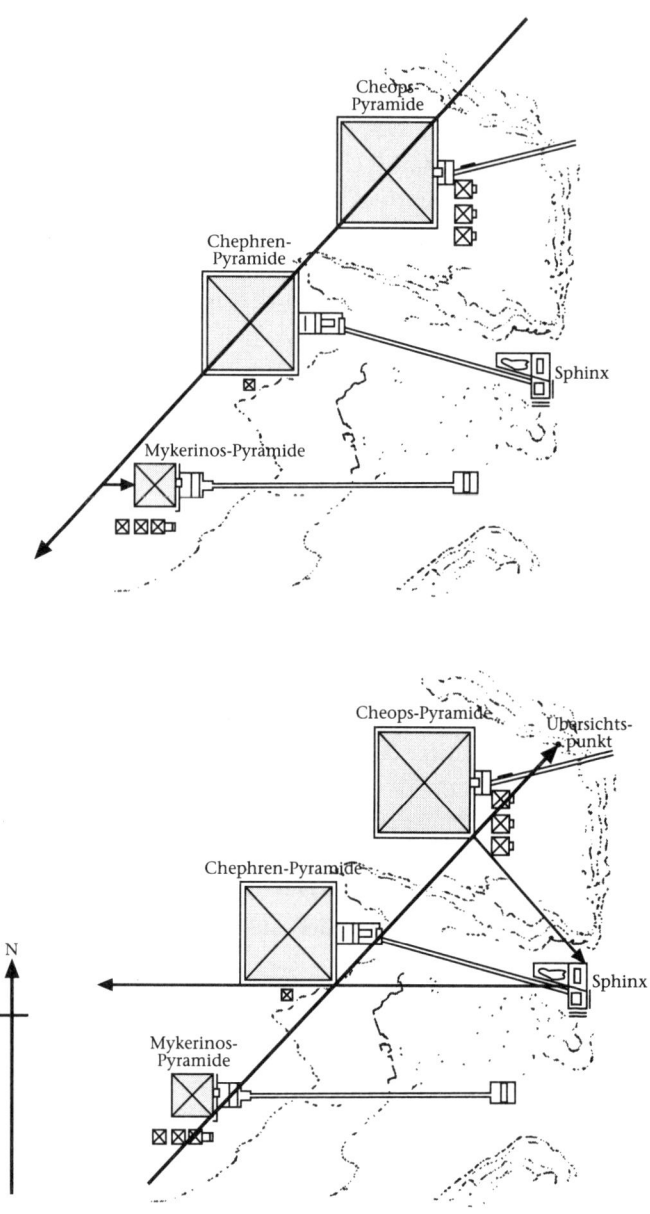

Die Geometrie der Anlagen von Giseh. Zwei Ansätze.

ßen Pyramiden, ist die dritte, kleinere Pyramide leicht nach Osten verrückt. Dadurch bilden die drei Bauten ein Muster auf dem Erdboden, das mit den drei Sternen im Gürtel des Orion korrespondiert.

Der Ägyptologe Mark Lehner hingegen bestreitet einen geometrischen Zusammenhang zwar nicht, sieht diesen aber eher als Resultat der Vermessungsmethoden denn als Versuch, einen Bezug zu den Sternen herzustellen. Lehner weist darauf hin, dass eine gerade Linie die Südostecken aller drei Pyramiden verbindet. Verlängert man diese Linie bis zu einem erhöhten Felsplateau weiter im Südwesten, ist dort ein großer Steinblock in den Fels eingelassen (siehe Abbildung).[11] Bei seinen Forschungen stellte Lehner zudem fasziniert fest, dass die Sonne zum Zeitpunkt der Tagundnachtgleiche im Frühjahr wie im Herbst am Fluchtpunkt einer Linie untergeht, die das Zentrum des Sphinxtempels mit der Südkante der Chephren-Pyramide verbindet. Ebenfalls vom Sphinxtempel aus gesehen, geht die Sonne am Tag der Sommersonnenwende fast genau in der Mitte zwischen der Cheops- und der Chephren-Pyramide unter, wodurch laut Lehner die über eine gewaltige Bodenfläche ausgebreitete Hieroglyphe *Achet* (Horizont) entsteht.[12]

Mit den religiösen Texten stimmt die Interpretation von Bauval dennoch besser überein als die von Lehner. Ist daraus zu schließen, dass Bauval Recht hat? Die Frage ist nicht zu beantworten. Es ist sogar nicht unwahrscheinlich, dass beide Erklärungen zutreffen, da keine die andere ausschließt. Womöglich haben die bei der Vermessung verwendeten Fluchtpunkte dazu gedient, die Bauten nach dem Sternbild des Orion auszurichten.

Der Schlüsselbegriff jedes modernen archäologischen Ansatzes und eigentlich jedes Versuchs, die Vergangenheit zu begreifen, muss daher Integration lauten. Der Kontext von Kunstwerken und Bauten liefert entscheidende Aufschlüsse über deren Bedeutung. Mit seinem Ansatz dürfte Bauval also den richtigen Weg eingeschlagen haben, denn es gibt immer mehr Hinweise darauf, dass die Pyramiden einen festen Bestandteil der rituellen Basis bildeten, die hinter dem altägyptischen Verständnis von Tod und Jenseits stand. Dabei geht es um wesentlich mehr als um die simple Geometrie der Architekten. I. E. S. Edwards, der bereits erwähnte frühere Kustos am Britischen Museum, hat eine hochinteressante Interpretation für den Ursprung des altägyptischen Wortes für »Pyramide« – *m(e)r* – vorgebracht. Könnte es sich um ein Kompositum handeln, zusammengesetzt aus der Wortsilbe *m*, die die Bedeutung »Ort« oder »Mittel« trägt, und dem Verb *'r* – »hinaufsteigen«?[13]

Ist dies der Fall, wäre zu schließen, dass sich als tiefere, geheime Bedeutung des Wortes *m(e)r* der Begriff »Ort« oder »Mittel des Aufsteigens« ergäbe. Eine Pyramide wäre also der Ort wie das Mittel zu dem Zweck, den Pharao zu den Göttern zu erheben. Zur Anwendung dieses Mediums hätte es eines bestimmten geheimen Wissens und der damit verbundenen magischen Formeln und Rituale bedurft. Dass auch die Lebenden Gebrauch von diesem Medium gemacht haben könnten, ist Edwards allerdings entgangen.

Das Geheimnis des richtigen Sterbens

Die Pyramiden von Giseh enthalten ebenso wie die noch älteren Bauten in Sakkara keinerlei Inschriften. Erst in der um 2350 v. Chr., gegen Ende der 5. Dynastie, erbauten Pyramide des Königs Unas tauchen die so genannten *Pyramidentexte* auf, die von da an in allen Pyramiden der folgenden Dynastie zu finden sind. Die in die Wände der inneren Grabkammern gemeißelten Hieroglyphen sind die ältesten religiösen Texte der ägyptischen Kultur, die uns bekannt sind.

Die *Pyramidentexte* bestehen aus magischen Sprüchen, die den toten König oder die Königin auf ihrer Reise ins Jenseits beschützen und sie auf das vorbereiten sollen, was sie dort erwartet. Aus diesem Grunde bilden sie eine ebenso faszinierende wie geheimnisvolle Sammlung sehr komplexer Anweisungen und Beschreibungen. Obgleich sie seit mehr als einem Jahrhundert bekannt sind, ist ihre Bedeutung noch immer nicht wirklich entschlüsselt. Viele Begriffe und Vorstellungen verweigern sich weiterhin der Übersetzung und damit einem tieferen Verständnis, auf das wir uns nur mühsam zubewegen.

Es waren sicherlich nicht Unas und seine Priester, die diese Texte verfassten. Sie müssen wesentlich älter sein. Womöglich stammen sie sogar aus einer Zeit, in der man noch gar keine Pyramiden baute. Nach Meinung der Ägyptologen könnten Teile davon bereits um das Jahr 2700 v. Chr. entstanden sein.[14]

Aus all dem ergibt sich die Vermutung, die Pyramiden seien ursprünglich nicht als Monumente des Größenwahns gedacht gewesen, sondern als Medium, um die Reise ins Jenseits zu schützen und zu einem erfolgreichen Abschluss

Hölzerner Sarg des Arztes Seni aus El-Bersha, Ägypten. Im Inneren sind die Sargtexte mit schwarzer Tinte aufgetragen, ein Stil, der aus der Zeit von 2000 bis 1600 v. Chr. stammt.

31

zu bringen. Das jedenfalls ist das Ziel der Sprüche, mit denen sie später ausgestattet wurden. Genauso, wie diese Sprüche keine literarischen Ergüsse waren, sondern einem Zweck dienten, wären die Pyramiden dann nicht nur der Ausdruck eines virtuosen architektonischen Könnens, sondern ebenfalls Mittel zu einem bestimmten Zweck. Folgt man diesem Gedankengang, waren die Pyramiden und die in ihnen enthaltenen Texte grundlegende Bestandteile eines einheitlichen religiösen Prozesses.

Im Lauf der Zeit wurden diese frühen Texte verändert und ergänzt. So entstanden die so genannten *Sargtexte* und noch später die Textsammlung mit dem Titel *Buch vom Herausgehen am Tage*, besser bekannt als *Totenbuch der Ägypter*. Seine Ursprünge reichen zurück in eine weit entfernte Zeit.

All diese Texte sollten dem Verstorbenen dabei helfen, leichter in die Welt der Toten zu gelangen und im Jenseits »wieder geboren« zu werden. Manche der Sprüche sollten den Erfolg des gesamten Prozesses garantieren, andere boten Schutz gegen die vielen Gefahren, die die Toten erwarteten. Alles in allem verliehen sie Wissen und Schutz.

Als göttlicher Autor dieser Texte galt der Mondgott Thot. So ist in Spruch 68 des *Totenbuches* die Rede von Thots »Buch der heiligen Worte«.[15] Thot war der Gott der Schrift, des Wissens, der Rede und der Magie, zudem der göttliche Führer der Toten. Er überwachte das Totengericht, dessen Urteil er verkündete und aufzeichnete. So kann es nicht überraschen, dass sich in der Nekropole von Chemenu, dem heute unter dem Namen Hermopolis bekannten Kultzentrum des Thot, besonders viele solcher Texte gefunden haben.

Es war eine bedeutsame Weiterentwicklung dieser spirituellen Tradition, als gegen Ende des zweiten Jahrtausends v. Chr. das Wort *sachu* in den Titel des *Totenbuches* aufgenommen wurde. Es bedeutet »Verklärung«. Die Texte, ist daraus zu schließen, dienten dazu, »eine Person zum *ach* zu verklären«, das heißt zu einem »verklärte[n] Geist, der eins geworden ist mit dem Licht«.[16]

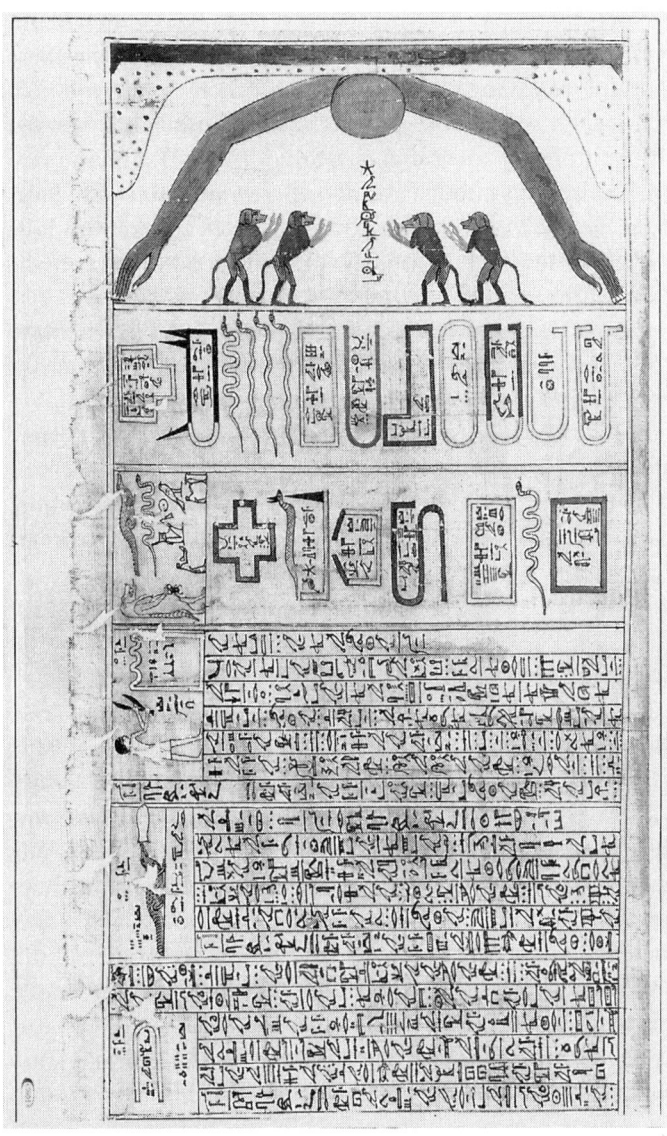

Das Schlusskapitel des ägyptischen *Totenbuchs* aus der Zeit um
1400 v. Chr.

Noch später, im 4. Jahrhundert v. Chr., wurde eine Reihe von *Pyramidentexten* und *Sargtexten*, die sorgsam über tausend Jahre lang in der Bibliothek des Osiris-Tempels von Abydos verwahrt worden waren, auf Papyrus übertragen. Die Sammlung erhielt den ausschließlichen Titel *Sachu*, womit explizit ausgedrückt wurde, dass es sich um Texte handelte, die die Verstorbenen zum göttlichen Licht leiten sollten.[17] Der tiefe mystische Gehalt, den sie schon immer gehabt hatten, war also wohl bekannt, aber natürlich nur den Priestern im Tempel des Osiris. Das breite Publikum hatte keinerlei Zugang zu diesem Wissen, das als Geheimlehre betrachtet und streng unter Verschluss gehalten wurde.

Es kann kein Zufall sein, dass die große Gestalt des Hermes Trismegistos, zu der sich Thot später entwickelte, ebenfalls die Funktion hatte, eine Verklärung ins Licht zu bewirken. Dies aber war keine Verklärung der Toten, sondern der Lebenden.

Das Haus des Lebens

Es war keine Seltenheit, dass ein Tempel wie der des Osiris in Abydos alte Texte über tausend Jahre hinweg aufbewahrte. Den meisten Kulttempeln war eine Institution mit dem Namen »Haus des Lebens« angegliedert. Zu dieser altägyptischen Version der heutigen Universitäten und theologischen Seminare gehörten eine Bibliothek, in der Papyrusrollen aufbewahrt wurden, und eine Schreibstube, in der alte Texte kopiert und neue verfasst wurden. In einer Schule wurden die Künste des Lesens, des Schreibens und des Rituals gelehrt, außerdem Astronomie, Magie, Mathematik, Rechtswissenschaft und Medizin.[18] Möglicherweise wurden diese Fächer an verschiedenen Abteilungen gelehrt, die den heutigen Fakultäten entsprachen. So ist in einer Inschrift die Rede von »den mit der Medizin befassten Abteilungen des Lebenshauses«.[19] Jedenfalls erhielten die Schreiber und Priester im »Haus des Lebens« die Ausbildung, die sie brauchten, um dem König, dem Staat oder einem Tempel zu dienen.

Die bei weitem wichtigste Funktion des Lebenshauses bestand darin, die magische Tradition am Leben zu erhalten. Dazu gehörte die bedeutsame Aufgabe, die großen heiligen Bücher, in denen die Rituale und Sprüche aufgezeichnet waren, zu bewahren und zu kopieren. Auch die Initiation der Priester, die nach Abschluss ihrer Ausbildung die magischen Tempelrituale vollzogen, fand hier statt. So ist es kein Wunder, dass die Schreiber des Lebenshauses von Gegnern oft der Hexerei und der Magie bezichtigt wurden.[20]

Die Inhalte dieser Ausbildung blieben naturgemäß zum größten Teil geheim. Manche der magischen Sprüche, deren Übersetzung gelungen ist, enthalten den Hinweis, aufgrund ihrer Bedeutung dürften sie nie jemandem offenbart werden, der sich jenseits der Mauern des Lebenshauses befinde.[21]

Für die altägyptische Gesellschaft war die Institution des Lebenshauses von fundamentaler Bedeutung. Die hier verwahrten Texte waren die Basis der heiligen Rituale, die den Kern der ägyptischen Kultur darstellten. Wären Sie verloren gegangen, wäre diese Kultur der Auflösung preisgegeben gewesen.

Noch zur Zeit der Ptolemäer verkündet eine heute im Louvre verwahrte Stele die Bedeutung und das Prestige der Priester, die ihren Dienst im »Haus des Lebens« versahen: »O all ihr Priester, die ihr in die Worte Gottes eindringt und die Schriften kennt, die ihr erleuchtet seid im Haus des Lebens und die Wege der Götter entdeckt habt, [...] die ihr die Gräber meißelt und die Mysterien deutet.«[22]

Die Invasion Alexanders des Großen

332 v. Chr. marschierte Alexander der Große mit seiner Armee in Ägypten ein. Er brauchte nur eine Woche, um die Hauptstadt Memphis als Sieger zu betreten. Dort, heißt es,

wurde er gekrönt. Von nun an sollte nie wieder ein geborener Ägypter als Pharao sein Land regieren.

Am 20. Januar 331 gründete Alexander die nach ihm benannte Stadt Alexandria, in der er später auch bestattet wurde. Fast dreihundert Jahre lang war sie die Residenz der griechischen Könige und Königinnen aus der Dynastie der Ptolemäer. Kleopatra, die berühmte letzte Regentin dieser Linie, starb im Jahr 30 v. Chr.

Alexander dem Großen ging der Ruf voraus, unbesiegbar zu sein. Er war der größte Eroberer, den die Welt je gekannt hatte. Doch nachdem er die Bauarbeiten in seiner neuen Stadt in die Wege geleitet hatte, tat er urplötzlich etwas sehr Seltsames: Mit einer Hand voll Männer verschwand er in der Libyschen Wüste. Sein Ziel war eine entlegene Oase, in deren uraltem Tempel ein Orakel des ägyptischen Gottes Amun-Re amtierte, dem Alexander eine Reihe wichtiger Fragen vorlegen wollte.

Amun-Re ist wohl die geheimnisvollste Gottheit des ägyptischen Pantheons. Die beiden Teile seines Namens verweisen auf zwei ältere Götter: den »verborgenen« Gott Amun und die Leben spendende Sonne Re. Vereint stellen sie die ewige und allgegenwärtige göttliche Macht dar, das verborgene, unsichtbare mystische Licht, das die Welt durchdringt und belebt.[23]

Auf seiner Reise verirrte Alexander sich und wäre fast ums Leben gekommen, bevor er nach acht Tagen endlich sein Ziel, die Oase Siwa, erreichte. Dort führten die Priester ihn in den Tempel des Amun-Re, wo er die tiefgreifendste Erfahrung seines Lebens machte. Es war eine Erfahrung, die von da an all seine Handlungen beeinflusste, über die er jedoch immer das strengste Stillschweigen bewahrte. Alles, was wir darüber wissen, ist die nüchterne Aussage der Priester, Amun-Re habe Alexander als Sohn angenommen. Damit war der griechische Feldherr zu einem »Sohn Gottes« geworden.

Die Alexandrinische Bibliothek

Im Kielwasser Alexanders strömten griechische Abenteurer nach Ägypten. Die meisten wollten als Mitglieder der herrschenden Schicht vom gewaltigen Reichtum des Landes profitieren. Andere aber kamen aus Interesse an dem in den Tempeln verwahrten Wissen, obgleich die Priester sich sehr zurückhaltend verhielten: Für sie waren die Griechen kaum mehr als Barbaren. Doch der Forscherdrang der Griechen war nicht aufzuhalten. Ein Zeichen dafür ist die berühmte Bibliothek, die die ptolemäischen Könige in Alexandria erbauen ließen. Hier konnten die Gelehrten unbeschwert und kostenlos forschen; für Unterkunft und Verpflegung sorgte der königliche Säckel.

Sämtliche Bücher wurden ins Griechische übertragen. Im Auftrag des Hofes wurden historische Studien über alle bekannten Länder erstellt und in der Bibliothek verwahrt. Jedes im Hafen von Alexandria anlegende Schiff, das Bücher an Bord hatte, musste diese der Bibliothek zu Verfügung stellen und sich anschließend mit den dort angefertigten Abschriften begnügen. Außerdem wurden Privatbibliotheken im ganzen Land aufgekauft und nach Alexandria gebracht. Die Wissenschaft blühte, wenngleich nicht ohne Hintergedanken. Sie betrafen die politische Dimension, indem man die kulturelle Dominanz förderte. Vergleichbar wäre das etwa mit der Rolle, die Hollywood und die amerikanische TV-Industrie dabei spielt, die englische Sprache samt amerikanischen Werten (Joggingschuhe, mit Silikon verstärkte Brüste und platte Hackfleischklopse zwischen Brötchenhälften) auf der ganzen Welt zu verbreiten.

Offenbar hatten die ägyptischen Priester anfangs den Eindruck, die Griechen seien gekommen, um sich alles, was nicht niet- und nagelfest war, anzueignen und dann irgendwann wieder zu verschwinden. Doch damit hatten sie die Eindringlinge unterschätzt, denn die Griechen waren zähe und geübte Meister des politischen Spiels. Mit der Zeit erkannten die Ägypter ihre Fehleinschätzung: Die Griechen

Der ibisköpfige Thot (rechts), ägyptischer Gott des Wissens und der Magie, hält das Lebenssymbol *Anch* über den Pharao. Relief in Karnak.

würden bleiben. Außerdem trugen die von ihnen gegründeten Bibliotheken und Schulen dazu bei, der ägyptischen Bevölkerung – und vor allem den Kindern – Sprache, Kultur und Werte Griechenlands nahe zu bringen.

Man weiß zwar nicht genau, wann es geschah, doch zu irgendeinem Zeitpunkt kamen die ägyptischen Priester zu der Erkenntnis, dass ihre uralten Traditionen mitsamt ihrem Wissen dem Untergang geweiht waren. Um das zu verhindern, vollzogen sie eine radikale Kehrtwendung. Sie begannen, ihre Lehren ins Griechische zu übertragen, um sie einem im Kontext der griechischen Kultur aufgewachsenen Publikum vermitteln zu können. In Verbindung mit ihrer Lehrtätigkeit führten sie nun auch Initiationen für Außenstehende durch. So entstand ein System, das sich jenseits der Tempel und jeglicher religiöser Hierarchie aus eigener Kraft erhalten konnte.

Bei diesem Prozess entstanden die heiligen »Bücher des Hermes Trismegistos«. Entstanden ist die Gestalt des »dreimal größten Hermes« aus der Vereinigung der Lehren und Mysterien, die sich mit dem griechischen Gott Hermes und dem ägyptischen Gott Thot verbanden. Wahrscheinlich geschah dies im 2. Jahrhundert v. Chr.[24] Nicht ohne Bedeutung dürfte dabei gewesen sein, dass sich in Chemenu, dem Kultzentrum des Thot, eine für ihre magischen Schriften bekannte Bibliothek befand.

Thot, der in den alten ägyptischen Texten als Führer der Toten fungiert, wurde nun in Gestalt des Hermes Trismegistos zum Führer der Lebenden.

Die Bücher des Hermes

In den ägyptischen Tempeln waren die Lehren immer mündlich und von Angesicht zu Angesicht weitergegeben worden, etwa wie bei einem Zwiegespräch von Vater und Sohn. Die Textstruktur der »Bücher des Hermes« führt diese Tradition zwar fort, jedoch auf eine Weise, die des rituellen

Rahmens der Tempel nicht mehr bedurfte. Stattdessen entstand ein weit verbreitetes Netzwerk aus eingeweihten Lehrern, die alle unabhängig voneinander wirkten. Eine zentrale Kontrollinstanz existierte nicht. Viele der Texte beschäftigen sich mit Themen wie Alchemie, Magie und Astrologie. Offenbar im 1. Jahrhundert n. Chr. tauchten dann jene speziellen hermetischen Bücher auf, in denen es hauptsächlich um den mystischen Pfad geht. Etwa zur selben Zeit entstanden die Bücher des Neuen Testaments und die Qumran-Rollen; womöglich besteht via Alexandria sogar ein Zusammenhang zwischen den drei Traditionen. Später wurden die »Bücher des Hermes« dann zu einer Sammlung zusammengefasst, die unter dem Namen *Corpus Hermeticum* bekannt ist.

Dieses Textkorpus besteht aus Dialogen, in denen sich ein nach Wissen und Initiation strebender Schüler bemüht, das Mysterium des Göttlichen auf direktem und spontanem Wege zu erfahren. Im Anschluss an diese Erfahrung wird der neu Eingeweihte dann selbst zum Lehrer, wodurch das informelle, aber effektive Netzwerk aufrechterhalten wird.

Bei ihren Unterweisungen bedienten die hermetischen Lehrer sich der Symbolik und der Allegorie. Besonders häufig taucht dabei die alchemistische Terminologie auf, bei der es um das Geheimnis geht, das Oben mit dem Unten zu vereinen, um Wissen über die Quelle des Göttlichen zu erlangen.

In den »Büchern des Hermes« konzentriert sich das uralte Wissen Ägyptens in seiner essentiellen Form. Trotz aller magischen und alchemistischen Symbolik geht es im Kern um ein göttliches Mysterium, das mit Worten, Symbolen und Visionen nur unzureichend vermittelt werden kann. Die letzte Wegstrecke muss der Eingeweihte selbst zurücklegen, und zwar nicht mit Hilfe des Glaubens, sondern durch die direkte Erkenntnis.

Der historische Titel der Sammlung, wie ihn eine deutsche Ausgabe des Jahres 1781 wiedergibt *(Poemander oder*

Von der göttlichen Macht und Weisheit), bezieht sich eigentlich nur auf eines der aufschlussreichsten Traktate, den »Poimandres«. Dieser Name korrespondiert einerseits mit dem griechischen Wort für Hirte im Sinne von »Menschenhüter«, andererseits, wie eine neuere Arbeit nachweist, mit dem alten ägyptischen Titel »Peimentere«, der die Bedeutung »Verstehen (oder Intelligenz) des Re«, also des Sonnengottes, hat.[25] Thot galt als einer der Söhne des Re. Der Text selbst gewährt uns zweifellos einen Einblick in den Kern der geheimen Lehren, die in Ägypten ihren Ursprung haben. In unverhohlen mystischer Weise spricht er vom Schöpfer und der Schöpfung und davon, wie beides erfahren werden kann. Diese Erfahrung aber führt zu der Verklärung, von der oben die Rede war.

»Hermes Trismegistos: Poimandres«

So lautet der korrekte Titel des Traktats, das aus der Perspektive eines Jüngers der Mysterien wiedergegeben wird. Dieser berichtet am Anfang:

> »Als ich einmal in Gedanken über das Seiende war und mein Denken sich in große Höhen erhob, [...] da glaubte ich, eine übergroße Gestalt [...] riefe meinen Namen und sagte zu mir: ›Was willst du hören und sehen und im Geiste begreifen und erkennen?‹
> Ich sage: ›Wer bist denn du?‹
> Er antwortet: ›Ich bin Poimandres, der Geist, der die höchste Macht hat. Ich weiß, was du willst, und stehe dir stets zur Seite.‹
> Ich entgegne: ›Ich möchte das Seiende begreifen und seine Natur verstehen und Gott erkennen.‹«[26]

Poimandres gibt dem Schüler den Rat, alles, was er begreifen wolle, im Sinn zu behalten. Dann verschwindet er auf einen Schlag, und vor dem Schüler eröffnet sich ein weiter, offener Raum, eine »unendliche Vision«: »Alles ist Licht, ein klares und angenehmes, und mich ergriff ein Verlangen danach, als ich es sah.«[27]

Kurze Zeit später erscheint eine Finsternis, die sich ausbreitet und krümmt wie eine Schlange. Die Finsternis verwandelt sich in eine »feuchte Natur, die unsagbar verworren« ist, »Rauch wie von Feuer aufsteigen« lässt und einen »unaussprechlich jammervollen Laut« von sich gibt.[28] Aus dem Licht nähert sich ein heiliges Wort, aus der feuchten Natur springt ein reines Feuer in die Höhe, gefolgt von Luft, bis sich Luft und Feuer hoch über der Mischung aus Erde und Wasser unten befinden. Über dem Ganzen schwebt der Logos, das heilige Wort.

Im Anschluss an diese Erfahrung erkundigt sich Poimandres: »Hast du verstanden, was diese Vision aussagen will?«[29] Der Schüler erwidert, mit der Zeit werde er es begreifen. Poimandres erklärt: »Jenes Licht bin ich, der Geist, dein Gott, der vor der feuchten Natur war, die aus der Dunkelheit in Erscheinung trat; der lichthafte Logos aus dem Geist ist der Sohn Gottes.«[30] Anschließend weist er den Schüler an: »Aber konzentriere dich auf das Licht und erkenne Folgendes.«[31]

Nun erklärt Poimandres ausführlich, wie die Vielfalt der Schöpfung entstanden sei. Trotz dieser Komplexität sei die einfache Quelle des Göttlichen jedoch immer zugänglich. Der Schüler nimmt alles in sich auf. Am Ende wird er von Poimandres entlassen, mit jener grandiosen Vision beschenkt und »über die Natur des Alls belehrt«, woraufhin er selbst zum Lehrer wird: »[Seitdem] künde ich den Menschen von der Schönheit der Frömmigkeit und Erkenntnis: ›Ihr Völker, ihr erdgeborenen Menschen, die ihr der Trunkenheit und dem Schlaf ergeben seid und der Unkenntnis Gottes, werdet nüchtern, hört auf, trunken zu sein und in unvernünftigem Schlaf zu schwelgen.‹«[32]

Manche der Menschen, die sich um den Schüler versammeln und von ihm ermahnt werden, den Weg des Todes aufzugeben und gemeinsam mit ihm den Weg der Unsterblichkeit zu beschreiten, lachen ihn aus und gehen weg, andere hören zu und werfen sich vor ihm nieder:»Ich hieß sie aufstehen und wurde der Wegführer ihres Geschlechts, indem ich sie mit Worten belehrte, wie und auf welche Weise sie gerettet würden; und ich säte unter ihnen Worte der Weisheit.«[33]

Setzen wir für diese »Worte der Weisheit« den Titel »Bücher des Hermes«, so ergibt sich eine schöne Allegorie dafür, wie die mystischen Lehren Ägyptens sich weit über das Niltal hinaus zu verbreiten begannen. Vor allem taten sie dies in der symbolischen Sprache der Alchemie, Magie und Astrologie. Dabei ging der Kern ihrer Botschaft im Laufe der Jahrhunderte nie verloren, sooft er auch durch mangelhafte Übersetzungen oder kopflastige Prosa verschleiert wurde.

Für die Alchemisten wäre es ohnehin oft gefährlich gewesen, sich klar auszudrücken. Das hätte zu Verfolgungen von Seiten der Obrigkeit geführt, die argwöhnisch alle Abweichungen vom offiziellen religiösen Dogma im Auge behielt. Auch aus strategischen Gründen mussten die Alchemisten ihre wahren Absichten in ihren Schriften deshalb verschleiern. So schreibt Artephius, ein Alchemist des 12. Jahrhunderts:»Armer Narr! Bist du so einfältig zu glauben, wir würden das größte und wichtigste aller Geheimnisse öffentlich und unverhüllt verkünden?«[34]

Zweites Kapitel

Die magische Kunst
der Alchemie

Terranova di Sibari ist ein kleines, armseliges Städtchen, unauffällig am Eingang eines engen Tales gelegen, das tief ins zerklüftete Bergland Kalabriens führt. Der aus dem Tal rauschende Gebirgsfluss Crati durchquert fruchtbares Schwemmland, bevor er am südwestlichen Ende des Golfs von Tarent ins Ionische Meer mündet. Jenseits des Horizonts liegen Kreta und Ägypten.

In der Nähe der kleinen süditalienischen Stadt sind noch heute die letzten Überreste der alten griechischen Kolonie Thurii zu besichtigen. Bekannt ist der Ort vor allem durch den antiken Historiker Herodot, der hier seine letzten Lebensjahre verbrachte.

Der erste Archäologe, der in der Gegend forschte, war Francesco Cavallari. 1879 begann er mit Vermessungsarbeiten, um nach Spuren der seit langem verschwundenen Stadt zu suchen. Auf Ländereien, die zu einem mittelalterlichen Anwesen gehörten, fiel ihm ein niederes, etwa 1500 Meter breites Plateau auf, auf dem sich offenbar eine Reihe verstreuter Gräber befand. Vier davon waren große, bis zu neun Meter hohe Erdhügel, die antiken Ursprungs zu sein schienen. Cavallaris Vermutung, dies könnte das Gräberfeld des alten Thurii sein, erwies sich als zutreffend. Er beschloss, seine Grabungen an den großen Erdhügeln zu beginnen.[1]

Als die Spitze des südlichsten Hügels freigelegt war, entdeckte man eine Ascheschicht, offenbar die Überreste eines rituellen Brandopfers. Darunter befand sich wieder eine Erdschicht, dann kam eine zweite Schicht Asche, die von einem vorhergehenden Opfer stammen musste. Insgesamt wurden acht Schichten jeweils mit Erde bedeckter Asche gefunden, was darauf schließen ließ, dass bei der Bestattung eine ganze Reihe von Brandopfern dargebracht worden war. Der Tote hatte offenbar ein Staatsbegräbnis erhalten. Am Grund des Hügels entdeckte Cavallari schließlich das Grab, eine kleine, aber massive rechteckige Kammer, die aus schweren Steinquadern erbaut war.

Am 23. März 1879, einem Sonntag, öffnete Cavallari in Anwesenheit örtlicher Würdenträger und einer neugierigen Menge feierlich das Grab. Im Innern befand sich ein männliches, nach Osten gewandtes Skelett, neben dessen Schädel eine dünne Goldfolie lag, die neunmal gefaltet worden war. Auseinander gefaltet war sie ca. 80 Zentimeter lang und knapp zweieinhalb Zentimeter breit. Sie enthielt eine zweite gefaltete Goldfolie, die ca. fünf mal zweieinhalb Zentimeter groß war. Beide Goldfolien enthielten einen aus dem 4. Jahrhundert v. Chr. stammenden Text in einer archaischen Schrift. Es waren Anweisungen für den Toten, die erstaunlicherweise eher an die ägyptische als an die griechische Tradition erinnerten.

Im Dezember desselben Jahres wurde ein weiterer Hügel ausgegraben. In ihm befanden sich drei Steingräber, die offenbar nacheinander entstanden waren. Jedes enthielt ein Skelett, das nach Osten gewandt war, und neben der rechten Hand jedes Skeletts lag wieder eine kleine, dünne Goldfolie mit einem kurzen Text.

Inzwischen hat man weitere Exemplare solcher beschriebener Goldfolien ausgegraben oder identifiziert. So besaß ein britischer, in Rom lebender Sammler eine Folie, die schon im 18. Jahrhundert in Süditalien gefunden worden war. Sechs weitere Exemplare entdeckte man später im Zentrum Kretas, zwei in Gräbern im griechischen Thessalien. Ein weiterer Fund stammt aus einem Frauengrab, das man 1969 in Hipponium freilegte, einer antiken Stadt, die heute den Namen Vibo Valentia trägt und unweit von Thurii auf der anderen Seite der kalabrischen Berge am Tyrrhenischen

Meer liegt. 1985 schließlich tauchten zwei weitere Folien in Thessalien auf. Sie hatten die Form von Efeublättern. Insgesamt wissen wir von 17 Exemplaren, die mit einer Ausnahme aus dem 3. oder 4. Jahrhundert v. Chr. stammen.

Die Inschriften auf den Folien sind Hinweise für die Toten, damit diese sich auf der Reise ins Jenseits nicht verirrten. Zudem versprechen sie ihnen die Unsterblichkeit. Stilistisch wie inhaltlich weisen sie deutliche Parallelen zu bestimmten Sprüchen im *Totenbuch der Ägypter* auf. Wie hier geht es in den griechischen Texten um dasselbe zentrale Thema: Auf der Reise ins Jenseits wird die Seele des Toten von den Hütern der Unterwelt angehalten und geprüft. Dabei identifiziert sich die Seele mit einem der Götter oder der Sterne.[2] Auf einer der Folien von Thurii wird der Tote folgendermaßen gepriesen: »O du Glückseliger und Gesegneter, du wirst ein Gott sein, nicht mehr sterblich.«[3]

Solche Übereinstimmungen konnten kein Zufall sein. Zögernd mussten die Archäologen akzeptieren, dass die Goldfolien den Beweis für eine frühe, enge Verbindung zwischen dem alten Ägypten und den Griechen darstellen, besonders, was die griechischen Kolonien in Süditalien betrifft. Das Bild der griechischen Kultur wurde dadurch ein klein wenig komplexer.

Pythagoras: ein Sammler mystischer Traditionen

Bezüge, wie sie an den Grabbeigaben von Thurii deutlich werden, erscheinen nur dann als überraschend, wenn wir vergessen, wie mobil die Menschen – und die Ideen – schon in der Antike waren. Gelehrte, Kaufleute und Handwerker streiften hin und her, über jede Grenze und jedes Meer. Was die Griechen betrifft, hatten sie eine besonders enge Verbindung zu Ägypten. 570 v. Chr. gab Pharao Amasis ihnen die Erlaubnis, im Nildelta eine eigene Stadt als Handelsstützpunkt zu gründen. Dort, in Naukratis, durften sie sogar Tempel für ihre Götter erbauen.

Schon über hundert Jahre vor dieser Zeit, mindestens seit 700 v. Chr., hatte die griechische Insel Samos gute Handelsbeziehungen zu Ägypten aufgebaut. Unter Amasis intensivierten sich diese Beziehungen, und in Naukratis ließen sich auch viele Kaufleute aus Samos nieder.[4] Wenig später, gegen 558 v. Chr., zog ein Kaufmann aus der phönizischen Stadt Tyros nach Samos und heiratete eine Einheimische. Eines der Kinder aus dieser Ehe sollte zu einem der einflussreichsten Philosophen aller Zeiten werden: Pythagoras.[5] Wie viele seiner Landsleute aus Samos reiste er viel umher, aber nicht, um Handel zu treiben, sondern um sein Wissen zu vermehren. In jeder Kultur, die er kennen lernte, ließ er sich in die heiligen Mysterien einweihen.

Pythagoras begann sein Wanderleben schon in seiner Jugend, als sein Vater ihn zum Studium in seine phönizische Heimatstadt Tyros schickte. Dort blieb der junge Philosoph, bis er im Alter von 22 Jahren nach Ägypten reiste, wo er viele Jahre lebte und studierte. In dieser Zeit eignete er sich die Hieroglyphenschrift an, wozu auch Belehrungen über deren symbolische Interpretation gehörten, eine geheimnisvolle Angelegenheit, über die die moderne Ägyptologie seltsamerweise wenig zu sagen hat.[6]

525 v. Chr. fiel der persische Großkönig Kambyses II. in Ägypten ein, und Pythagoras gelangte wie viele andere in babylonische Gefangenschaft. In Babylon angelangt, begann er bald, bei einem zoroastrischen Magus in die Lehre zu gehen. Als er die Stadt nach einigen Jahren wieder verlassen durfte, besuchte er zuerst Kreta und dann das griechische Festland. Schließlich zog er gegen 518 v. Chr. nach Süditalien an den Golf von Tarent, wo er seine berühmte Schule begründete. Sie befand sich zuerst in Kroton und dann ein Stück weiter nördlich in Metapont.

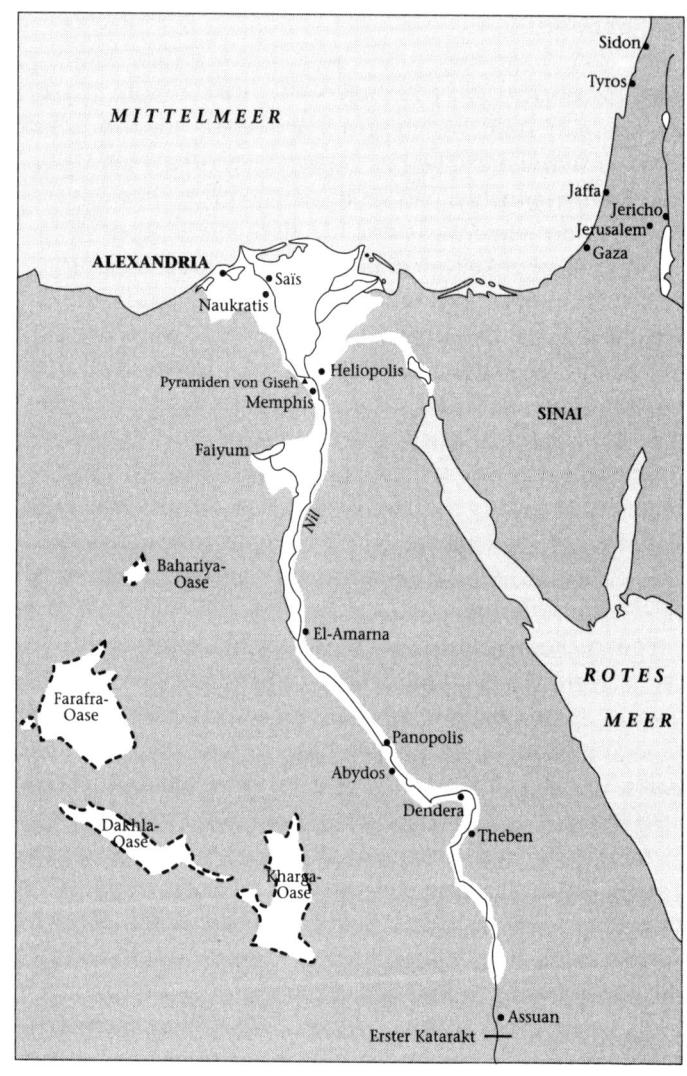

Ägypten unter griechischer Herrschaft zu der Zeit, als die mystische Alchemie aufkam.

48

Sphärenmusik

Vieles von dem, was Pythagoras lehrte, stimmt mit der ägyptischen Tradition überein. Zum Beispiel sprach er von einer unsterblichen Seele und davon, dass die Toten sich zu den Sternen erheben.[7] Er sprach auch von Reinkarnation – laut Herodot ein Aspekt des ägyptischen Glaubens[8] – und von der Möglichkeit, sich an frühere Leben zu erinnern.

Als Grundlage seiner Lehren diente Pythagoras der Glaube an eine dynamische Harmonie des Universums in Form eines sich ständig verändernden Gefüges, das konkret als Gewebe von Tönen zu hören sei. Er selbst, behauptete der Philosoph, sei dazu in der Lage, die meisten anderen Menschen aber nur deshalb nicht, weil sie sich so daran gewöhnt hätten. Die Sphärenmusik werde nämlich von der unablässigen Bewegung von Planeten und Sternen geschaffen, sodass es keine davon abgehobene Phase der Stille gebe, durch die sie besser hörbar werden könne.

Pythagoras hatte ein mystisches Verhältnis zum Wissen, das sich für ihn auf eine Offenbarung gründete. Um diese göttliche Gabe zu empfangen, musste der Mensch nach seiner Auffassung einen Reinigungsprozess durchlaufen, und das war das Ziel von allen, die der asketischen Gemeinschaft von Pythagoras beitraten. Vor allem sah Pythagoras sich als Heiler des Körpers wie der Seele. Als Instrument der Heilung diente ihm vor allem die musikalische Harmonie. Dabei hatte Pythagoras einen ungemein praktischen Ansatz: Er sah keinen Unterschied zwischen der Rolle des Heilers, des Magiers und des Philosophen. Damit unterschied er sich erheblich von den späteren griechischen Philosophen, die eher an intellektuellen, von praktischen Dingen losgelösten Theorien interessiert waren.

Seine Lehren vermittelte Pythagoras nicht auf der Basis einer verstandesmäßigen Argumentation, sondern mit Hilfe symbolischer Strukturen. Dies hielt er für die beste Methode, um mystische Wahrheiten auszudrücken. Solche Symbole hatten zudem den Vorteil, dass sie selbst dann geheim blieben, wenn sie an die Öffentlichkeit gelangten, weil nur Menschen mit dem richtigen Verständnis etwas mit ihnen anfangen konnten. Wie wir sehen werden, ist das auch bei der Alchemie der Fall.

Zu Lebzeiten von Pythagoras und später erfuhr die ägyptische Kultur eine Reihe tief greifender Veränderungen. Mit der von 525 bis 404 v. Chr. dauernden Herrschaft der Perser kamen zoroastrische und babylonische Ideen ins Land. Knapp zweihundert Jahre später eroberten die Griechen unter Alexander dem Großen Ägypten. Da Alexanders Reich sich bis nach Indien erstreckte, kamen von dort Sadhus (Yogis) in den Westen, um ihre Lehren zu verbreiten. Dadurch verband sich auch die indische Mystik in ihrer vedischen wie buddhistischen Form mit der Welt der Griechen.

Als in Alexandria, das im 3. Jahrhundert v. Chr. die Hauptstadt des griechischen Ägypten war, die große Bibliothek errichtet wurde, war die Stadt zum Schmelztiegel mystischer religiöser Traditionen geworden. Auch die uralten, im *Totenbuch*, den *Sargtexten* und den *Pyramidentexten* enthaltenen Lehren Ägyptens waren weiterhin lebendig.

In diesem Sammelbecken vieler Traditionen entstand die Alchemie.

Aus dem Schmelztiegel

Das, was wir unter Alchemie verstehen, manifestiert sich offenbar zuerst im Werk von Bolos, der aus Mendes, einer Stadt im östlichen Nildelta, stammte. Um 250 v. Chr. gestorben, lebte er zu der Zeit, in der die griechischen Könige Ptolemaios I. und II. die Alexandrinische Bibliothek begründeten. In seinen Schriften laufen zwei große mystische Strömungen zusammen. Einerseits wurzelt Bolos in der esoterischen Tradition Ägyptens, besonders, was deren magische Aspekte betrifft. Sein Werk enthält viele Zaubersprüche, zu deren Anwendung teilweise der Einsatz von Tönen und bestimmten Atemtechniken gehört. Andererseits war Bolos auch dem pythagoreischen Denken und Heilen verpflichtet, dessen Begründer mehr als 200 Jahre vor ihm gelebt hatte.

Bolos von Mendes war ein entschiedener Pythagoreer. Er glaubte, alle Materie in ihrer grenzenlosen Vielfalt sei nur der äußere Ausdruck einer tieferen harmonischen Einheit. Deshalb waren die Formen der Materie für ihn veränderlich; eine Form konnte in eine andere umgewandelt werden, wie zum Beispiel Blei in Gold. Bolos war jedoch kein reiner Mystiker, er hatte sich auch praktische Kenntnisse der Chemie und der Metallurgie angeeignet.

Durch sein Werk trug Bolos von Mendes nicht nur dazu bei, die Ägypter mit dem pythagoreischen Denken vertraut zu machen, er spielte auch eine entscheidende Rolle bei der Entstehung der Kunst, die den Namen Alchemie erhalten sollte.[9] Auch in den später entstandenen hermetischen Schriften, die in das alchemistische Gedankengut einflossen, vereinen sich die Motive der ägyptischen und der pythagoreischen Mystik. Womöglich steht das *Corpus Hermeticum* sogar in direktem Zusammenhang mit Bolos und seinen Schülern. Vorläufig ist das jedoch eine reine Vermutung. Welche Rolle Bolos wirklich spielte, würde möglicherweise klarer, wenn wir den gesamten Text eines seiner Bücher kennen würden, das den Titel *Über physikalische und mystische Dinge* trug. Leider haben nur Fragmente dieses Werks die Jahrtausende überdauert.

Nach seinen Schriften zu urteilen, war Bolos ein ebenso intelligenter wie ehrlicher Mann, der immer die höchsten Ansprüche an sein Handeln stellte. Seine Schüler scheinen ihn allerdings für ziemlich konservativ gehalten zu haben. Jedenfalls klagt er in einem der Fragmente seines Buchs über die Jugend, die sich weigere, an den Wert der Kunst zu glauben, die er lehrte – ein Ausruf der Enttäuschung, mit dem sich wohl jeder Lehrer, egal welcher Epoche, identifizieren könnte.[10]

Solche Bemerkungen lassen das Bild eines sehr menschlichen Lehrers entstehen, der in etwa das antike Äquivalent eines heutigen Universitätsprofessors oder Pfarrers gewesen sein mag, konservativ, wohlwollend, vertraut mit allen Traditionen. Umso verblüffender ist die Tatsache, dass die heutige Wissenschaft offenbar auf Kriegsfuß mit Bolos und seinen Schriften steht. Professor Peter Fraser zum Beispiel, der Autor einer ansonsten faszinierenden Studie über Alexandria zur Zeit der Ptolemäer, beklagt sich bitter, Bolos trage mit die Hauptschuld am »Niedergang der alexandrinischen, ja der gesamten griechischen Wissenschaft«.[11] Wie kommt es, dass Bolos heute derart feindselige Reaktionen auszulösen vermag? Schließlich steckte die griechische Wissenschaft gerade erst in den Kinderschuhen; Größen wie Hipparchos, Heron und Ptolemäus waren noch nicht einmal geboren. Was also hat Professor Fraser so aus der Reserve gelockt?

Die Antwort liegt darin, dass hier ein Thema zur Sprache kommt, dem die orthodoxe Wissenschaft mit größter Skepsis gegenübersteht, weil es aus ihrer Sicht die philosophische Tradition trübt, der Bolos entstammt. Kurz gesagt, die Vorstellung einer mystischen Philosophie macht den konservativen Akademikern Angst. Ist davon die Rede, haben sie nichts als Klischees, gestelzte Phrasen und seichten Sarkasmus zu bieten. Es lohnt sich, kurz darüber nachzudenken, woran das liegen könnte.

Historische Manipulationen der modernen Wissenschaft

Aus Ideen entstehen Glaubenssysteme; diese aber können Anlass für imperialistische Abenteuer, Massenbewegungen und Kriege sein. »Glaubenssysteme«, hat ein Freund von mir einmal bemerkt, »sind wie ein Virus.«

Glaubenssysteme haben im Grunde dieselbe Funktion wie Computerprogramme. Sie dienen dazu, Daten zu bearbeiten und zu interpretieren – in diesem Fall geht es um

52

alles, was auf der Welt geschieht –, sind selbst aber weder richtig noch falsch. Was als richtig und falsch, wahr und unwahr bezeichnet wird, hat nur mit den Daten, hier also den Ereignissen, zu tun.

Nehmen wir einmal an, es blitzt und donnert, und in derselben Nacht stirbt ein König. Die Bedeutung dieser Ereignisse hängt davon ab, welchem Glaubenssystem man verbunden ist. Fiel ein Gewitter mit dem Tod eines Königs zusammen, so wurde das in vielen alten Kulturen als Beweis für den Zorn der Götter gedeutet, die anschließend durch ein Ritual beschwichtigt werden mussten. In anderen Kulturen glaubte man, dass das Gewitter konkret den Tod des Königs verursacht hätte, wodurch rituelle Besänftigungen natürlich zu spät kamen. Innerhalb eines dritten Systems wiederum werden die Ereignisse als zufällig, unzusammenhängend und bar jeder Bedeutung bezeichnet. Das ist die Interpretation, der unser modernes, von der Wissenschaft gestütztes Glaubenssystem anhängt.

Im Großen und Ganzen richtet die moderne Welt sich noch heute nach dem Glaubenssystem, das der athenische Philosoph Aristoteles geschaffen hat. Er formulierte als Erster die Vorstellung, dass nur der Verstand die wahre Natur unserer Realität entschlüsseln könne. Damit meinte er Verfahren wie die intellektuelle Argumentation, die Logik, die Deduktion, die Skepsis und Ähnliches. Offenbarungen waren für Aristoteles wertlos.

Auch das Christentum, von dem man womöglich eine gegensätzliche Haltung hätte erwarten können, ist stark von Aristoteles beeinflusst. Es war Thomas von Aquin, der das aristotelische Denken im 13. Jahrhundert in Einklang mit den Dogmen der Kirche brachte; im darauf folgenden Jahrhundert entstand ein theologisches System, das bis heute Gültigkeit besitzt.

Die Realität umfasst jedoch mehr als das, was wir sehen, berühren, riechen, schmecken, messen, wiegen und mit bestimmten Mitteln aufzeichnen können. Ein Teil unserer Realität befindet sich jenseits des physischen Bereichs: das so genannte Metaphysische oder Übersinnliche. Dazu gehören die Dinge, die wir als göttlich bezeichnen. In der dogmatischen Theologie wird dem Aspekt des Göttlichen meist eine eigene Sphäre zugewiesen. Eine andere religiöse Denkschule behauptet jedoch, das Göttliche könne nicht derart eingegrenzt werden. Stattdessen durchdringe es jeden Teil der Schöpfung, also das Physische wie das Metaphysische.

Dieser göttliche Teil der Existenz wiederum könne durch die Kraft der Offenbarung von jedem Menschen direkt erfahren werden, sofern dieser eine entsprechende Ausbildung und Lebensweise hat.

Das ist die Anschauung, die Pythagoras vertrat – und nach ihm Platon, Bolos von Mendes und die Verfasser des *Corpus Hermeticum*. Natürlich ist sie das genaue Gegenteil von dem, was Aristoteles und seine Anhänger verkündet haben.

Um das Vermächtnis von Aristoteles zu untermauern, hat man in der Wissenschaft den konzertierten – und im Allgemeinen erfolgreichen – Versuch unternommen, alles zu isolieren und zu attackieren, was als Hinweis dafür gelten könnte, dass der Aspekt der Offenbarung seinen Platz innerhalb einer zusammenhängenden philosophischen Tradition hatte. Denker wie Pythagoras und Bolos von Mendes werden deshalb als isolierte Gestalten dargestellt, die vergeblich gegen den Strom der Geschichte angekämpft hätten, dessen treibende Kraft angeblich aus Vernunft, Logik und Rationalität besteht. Durch diese Verfahrensweise wird ein persönliches Vorurteil zu einer historischen Tatsache gemacht.

Am Beispiel von Bolos wird jedoch deutlich, dass es eine uralte mystische Tradition gab, die auf einer persönlichen inneren Erfahrung beruhte, aber dennoch praktische Ziele hatte. Ihr Begründer war in erster Linie Pythagoras, der wiederum aus ägyptischen, babylonischen und zoroastrischen Quellen schöpfte. Diese Tradition überdauerte mehrere Jahrhunderte, bis sie schließlich nach Ägypten gelangte, wo sie in einem Nährboden aufblühte, der bereits überreich an magischen und mystischen Lehren war.[12] Bolos von Mendes trat nicht unvermittelt auf, er gehört zu einer langen pythagoreischen Tradition, die von der Geschichtsschreibung meist ignoriert wurde. Es war eine Tradition, die sich nach Bolos nicht nur fortsetzte, sondern sich immer weiter verbreitete. Ihren Ausdruck fand sie vor allem in der Alchemie und in dem, was als Werk des Hermes Trismegistos bezeichnet wurde. Obwohl über lange Strecken keine schriftlichen Zeugnisse vorliegen, wissen wir von ihrem Fortbestehen durch den Alchemisten Zosimos, der 500 Jahre nach Bolos in Panopolis wirkte, einer oberägyptischen Stadt im Niltal, die heute den Namen Achmim trägt.

Wie Zosimos berichtet, war die alchemistische Tradition dieses halbe Jahrtausend über insgeheim in den ägyptischen Tempeln lebendig geblieben.

Zosimos von Panopolis, ein ägyptischer Alchemist

Um 300 n. Chr. schrieb Zosimos eine umfangreiche Enzyklopädie der Alchemie, die in Teilen erhalten ist. Sie ist bei weitem nicht sein einziges Werk; insgesamt werden ihm 28 weitere Bücher zugeschrieben. Eine solche Produktivität würde ein stabiles Umfeld vermuten lassen, doch in Wirklichkeit war das Gegenteil der Fall. Die Zeiten waren alles andere als ruhig, besonders für einen aktiven Alchemisten. Zu Lebzeiten von Zosimos machte das Römische Reich durchgreifende Veränderungen durch. Auf den fanatischen religiösen Traditionalismus von Diokletian, der von 284 bis 305 regierte, folgte das selbstgerechte Christentum von Konstantin (Regierungszeit 312 bis 337). Beide Kaiser traten der Alchemie ablehnend gegenüber. Diokletian verabscheute sie so sehr, dass er alle mit ihr befassten Texte sammeln und verbrennen ließ, und sobald das Christentum zu einer anerkannten und einflussreichen Religion geworden war, verurteilte es die geheime Kunst ebenfalls.

Bei Zosimos finden sich einige hochinteressante Informationen über den Stellenwert, den die Alchemie im antiken Ägypten innehatte. Mehrfach betont der Autor die wichtige Rolle der Priesterschaft, die die Tradition heimlich am Leben gehalten hätte. So spricht er von »jenen Priestern, die Abschriften alchemistischer Bücher in ihren Tempeln aufbewahren«.[13]

Zosimos weist darauf hin, dass alle, die sich mit Alchemie befasst hätten, wozu nach seinem Verständnis auch die Chemie gehörte, im Dienste des Pharaos gestanden hätten und nicht selbständig arbeiten durften.[14] Zudem sei es laut einem königlichen Erlass verboten gewesen, alchemistische Geheimnisse zu publizieren. Dies sei der Grund dafür, dass es kaum Informationen über die Geschichte dieser Kunst gebe.[15]

Zumindest in einigen Tempeln wurde die Alchemie zur Zeit von Zosimos mit Sicherheit noch ausgeübt. Jedenfalls berichtet Zosimos, er habe einmal einen alten Tempel in Memphis besucht, um dort einen alchemistischen Ofen zu studieren.[16] Auch aus anderen Quellen weiß man, dass die Priester von Memphis in der Antike berühmt für ihre alchemistischen und magischen Kenntnisse waren, die sie offenbar in unterirdischen Schreinen lehrten.[17] Fünfzig Jahre nach Zosimos berichtet der christliche Kirchenlehrer Hieronymus, auch zu seiner Zeit seien die okkulten Fertigkeiten dieser Priester noch weithin bekannt.[18]

Wurden die alchemistischen Lehren in den Tempeln aufgezeichnet, so bediente man sich dabei einer Art Code, das heißt einer geheimen Symbolschrift. Zosimos schreibt, man hätte sie »in der Dunkelheit und Tiefe der Tempel mit symbolischen Schriftzeichen auf Stelen« gemeißelt.[19] Selbst wenn, heißt es weiter, jemand gewagt hätte, sich Zugang zum Tempel und den hieroglyphischen Texten zu verschaffen, hätte ihm das nichts genutzt, denn: »Hatte man es versäumt, den Schlüssel zu erlernen, konnte man die Schriftzeichen nicht entziffern.«[20]

Diese Stelle erinnert an Bemerkungen in einem Buch über

Pythagoras, das von Porphyrios verfasst wurde, einem Zeitgenossen von Zosimos. Der Autor spricht hier von drei Schriftsystemen, die die alten Ägypter benutzt hätten: die allgemein gebräuchliche Kursivschrift, die Hieroglyphen und eine symbolische Schrift.[21] Die Tatsache, dass zwei zeitgenössische, aber nicht miteinander in Kontakt stehende Schriftsteller dasselbe über eine »geheime« Interpretation der ägyptischen Schrift verlauten lassen, provoziert wieder die Frage, weshalb in der Ägyptologie bezüglich dieses Themas völliges Stillschweigen herrscht. Möglicherweise sind solche Inschriften ja entdeckt, aber missverstanden und falsch übersetzt worden, weil die damit befassten Archäologen nicht in der Lage waren, zwischen der symbolischen und der konkreten Bedeutung zu unterscheiden.

Alchemistische Techniken

Zosimos hatte nicht nur theoretische, sondern auch ausgezeichnete praktische Kenntnisse der Alchemie. In seinen Schriften demonstriert er zudem ein detailliertes Wissen der Chemie im heutigen Sinne und beschreibt das große Arsenal an Techniken und Instrumenten, das in den Laboratorien der Antike zur Verfügung stand.

Die Alchemie war keine einfache Angelegenheit. Zweifellos waren es ihre Anhänger, die viele der heute bekannten Labortechniken entwickelten. Als besonders kreativ erwiesen sich die Alchemisten bei der Erfindung spezieller Instrumente, etwa 80 an der Zahl: verschiede Arten von Öfen, Schalen und Schmelztiegel aus Keramik, Phiolen und Flaschen aus Glas, Feilen, Spatel, Zangen, Hämmer, Sand- und Wasserbäder, Filter aus Baumwolle und Leinen, Trichter, Stößel und Mörser, Destillierkolben und eine Reihe anderer Instrumente und Gefäße – Hilfsmittel und Techniken, die größtenteils noch heute im Gebrauch sind.

Sehr häufig ging es darum, bestimmte Stoffe zu erwärmen oder zu erhitzen. Sollte das behutsam geschehen, benutzte man Pferdemist oder Wasserbäder; ging es um höhere Temperaturen, kamen Öfen zur Anwendung. Schweißüberströmte Gehilfen fachten das Feuer mit ledernen Blasebälgen an oder pusteten mit voller Kraft in Röhren. Auf diese Weise wurden feste Stoffe so stark und so lange erhitzt, bis sie sich in Pulver oder Dampf verwandelten.

Auch die Destillation haben die Alchemisten erfunden. Bald zeigte sich, dass dieses Verfahren auch einen kommerziellen Nutzen hatte. In der Parfümindustrie wurde es zum Beispiel dafür verwendet, das in der mittelalterlichen Welt des Islam so geschätzte Rosenwasser zu erzeugen, indem man die Blütenblätter sanft erhitzte, bis die aromatischen Öle destillierten. Im 12. Jahrhundert schließlich entdeckten Alchemisten, dass man durch die Destillation von Wein eine Medizin erzeugen konnte, die nicht unerfreuliche Nebenwirkungen hatte: hochprozentigen Alkohol.

Das übliche Verfahren war, dieselbe Substanz immer wieder von neuem zu erhitzen und zu destillieren, womöglich Hunderte von Malen. Dieser Prozess konnte sich Monate oder gar Jahre hinziehen. Das schwer zu fassende Ziel der Alchemisten war es, die reinste aller Essenzen zu erzeugen, den rubinroten Stein der Weisen. Es hieß, mit dem Pulver dieses Steins sei man in der Lage, gewöhnliche Metalle in Gold zu verwandeln.

Der arabische Alchemist Djabir Ibn Haijan (auch Geber genannt) schreibt von Prozessen, bei denen bis zu 700 Destillationen nötig waren, um das erwünschte Ergebnis zu erzielen. Die moderne Chemie hat nie versucht, diese zeitraubenden Prozeduren nachzuvollziehen, weshalb es scheinbar keine Aufschlüsse darüber gibt, ob sie einen nachweisbaren Wert haben. Wie wir sehen werden, könnte das jedoch tatsächlich der Fall sein.

Darüber, wie der Stein der Weisen hergestellt werden sollte, herrschte keine absolute Einigkeit. In den meisten Schriften ist von einem siebenstufigen Prozess die Rede, an dessen Ursprung entweder Quecksilber – von den Alchemisten als Merkur bezeichnet – oder ein Gemisch aus

Quecksilber und Schwefel steht. Jede einzelne Stufe des Verfahrens, heißt es meist, sei langwierig und nehme mehrere Monate oder ein ganzes Jahr in Anspruch. In dieser Zeit müsse die Temperatur des Ofens ständig auf demselben Niveau gehalten werden. Ein Alchemist des 14. Jahrhunderts, der Mönch John Dastin, schreibt, um Quecksilber in das rote Elixier zu verwandeln, müsse man hundert Tage lang ein schwaches Feuer brennen lassen. Gehe das Feuer einmal aus, müsse der Prozess von neuem begonnen werden.

In bestimmter Weise scheint auch der astrologische Moment eine Rolle gespielt zu haben. So heißt es, der französische Alchemist Nicolas Flamel habe den »Stein« zum ersten Mal am Montag, dem 17. Januar 1382, um die Mittagszeit geschaffen. Anschließend habe er aus einem »halben Pfund Merkur« dieselbe Menge reinen Silbers erzeugt. Am 20. April desselben Jahres habe er dann den »roten Stein« um fünf Uhr nachmittags dazu benutzt, ein halbes Pfund Quecksilber in Gold umzuwandeln.[22] So märchenhaft das klingen mag – als Flamel 1417 starb, hatten er und seine Frau allein in Paris 14 Hospitäler, drei Kapellen und sieben Kirchen gestiftet, dazu andere Bauten in Boulogne.

Das mysteriöse rote Pulver

Als sich im 17. Jahrhundert die experimentelle Wissenschaft entwickelte, begann sie bald, ihre alchemistischen Wurzeln zu verleugnen. Robert Boyle zum Beispiel, der Entdecker des Boyle-Mariotte'schen Gesetzes, war einer jener frühen Wissenschaftler, die die neuen experimentellen Methoden engagiert verfochten. Über die Alchemisten schrieb er verächtlich, wie ihre Öfen produzierten ihre Schriften »ebenso viel Rauch wie Licht«.[23] Die folgende sarkastische Bemerkung lässt erkennen, dass die überaus komplexen alchemistischen Werke Boyle mehr Kopfzerbrechen bereitet hatten, als ihm lieb gewesen war. Wäre es ihren Verfassern, schreibt Boyle, wirklich um Geheimhaltung gegangen, so hätten sie, um »ihre eigene Verunglimpfung und die Mühe ihrer Leser zu mindern, lieber keine Bücher schreiben sollen statt schlechte«.[24]

Angesichts solcher Äußerungen muss es erstaunen, dass Boyle, wie man in den letzten 20 Jahren schlüssig nachgewiesen hat, zeitlebens von der Alchemie fasziniert war. Um sein Interesse zu verschleiern, verfasste er seine Berichte über solche Experimente in einer hochkomplizierten Geheimsprache, bei der er sich des lateinischen, des griechischen und des hebräischen Alphabets bediente. In einem 1992 erschienenen Aufsatz ist zu lesen, dass diese verschlüsselten Texte mehrere hundert Seiten umfassen.[25] Natürlich stellt sich die Frage, vor wem die Texte geheim gehalten werden sollten und weshalb. Aber auch wenn wir darauf keine Antwort haben, sind sie ein Hinweis auf die Ernsthaftigkeit, mit der Boyle die Alchemie betrieb.

Boyle glaubte, wie wir heute wissen, fest an die Existenz eines Verwandlungspulvers. Außerdem glaubte er, dass es Adepten – in die Geheimnisse ihrer Kunst eingeweihte Alchemisten – gab, die das Geheimnis kannten, wie das Pulver hergestellt und verwendet wurde. Boyle bemühte sich intensiv, Kontakt mit diesen Adepten aufzunehmen, um sich Einblick in ihre Geheimnisse zu verschaffen. Es ist zwar nicht bekannt, ob er dabei Erfolg hatte, doch zumindest hat er ein paar hochinteressante Anmerkungen zum Thema hinterlassen.

In einem unveröffentlichten Dialog, der in London in den Archiven der Royal Society verwahrt wird, äußert Boyle seine Überzeugung, dass manche Adepten über das »rote Pulver« aus dem Stein der Weisen verfügten. Man könne es nicht nur dazu verwenden, um Arzneien herzustellen und gewöhnliche Metalle in Silber und Gold zu verwandeln, sondern auch dazu, um Kontakt mit der Geisterwelt aufzunehmen.[26]

Boyle entdeckte schließlich eine Substanz, die er als »subtilen Merkur« zum alchemistischen Gebrauch bezeichnete, doch hat er nie verraten, wie er sie herstellte.[27] Außerdem

Alchemistische Illustration von Steffan Michelspacher, Augsburg, 1616. Der Alchemist wird mit verbundenen Augen zu den sieben Stufen der Alchemie geführt, d. h., er betritt den Palast, wo Sonne und Mond vereinigt sind.

spricht er von einem alchemistischen Pulver, das er »rote Erde« nennt und das er entweder insgeheim selbst herstellte oder von irgendwoher erhalten hatte. Als er 1691 starb, hinterließ er seinem Freund John Locke, einem berühmten

Philosophen, der wie er Mitglied der Royal Society war, ein Quantum dieser »roten Erde«. Einen Teil davon gab Locke an einen anderen Freund Boyles weiter – an Sir Isaac Newton, der ab 1703 Präsident der Royal Society war und sich damit im Zentrum des neuen wissenschaftlichen Establishments befand.[28]

Newton, eine monumentale Gestalt in der Geschichte der Wissenschaft, hatte ebenfalls großes Interesse an der Alchemie. Zusammen mit Boyle traf er sich insgeheim mit Alchemisten, während er sie – genau wie dieser – gleichzeitig öffentlich verspottete.[29]

Newtons Begeisterung für die Alchemie blieb viele Jahre verborgen. Nach seinem Tod im Jahr 1727 verbrannte man viele seiner Unterlagen; andere wurden mit dem Vermerk »Nicht zur Veröffentlichung geeignet« gekennzeichnet und von seiner Familie verwahrt. Wie groß Newtons Interesse an der Alchemie war, kam erst 1936 ans Tageslicht, als diese Unterlagen in London unter den Hammer kamen. 121 der bei der Aktion aufgerufenen Partien beschäftigten sich mit der Alchemie, was die Historiker auf den Plan rief. Newton hatte, stellte sich bald heraus, fest daran geglaubt, »dass die Alten einst *alle* Geheimnisse« gekannt hätten.[30] Betty Dobbs, von der diese Erkenntnis stammt, kommt zu dem Schluss: »Eines ist sicher: [...] Newtons alchemistische Überlegungen beruhten auf einer derart festen Basis, dass er nie auf den Gedanken kam, ihren Wert zu hinterfragen.«[31]

Zweifel daran, ob es mittelalterlichen Alchemisten wie Flamel oder Dastin tatsächlich gelungen ist, den Stein der Weisen herzustellen oder gewöhnliches Metall in Gold zu verwandeln, sind durchaus angebracht. Möglicherweise hat man in späteren Berichten über solche Gestalten ein wenig übertrieben, um die Sache dramatischer zu gestalten. Die wissenschaftliche Exaktheit, mit der Boyle und Newton ihre Experimente betrieben, und ihre detaillierten Unterlagen darüber lassen jedoch aufhorchen. Womit haben die beiden sich eigentlich genau beschäftigt? Es muss etwas sehr Interessantes gewesen sein. Auf jeden Fall hofften sie offenbar, durch langwierige Umwandlungen von Quecksilber eine mysteriöse rote Substanz zu erzeugen, einen Stein oder ein Elixier.

Im Falle von Boyle und Newton kann der alchemistische Prozess keinen rein symbolischen Wert gehabt haben, denn die beiden wussten genau, was der Unterschied zwischen Symbolik und Realität ist. Zudem: Hätte es sich um eine symbolische Angelegenheit gehandelt, hätte es keinen Grund dafür gegeben, dass Boyle eine komplizierte Geheimschrift verwendete und dass Newton seine Unterlagen unter Verschluss hielt. Hatten die Alchemisten womöglich bestimmte Techniken entdeckt, die der orthodoxen Wissenschaft noch unbekannt sind, über die Boyle und Newton aber schon Bescheid wussten?

Könnte es tatsächlich möglich sein, ein Element oder ein Präparat durch wiederholte Destillationsvorgänge oder ein langsames, langwieriges Erhitzen so stark zu verändern, dass es sich in ein Endprodukt mit ganz außergewöhnlichen Eigenschaften verwandelt? Oder ist der modernen Wissenschaft so etwas womöglich schon gelungen?

Ganz unwahrscheinlich ist das, wie wir gleich sehen werden, nicht.

Der »rote Merkur« und die Atombombe

Seit dem Zerfall der Sowjetunion und der damit verbundenen Erosion der zentralen Machtinstanz sind in den Nachfolgestaaten kriminelle Organisationen auf dem Vormarsch. Kaum etabliert, bemühten sie sich schon, Beziehungen zu ausländischen Syndikaten aufzunehmen. Von 1991 an fanden Treffen mit hochrangigen Vertretern der Mafia, der Camorra und der 'Ndrangheta statt. Die enge Zusammenarbeit der Syndikate dient dazu, Dinge wie Geldwäsche und den Drogenhandel zu erleichtern.[32] Ein weiteres Betätigungsfeld der russischen Mafia ist der Handel mit illegalem nuklearem Material, das durch das Chaos in der

Verwaltung und den chronischen Geldmangel in der russischen Kernindustrie und den Streitkräften immer wieder verfügbar wird. Für die am Kauf solchen Materials interessierten Regierungen ist Geldmangel hingegen ein Fremdwort.

Ende 1993 tauchte etwas Neues, Alarmierendes auf. Die russische Mafia bot eine Substanz zum Kauf an, von der man im Westen bislang nie etwas gehört hatte. Sie trug den Namen »roter Merkur« und war angeblich ein geheimes Produkt der russischen Kernindustrie. Am 23. Dezember 1993 wurden fünf Moldawier bei dem Versuch festgenommen, nach Rumänien einzureisen. Sie hatten ein Quantum reinen Urans bei sich und eine Substanz, bei der es sich angeblich um »roten Merkur« handelte. Beides war für den atomaren Schwarzmarkt bestimmt.[33]

Besorgt bemühte man sich in westlichen Forschungseinrichtungen, herauszubekommen, ob diese Substanz tatsächlich existierte und woraus sie bestand. Schon 1994 jedoch erklärten das amerikanische Energieministerium und die Internationale Atomenergiebehörde, es handle sich um puren Schwindel. Der »rote Merkur« sei nichts als ein Versuch der russischen Mafia, potentielle Käufer illegalen Kernmaterials zu täuschen.[34]

Eine Reihe westlicher Kernphysiker hatte jedoch gute Gründe, anderer Meinung zu sein. Sie äußerten die Vermutung, die Etikettierung als Schwindel sei nur der Versuch gewesen, eine wenig erfreuliche Tatsache zu verschleiern.

Im Juni 1994 erschien im *International Defence Review* ein Artikel des Kernphysikers Frank Barnaby. Der Wissenschaftler berichtet darin von einem Gespräch mit einem anonymen russischen Kollegen, der ihm berichtet habe, der »rote Merkur« sei ein wesentlicher Bestandteil bei der Herstellung einer revolutionären russischen Atombombe. Die Substanz habe sich als so wirksam erwiesen, dass es möglich geworden sei, Bomben zu bauen, die um ein Vielfaches kleiner und leichter seien als gleichwertige westliche Sprengkörper.[35]

Barnaby führt aus, dass mit dem ominösen »roten Merkur« eine nicht mehr als zwei bis vier Kilogramm schwere Atombombe hergestellt werden könne. Das mache ihm Sorgen, denn wenn eine solche Bombe in die Hände einer terroristischen Organisation gelange, könne sie leicht inmitten einer Großstadt zur Detonation gebracht werden. Nach Barnabys Informationen ist es einer Reihe von Ländern – Israel, dem Iran, dem Irak, Libyen, aber auch Pakistan – bereits gelungen, sich illegal bestimmte Mengen der Substanz für die Waffenproduktion zu verschaffen.[36] Zumindest ein Teil dieser Länder unterstützt Terrorgruppen und könnte diesen theoretisch entweder die entsprechende Technologie oder das fertige Produkt zur Verfügung stellen.

Der angebliche Herstellungsprozess der Substanz weist deutliche Parallelen zu alchemistischen Verfahren auf. Wenn im Zentrum der russischen Rüstungsindustrie auch Alchemisten arbeiten, die Zugang zu hochmodernen Anlagen haben, so wäre es durchaus denkbar, dass sie etwas wie den »roten Merkur« erfunden haben könnten. Nach Aussage des erwähnten russischen Physikers wird die Substanz folgendermaßen hergestellt:

1. Antimon-Sesquioxid und Quecksilberoxid werden gemeinsam bei einer Temperatur von 500 °C und einem Druck von einer Atmosphäre erhitzt. Dieser Vorgang muss *zwei Tage lang* ohne Pause und ohne jegliche Schwankungen andauern. Das Endprodukt ist eine Substanz mit Namen Quecksilber-Antimon-Oxid, die in der wissenschaftlichen Literatur erst 1968 beschrieben wurde.

2. Anschließend wird das Quecksilber-Antimon-Oxid in einer identischen Menge reinen Quecksilbers aufgelöst. Das Gemisch kommt in einen verschlossenen Behälter und wird ins Innere eines Atomreaktors platziert, wo es *etwa zwanzig Tage lang* bei einer Temperatur von 500 °C bestrahlt wird.

3. Wird am Ende dieses Prozesses das überschüssige Quecksilber abgegossen, verbleibt eine »kirschrote« Substanz, deren Konsistenz an flüssigen Honig erinnert. Kap-

seln mit dieser dicken Flüssigkeit werden in den neuen Kernwaffentyp eingesetzt.[37]

Interessant an diesem Herstellungsprozess ist einerseits die Verwendung von Quecksilber, andererseits die lange Reaktionszeit. Noch interessanter wird die Sache dadurch, dass auch Antimon beteiligt ist. Schon im 12. Jahrhundert beschreibt der Alchemist Artephius eine spezielle Tinktur (ein »schweres, zähes, köstliches und wehrtes Wasser«), die Antimon und sublimiertes Quecksilber enthalte und zu vielen erstaunlichen Dingen verwendet werden könne.[38]

Die Existenz von Quecksilber-Antimon-Oxid, der ersten chemischen Verbindung des beschriebenen Prozesses, ist erst seit 1968 bekannt, die des »roten Merkurs« wird offiziell noch bestritten. Wie viele weitere, angeblich unmögliche Substanzen könnten wohl entstehen, wenn man Verfahren anwendet, bei denen nicht nur die Kenntnisse der modernen Chemie und Technologie, sondern auch viel Zeit eine Rolle spielen? Vielleicht können wir von den Experimenten der Alchemisten ja noch mehr lernen als die Tatsache, dass es sich lohnt, viel Geduld zu haben.[39]

So aufschlussreich solche chemischen Techniken sein mögen, sie waren nicht das eigentliche Ziel der Alchemie. Auf der tiefsten und geheimsten Ebene ging es bei jedem Experiment um niemand anderen als den Alchemisten selbst. Die eigentliche Aufgabe war die Verwandlung der Seele.

Kehren wir daher noch einmal zu Zosimos zurück und sehen wir uns an, was er dazu zu sagen hat.

Ein Tor zum Himmel

Aus den Schriften von Zosimos wird deutlich, dass die Alchemie zwar allerhand technische Geheimnisse zu verbergen hat, im Grunde aber nur eine chemische Metapher für den spirituellen Weg ist, der den Kern des hermetischen Denkens bildet. Nur allzu oft war es nötig, ihn im Verborgenen zu gehen, weil er von den weltlichen wie religiösen Mächten gefürchtet und bekämpft wurde.

Nehmen wir einmal einen konkreten Prozess der alchemistischen Reinigung: Quecksilber als Ausgangsmaterial wird über einen langen Zeitraum hinweg konstant erhitzt, bis der »Stein der Weisen« entsteht. Dies ist zugleich eine asketische Übung und ein Symbol des Fortschrittes, den der Alchemist bei der Reinigung seines inneren Wesens erzielt. In diesem Sinne ist auch zu verstehen, was Zosimos an eine befreundete Alchemistin namens Theosebia schrieb: »Verrichte diese Dinge, bis deine Seele vollkommen ist.«[40] Die Alchemie, wie Zosimos sie verstand, war ein religiöses Mysterium.

Im ersten Kapitel haben wir uns kurz mit dem »Poimandres« beschäftigt, dem ersten Text in der dem Hermes Trismegistos zugeschriebenen Sammlung, die als *Corpus Hermeticum* bekannt ist. Im Zentrum dieses Dialogs steht ein Schüler, der sich um die Einweihung in ein religiöses Mysterium bemüht. Ihren Höhepunkt erreicht diese Initiation mit der Vision eines allumfassenden Lichts. In seinem Brief an Theosebia verweist Zosimos nicht nur auf den »Poimandres«, sondern auch auf den vierten Dialog des *Corpus Hermeticum*, der den Titel »Der Mischkrug« trägt und sich mit der Beziehung von Menschlichem und Göttlichem beschäftigt. Dabei wird auf die allgegenwärtige, ewige Natur der Quelle allen Daseins hingewiesen. Der Mischkrug ist das Symbol einer Taufe oder Initiation, bei der Wissen und Unsterblichkeit verliehen werden. Im selben Text ist auch von Reinkarnation die Rede. In diesem Zusammenhang gibt Zosimos Theosebia den Rat: »Streife nicht umher, um Gott zu suchen; denn bleibst du einfach ruhig zu Hause sitzen, so wird Gott, der überall und grenzenlos ist, zu dir kommen.«[41]

Gemeint ist hier auch der Prozess, bei dem der Stein der Weisen entstehen soll. Symbolisch wird er oft als eine Geburt dargestellt, die auf eine lange Schwangerschaft folgt. Eine Alchemistin namens Kleopatra hat ihn mit kryptischen Worten sehr ausdrucksvoll beschrieben:

»Denn genau so, wie die Vogelmutter ihre Eier mit ihrem Körper wärmt und sie zu deren vorgesehenem Zeitpunkt bringt, so wärme auch du dein Gemisch und bringe es zu seinem vorgesehenen Zeitpunkt. [...] Koche es auf einem sanften Feuer [...]. Nimm es dann vom Feuer; und wenn Seele und Geist sich verbinden und eins werden, so denke an den Körper aus Silber, und du wirst Gold erhalten, wie es die Schatzkammern des Königs nicht bergen.«[42]

Anschließend warnt Kleopatra noch: »Sieh das Geheimnis der Philosophen, das unsere Väter dir nie zu offenbaren oder schriftlich zu verbreiten geschworen haben. Es hat eine göttliche Form und eine göttliche Wirkung.«[43]

So blieb das Geheimnis zwar verborgen, ging aber nie verloren. Das wusste auch Elias Ashmole, ein englischer Antiquar, Freimaurer und Alchemist, als er 1652 sein Kompendium der britischen Alchemie veröffentlichte. In der Einleitung schreibt er, der Alchemist erfreue sich »nicht so sehr daran, dass er Gold und Silber« machen könne, sondern daran, dass er »den Himmel offen« sehe.[44]

Drittes Kapitel

Der Blick in die Zukunft

Wenn im alten Babylonien und Assyrien der Abend hereinbrach, stiegen professionelle Astrologen die Lehmziegeltreppen zu ihren Observatorien in den hohen Tempeltürmen empor. Wie Seeleute zu verschiedenen Wachen eingeteilt, beobachteten sie unablässig den Himmel, um die Bewegungen der Planeten vor dem endlosen Hintergrund der funkelnden Sterne zu bestimmen.

Die Astrologen waren mit zwei bedeutsamen Aufgaben betraut. Zum einen überwachten sie die Zeitrechnung, indem sie das erste Erscheinen des zunehmenden Mondes feststellten, das den Beginn eines neuen Monats signalisierte; zum anderen versuchten sie, an den Bewegungen der Planeten Vorzeichen abzulesen, die sie zu interpretieren hatten. Besonders gefürchtet waren Sonnen- und Mondfinsternisse, ein Omen, das großes Unheil für den König verhieß. Trat es ein, so glaubte man, dieser sei dem Tod geweiht.

Fast täglich schrieben die Astrologen auf Tontafeln Berichte, in denen sie ihre Beobachtungen und Deutungen zusammenfassten. Die Tafeln wurden an den Königshof gesandt, wo man sie las und entsprechende Maßnahmen ergriff. Dann verschwanden sie in den königlichen Archiven, wo Archäologen sie Tausende von Jahren später entdeckten.

Die tägliche Beobachtung der Vorgänge am Himmel war ein zentraler Teil der königlichen Verwaltung. Die verantwortlichen Chefastrologen hatten eine umfassende Ausbildung genossen. Als führende Gestalten im geistigen Leben des alten Mesopotamien hatten sie eine wichtige Stellung am Hofe, denn sie waren die Experten, auf deren Rat sich der König verließ, um sein Reich so zu regieren, wie es die Götter wollten. Nach dem Glauben der alten Mesopotamier hing der Fortbestand der Dynastie und des ganzen Landes davon ab, ob es gelang, die Götter zufrieden zu stellen. Im Grunde bestand der ganze Lebenszweck der Menschen darin, den Göttern zu dienen. Die einzige Möglichkeit aber, deren Willen zu erfahren, waren Vorzeichen, mit deren Hilfe sie, wie man glaubte, mit der Menschheit in Kontakt traten.[1]

Aus den von Archäologen ausgegrabenen Briefen wissen wir, dass die babylonischen Astrologen, die in der Nacht vom 27. auf den 28. Dezember 671 v.Chr. für die Mitternachtswache eingeteilt waren, eine Mondfinsternis beobachteten.[2] Sie war nicht unerwartet; man wusste, dass sie eintreten würde. Und da sie große Gefahr für das Leben des Königs mit sich brachte, hatte man bereits Maßnahmen ergriffen, um den Schaden zu begrenzen. Am Vortag hatte der König abgedankt; auf seinem Thron saß nun ein provisorischer Stellvertreter.[3]

Dieser Vorgang war das übliche kaltblütige Ritual, zu dem man bei drohendem Unheil Zuflucht nahm. Der echte König räumte vorübergehend seinen Thron; an seiner Stelle schaffte man einen Ersatzmonarchen in den Palast, möglicherweise einen Kriminellen, einen Kriegsgefangenen oder einen Fremden, der zufällig des Weges gekommen war. Man setzte ihm erlesene Speisen und Getränke vor, badete und salbte ihn, legte ihm die königlichen Gewänder an, gab ihm die Amtsinsignien in die Hand und setzte ihn dann feierlich auf den Thron. Um die Farce zu vervollständigen, stellte man ihm auch noch eine falsche Königin zur Seite. Tag für Tag wurde den beiden ein opulentes Staatsbankett vorgesetzt; Tänzerinnen und Musikanten sorgten für ihre Unterhaltung.[4] Natürlich war der königliche Luxus nur von kurzer Dauer. Nach den rituellen Vorschriften durfte der Stellvertreter nicht länger als hundert Tage »regieren«; in der

Praxis tat er das sogar oft noch wesentlich kürzer, bevor er sein Ende fand.

Der Zweck der Übung war, den Stellvertreter während der Finsternis als König agieren zu lassen, denn man glaubte, so werde er alles Unheil auf sich ziehen. Am Ende seiner Herrschaft ereilte ihn und seine Königin das »Schicksal«, konkret die Hinrichtung. Anschließend bestattete man die beiden mit all dem zeremoniellen Pomp, der für die Beisetzung eines echten Königspaares vorgesehen war. Mit dieser rituellen, an ein Theaterstück erinnernden Zeremonie hofften die Babylonier und Assyrer, dem Schicksal ein Schnippchen zu schlagen.

Einige Tage nach der Mondfinsternis des Jahres 671 v. Chr. schrieb Mar-Ischtar, ein hoher Beamter bei Hofe, an den assyrischen König Asarhaddon, um diesem zu versichern, dass alles geschehen sei, um das Unheil abzuwenden. Er habe sich persönlich bei dem Ersatzkönig eingefunden, um ihn die vorgeschriebenen Gebete an den Sonnengott sprechen zu lassen. Deshalb sei sicher, dass er »alle himmlischen und irdischen Omen auf sich genommen« habe.[5]

Einige Wochen später, am Ende der Ersatzherrschaft, schrieb Mar-Ischtar erneut an den König, um ihm von der Hinrichtung seines Stellvertreters samt Gemahlin zu berichten. Die beiden seien gestorben, schrieb er, um den König und den Kronprinzen zu retten: »Wir haben die Grabkammer vorbereitet. Er und seine Gemahlin sind geschmückt, gesalbt, aufgebahrt und beweint worden. Das Brandopfer ist dargebracht, alle Omen sind abgewendet worden.«[6] Nun könne der König, versicherte Mar-Ischtar, sich wieder beruhigt auf seinen Thron setzen, zumindest bis zur nächsten Finsternis.

Um solche Himmelsereignisse vorhersagen zu können, hatten die Astrologen sich mit den Zyklen von Sonne und Mond beschäftigt. Was sie herausgefunden hatten, versetzte sie in die Lage, das Unheil zu prophezeien, das bestimmte Vorgänge nach ihrem Glauben mit sich brachten.

Was die Vorhersage von Sonnen- und Mondfinsternissen betrifft, lagen die babylonischen Astrologen erwiesenermaßen richtig, aber gilt das auch für ihre Prophezeiung drohenden Unheils? Aus heutiger, moderner Perspektive würden wir das wohl verneinen. Denn wie könnte es anders sein? Wie könnten die Zyklen von Himmelskörpern – Finsternisse oder der Lauf der Planeten um die Sonne – wohl irgendeinen Einfluss auf irdische Vorgänge haben? Wie könnte ein Bezug zwischen dem Mond und den Planeten oben am Himmel und dem Herrscher oder einem Staat in einem kleinen Teil der Erde unten bestehen? Das klingt nach einer völlig absurden Vorstellung.

Dennoch gibt es Gründe genug, uns einen Augenblick zu besinnen, bevor wir alle astrologischen Vorhersagen auf den Friedhof der wirren Ideen verbannen. So merkwürdig es auch klingen mag: Die Planeten- und Mondzyklen scheinen Bezüge zu Vorgängen auf der Erde zu haben, mit denen wir uns ohne jede Voreingenommenheit beschäftigen sollten.

Planetenbewegungen und politische Vorhersagen

Im Sommer 1980 erschien in der Zeitschrift der Astrologischen Vereinigung Großbritanniens ein Artikel über die Sowjetunion. Im Rahmen einer astrologischen Analyse machte der Autor eine Reihe von Prognosen für das kommende Jahrzehnt:

> »[Der] wahrscheinlich wichtigste Transit für Russland gilt von Januar 1989 bis November 1991. [Er] lässt uns an einen grundlegenden Umbau der Nation denken [...]. Es scheint möglich, dass um diese Zeit eine neue Revolution in Russland stattfindet, durch die das Land dramatisch umstrukturiert wird. [Und es scheint] wahrscheinlich, dass die strenge Kommandostruktur versagt und das

Land in die zahlreichen autonomen Staaten zerfällt, aus denen es ursprünglich gebildet wurde.«[7]

Sämtliche vorhergesagten Ereignisse fanden tatsächlich im berechneten Zeitraum statt. 1989 gab es die Sowjetunion noch, Ende 1991 war das nicht mehr der Fall. Stattdessen gab es 15 neue Republiken auf der Welt. Wie war es möglich, dass ein Astrologe diese dramatischen Ereignisse zehn Jahre vorher derart exakt vorhersagen konnte? Um das zu verstehen, müssen wir uns die Vorgänge aus astrologischer Perspektive vornehmen. Nach Auffassung der Astrologie hat ein Staat ebenso ein Geburtsdatum wie ein Mensch. Anders als beim Menschen ist der Geburtsmoment jedoch nicht immer problemlos zu bestimmen: Es könnte sich um eine Thronbesteigung handeln, um einen Staatsstreich, um den Moment der Unabhängigkeit von einer Kolonialmacht oder um eine Konferenz siegreicher Alliierter, die ein riesiges Territorium in künstlich gebildete Staaten zerstückeln. Es gibt in der Astrologie keine festen Vorschriften, um das korrekte Entstehungsdatum eines Staates zu bestimmen, nur eine Art Faustregel.

Diese lautet folgendermaßen: Als Geburtsdatum sollte im Allgemeinen der Moment gelten, in dem der neue Staat, entsprechend seiner jeweils eigenen Definition, als eigenständige Einheit bezeichnet werden kann. Dies ist der Zeitpunkt, an dem er Legitimität besitzt, selbst wenn diese durch scheinbar illegitime Mittel, wie beispielsweise eine Revolution oder Schlacht, hergestellt wurde.

Das Ganze muss allerdings mit Vorsicht betrachtet werden. Was man als »Geburtshoroskop« für diesen entscheidenden Moment bezeichnet, hat natürlich symbolischen Charakter. Schließlich handelt es sich nur um einen Augenblick im endlosen »Leben« dieser Kombination aus Land und Leuten, die wir Nation oder Staat nennen. Was da entsteht, ist nichts als eine neue Phase in diesem kollektiven Zusammenhang. Dementsprechend gibt es für viele Natio-

73

nen und Staaten eine große Zahl von Geburtshoroskopen, da es dort im Verlauf einer langen Geschichte viele entscheidende Momente gegeben hat, in denen eine bedeutsame Veränderung Auswirkungen auf die kollektive Zukunft hatte, wie beispielsweise die Unabhängigkeitserklärung im Jahr 1776 in den USA. Aber nicht alle Geschehnisse müssen solch offensichtlich dramatischen Charakter zeigen. Sie können zu ihrer Zeit sogar irrelevant scheinen und erst später wird klar, wie entscheidend ein Ereignis für das folgende Geschehen war. Ein Beispiel ist die Annexion von Bosnien und Herzegowina am 7. Oktober 1908 durch Österreich-Ungarn, die zum Ersten Weltkrieg führte, der wiederum die Bedingungen schuf sowohl für das Entstehen des Kommunismus wie für den Ausbruch des Zweiten Weltkriegs – ganz zu schweigen von der gegenwärtigen Situation im ehemaligen Jugoslawien. Diese Annexion ist ohne Zweifel eines der prägendsten Geschehnisse dieses Jahrhunderts – wer aber hat je davon gehört?

Allerdings kristallisieren sich aus der Reihe möglicher Horoskope immer einige wenige heraus, die über die Jahre oder Jahrhunderte hinweg fortlaufend ihre Gültigkeit demonstrieren, indem sie das historische Schicksal einer Nation oder eines Staates widerspiegeln.

Das dominante Horoskop für England zum Beispiel ist uralt. Es bezieht sich auf die Krönung von Wilhelm dem Eroberer, die am 25. Dezember 1066 stattfand, wahrscheinlich um die Mittagszeit.[8] Der Beifall des anwesenden Adels und die Salbung durch die Vertreter der Kirche verlieh diesem Vorgang das Siegel der Legitimität. Das korrespondierende Datum für die Vereinigten Staaten ist der 4. Juli 1776, an dem in Philadelphia die Unabhängigkeitserklärung unterzeichnet wurde. Den genauen Zeitpunkt hat ein Astrologe des 18. Jahrhunderts auf 17.10 Uhr berechnet.[9] Als Vertreter des Volkes brachen die Kongressabgeordneten mit der englischen Krone und entschieden sich für die Selbstbestimmung, wodurch sie selbst ihre Legitimität herstellten. Eine wesentlich blutigere Geburt hatte die Republik

Irak: Am 14. Juli 1958 wurde der irakische König bei einem Staatsstreich rebellierender Armeeoffiziere ermordet, die über den Rundfunk die Republik ausriefen.[10] Durch ihre brutale Machtübernahme hatten die Militärs auf ihre Weise für ihre Legitimität gesorgt – und damit auch für eine ganz bestimmte Zukunft.

Manche Länder haben eine sehr komplizierte Geschichte. Das heutige Deutschland zum Beispiel ist im 19. Jahrhundert aus der Vereinigung zahlreicher eigenständiger Staaten und Freier Städte entstanden und hat seither mehrere Inkarnationen durchlaufen. Dabei scheinen drei Horoskope zu dominieren. Das erste bezieht sich auf den 1. Januar 1871, der als die eigentliche Geburtsstunde des Deutschen Reiches gelten kann, da die Proklamation durch Kaiser Wilhelm I., die am 18. Januar 1871 im Spiegelsaal von Versailles stattfand, eher symbolischen Charakter hatte. Als Ort wird Berlin angenommen.[11]

Der zweite bedeutsame Moment ist der 5. Mai 1955 mittags, als die Bundesrepublik Deutschland von den Westmächten in die Unabhängigkeit entlassen wurde. Aus pragmatischen Gründen dient uns dieses Ereignis am besten als Ausgangspunkt für ein aktuelles nationales Deutschlandhoroskop.

Der dritte Moment ist der 1. Juli 1990, als die Wirtschafts-, Währungs- und Sozialunion der beiden deutschen Staaten in Kraft trat. Interessanterweise geschah dies zu einem Zeitpunkt, an dem aufgrund des Horoskops für 1871 fundamentale Veränderungen in Deutschland zu erwarten waren.[12] Das belegt, dass dieses erste Horoskop noch immer Gültigkeit besitzt. Gleichzeitig lässt das Horoskop von 1990 Verbindungen mit jenem von 1955 erkennen und unterstreicht so die Bedeutung dieses besonderen Moments.[13]

Bei der Schweiz stellen sich andere Probleme. Der Ursprung des Landes liegt viele hundert Jahre zurück, und das für diesen Zeitpunkt erstellte Horoskop dominiert noch immer. Als Stichtag gilt der 1. August 1291 (nach dem juli-

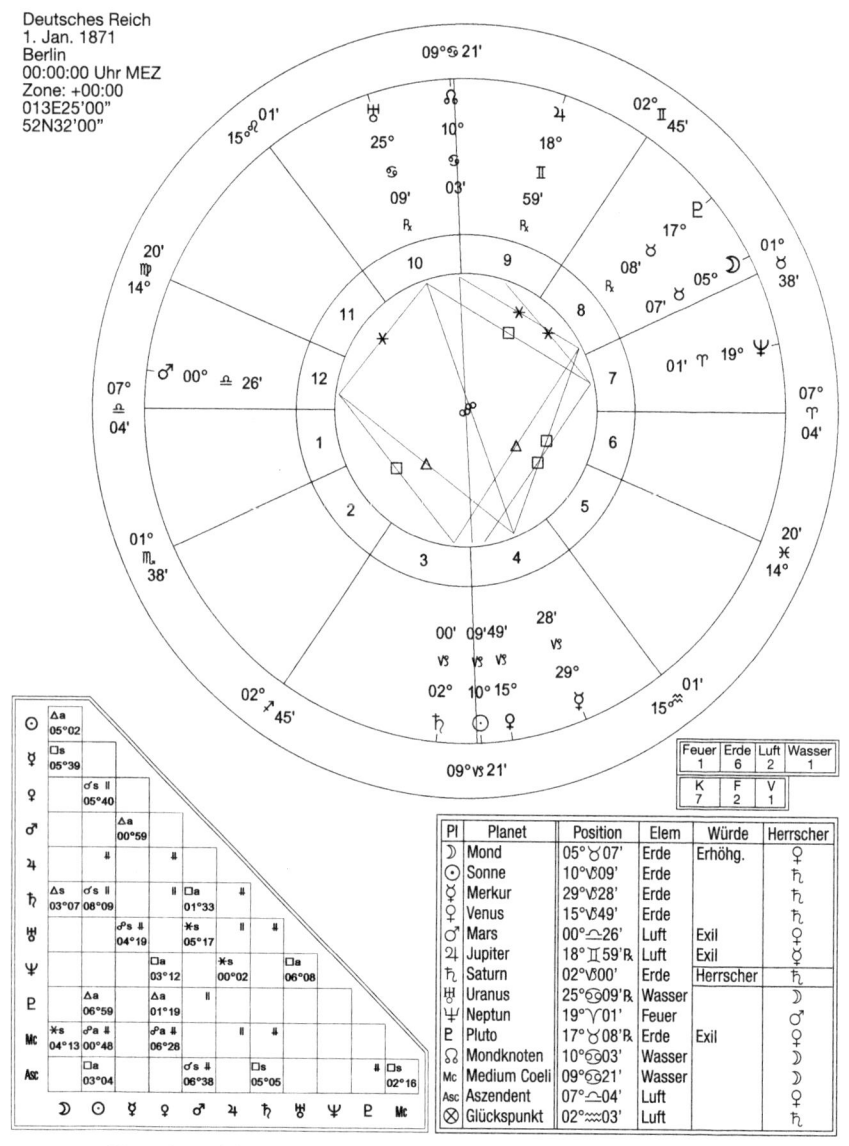

Horoskop des Deutschen Reichs 1871.

76

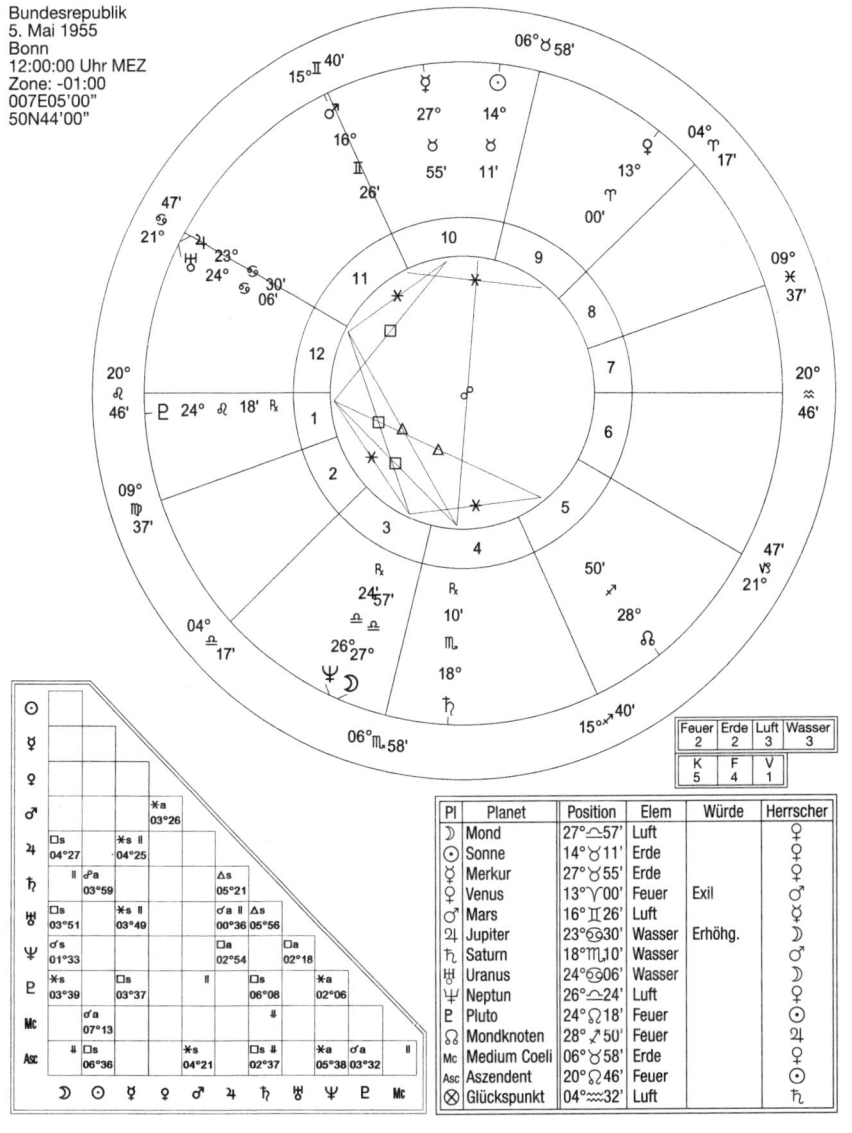

Horoskop der Unabhängigkeit der Bundesrepublik Deutschland 1955.

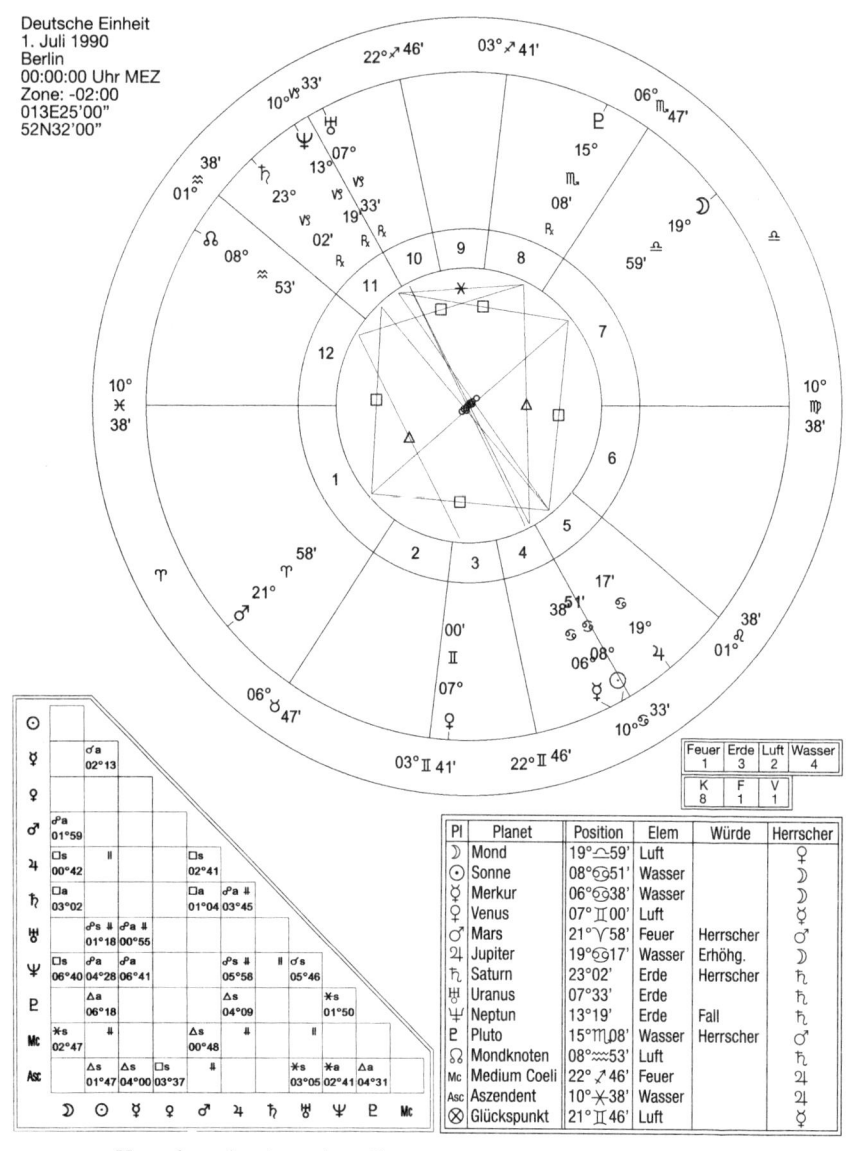

Horoskop der deutschen Vereinigung 1990.

anischen Kalender), als die drei »Urkantone« Uri, Schwyz und Unterwalden sich beim so genannten Rütli-Schwur förmlich zusammenschlossen und damit die Eidgenossenschaft begründeten. Da die genaue Uhrzeit unbekannt ist, wird das Horoskop für 12 Uhr Ortszeit berechnet.[14]

Österreich ist ein gutes Beispiel für einen modernen Staat, an dessen Beginn – oder »Geburt« – eine öffentliche Proklamation steht. In den Morgenstunden des 11. Novembers 1918 verzichtete Kaiser Karl I. auf die Ausübung der Regierung, womit er de facto abdankte. Am 12. November proklamierte der soeben vereidigte Kanzler Karl Renner um 16 Uhr in der provisorischen Nationalversammlung die Republik.[15]

Ein solches Geburtshoroskop bezieht sich jedoch immer nur auf einen Augenblick; es friert den Standort der Planeten zu diesem Zeitpunkt ein. In Wirklichkeit halten die Planeten in ihrer Bahn natürlich nicht inne. Sie setzen ihren endlosen Kreislauf um die Sonne fort, bei dem sie gemäß ihrem jeweiligen Zyklus durch den Tierkreis wandern. Daraus ergibt sich eine fortschreitende symbolische Beziehung zwischen einem über den Himmel ziehenden Planeten und dessen Position im Geburtshoroskop.

Um die Zukunft vorherzusagen, verbindet der Astrologe das statische Geburtshoroskop mit dem vom fortlaufenden Zyklus der Planetenbewegung geschaffenen Muster. Der Vergleich der ständig neuen Positionen der Planeten mit ihren fixierten Positionen im Geburtshoroskop liefert die Grundlagen für astrologische Vorhersagen. Geht ein bestimmter Planet über eine der Positionen aus dem Geburtshoroskop, nennt man das einen »Transit«. Dabei können mehrere Punkte betroffen sein. Einer liegt über der Position im Geburtshoroskop, ein anderer, als ebenso wichtig geltender Punkt befindet sich direkt (180°) gegenüber. Andere, ebenfalls signifikante Punkte bilden Winkel (so genannte Aspekte) von 60°, 90° oder 120° zur Position im Horoskop.

Im Lauf der Zeit geht zwar jeder Planet über jeden Punkt eines Geburtshoroskops, doch nicht alle Transite haben die-

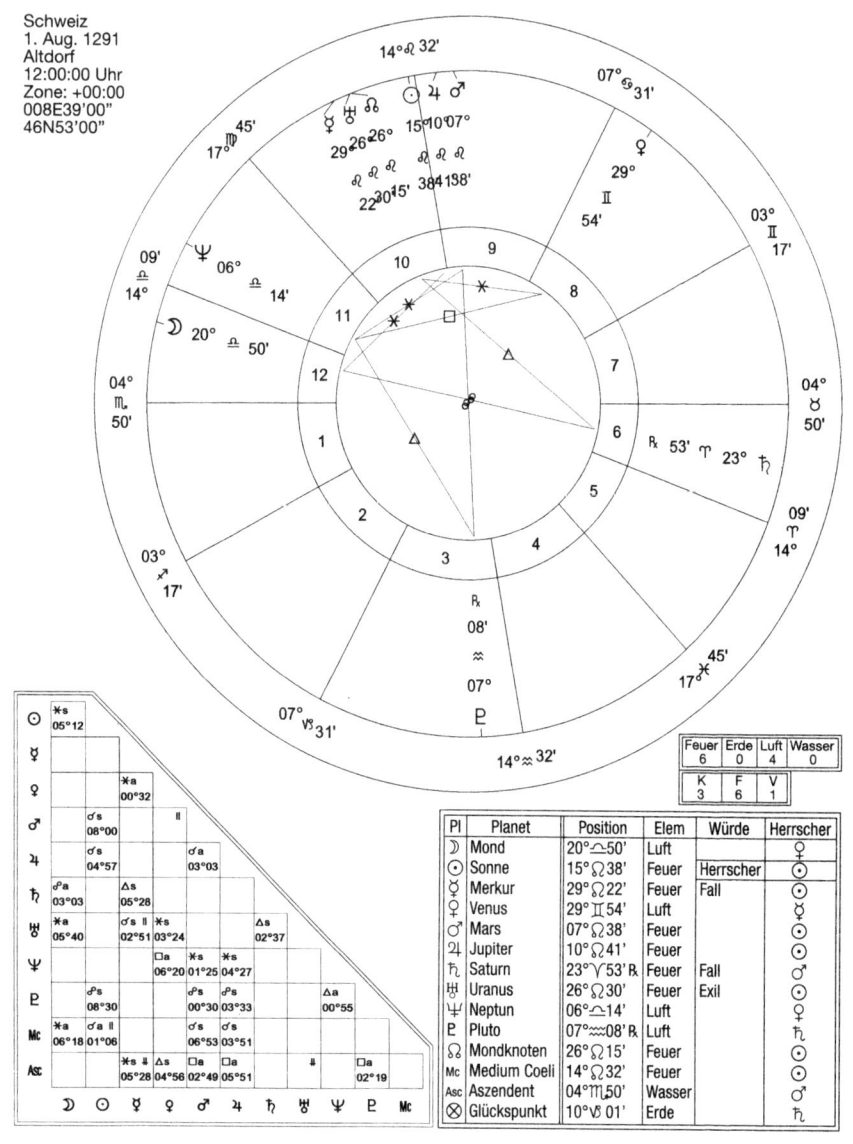

Horoskop des Schweizer Bundes 1291.

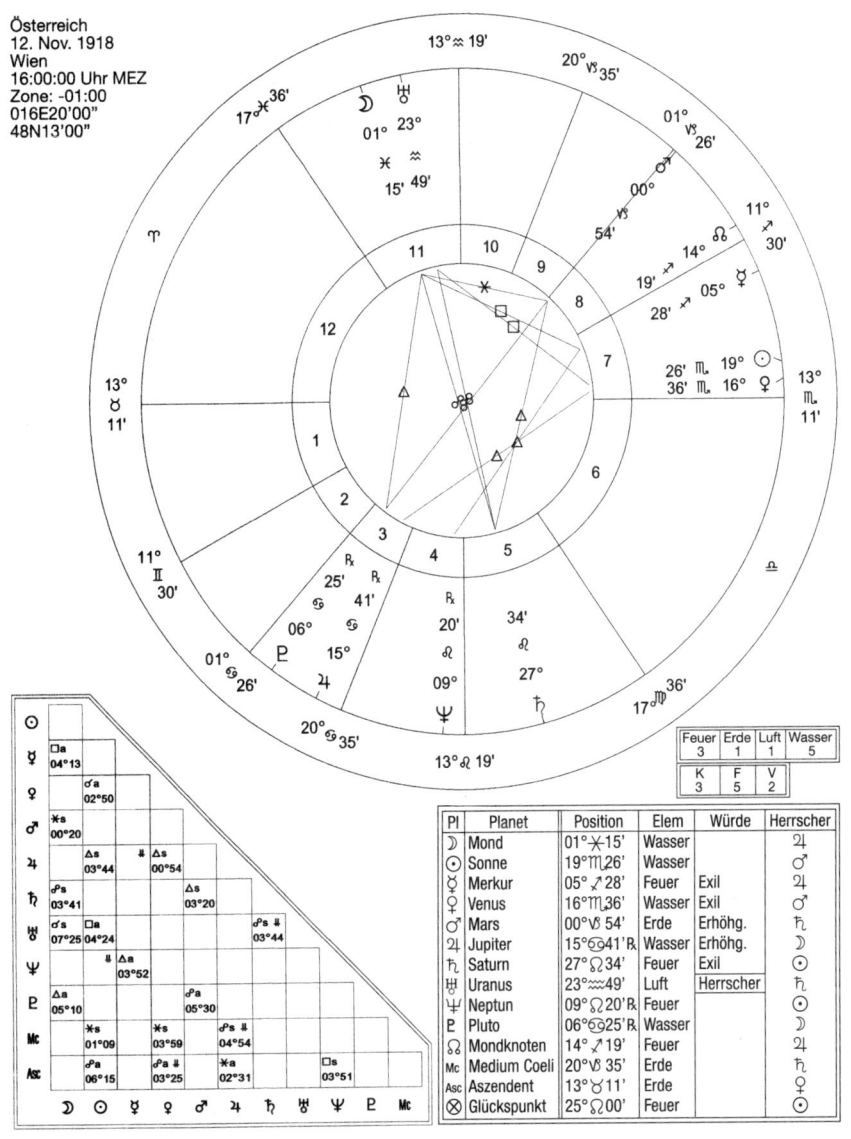

Horoskop von Österreich 1918.

selben Auswirkungen. Traditionell – aber auch erfahrungs-
gemäß – hängen wirklich dramatische Veränderungen in
der Geschichte eines Landes mit den Zyklen von Saturn,
Uranus und Pluto zusammen. Früher schrieb man auch
Sonnen- und Mondfinsternissen ähnliche Wirkungen zu.

Es waren solche Transitzyklen, auf deren Basis die erwähnten Vorhersagen über die Zukunft der Sowjetunion
gemacht wurden, die sich später als so zutreffend erweisen
sollten.

Astrologische Aspekte
der sowjetischen Geschichte

Als »Geburt« der Sowjetunion kann mit gutem Grund der
8. November 1917 gelten. An diesem Tag wurde die Regierung Kerenskij im Winterpalast von Sankt Petersburg verhaftet; an ihrer Stelle übernahmen die Bolschewiki die Macht.[16]

Aus dem für diesen Zeitpunkt erstellten Geburtshoroskop
ist ersichtlich, dass drei der Planeten ein spezielles symbolisches Muster bilden, das die Form eines rechtwinkligen
Dreiecks hat. In der Astrologie spricht man von einem
T-Quadrat.

Die Sonne (15° Skorpion) bildet den Scheitel des rechten
Winkels, links oben befindet sich Saturn (14° Löwe), gegenüber Uranus (20° Wassermann).[17] In der astrologischen Terminologie stehen Saturn und Uranus in »Opposition« zueinander (sie sind 180° voneinander entfernt); die Sonne
bildet ein »Quadrat« (einen Winkel von 90°) zu beiden Planeten.[18] Quadrate und Oppositionen sind in der Astrologie
Symbole für Disharmonie und Spannungen.

Treten solche Kombinationen beim Individuum auf, so
können sie positive Auswirkungen haben. Zum Beispiel
kann ein Quadrat als Ansporn dienen, mehr in dem Le-
bensbereich zu leisten, den es berührt. Individuen aber
haben die Freiheit der Wahl, Flexibilität, einen freien
Willen und die Fähigkeit, sich zu ändern, Länder hingegen

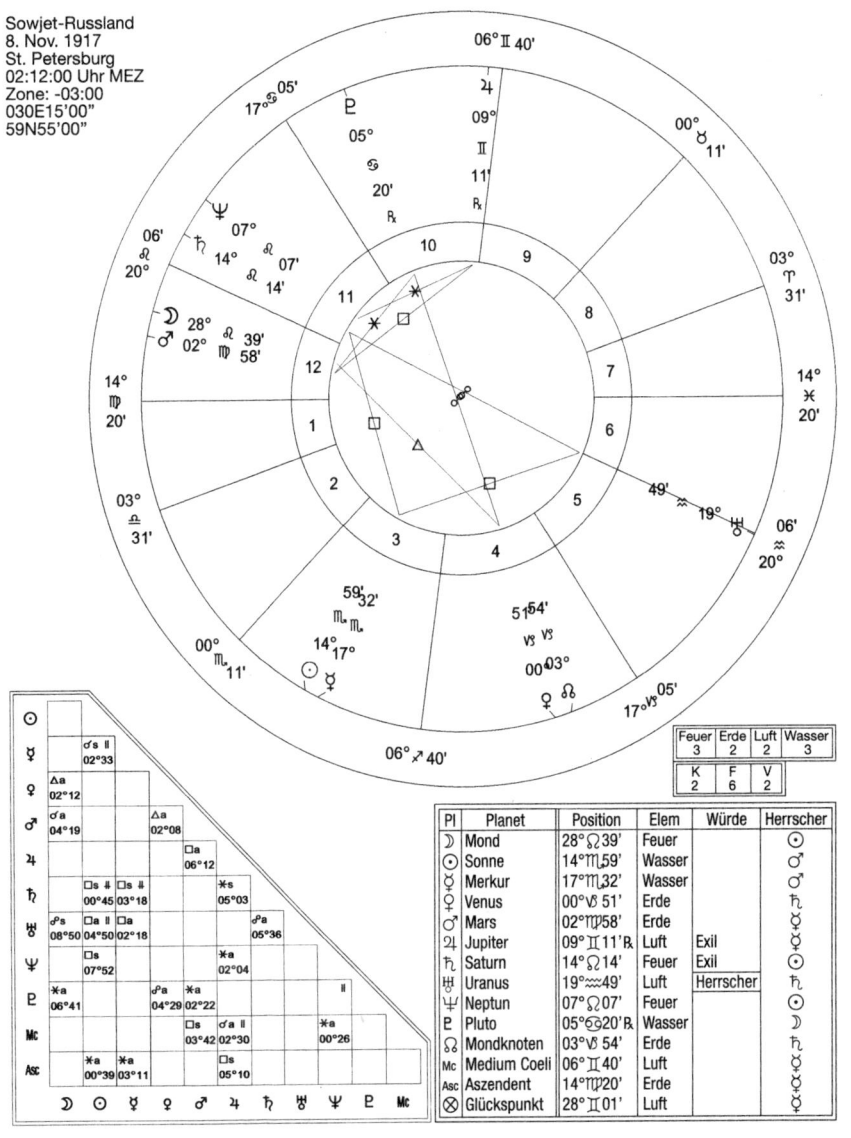

Horoskop Sowjet-Russland, 8. Nov. 1917.

83

nicht. Länder, Staaten, ja überhaupt die Menschheit als Masse neigen dazu, starr und allzu oft im Einklang mit dem kleinsten gemeinsamen Nenner zu handeln. C. G. Jung hat dazu ebenso trocken wie zutreffend bemerkt, dass »die Addition von Nullen niemals Eins« ergebe.[19]

Kurz gesagt: Das Individuum biegt sich, statt zu brechen; Länder zerbrechen, statt sich zu biegen.[20]

Das gleich drei disharmonische Beziehungen enthaltende T-Quadrat ist ein Symbol für beträchtliche Spannungen, die mittels starker Kontrollmechanismen in einem unsicheren Gleichgewicht gehalten werden. Die Situation ist also potentiell sehr instabil, besonders, wenn die Kontrollinstanz schwächer wird oder wenn in einem der betroffenen Bereiche plötzlich die Spannung zunimmt. Dann kann die ganze Konstruktion leicht ins Chaos abkippen.

Im Fokus des T-Quadrats, das im sowjetischen Horoskop dominiert, steht die Sonne. Im Rahmen der Astrologie symbolisiert diese unter anderem den Machthaber (und die gesamte Führung) eines Landes.

Saturn ist ein Symbol für Kontrolle, Uranus hingegen symbolisiert Revolution und Wandel. Im russischen Horoskop stehen diese beiden gegensätzlichen Impulse sich in Opposition gegenüber. Als Astrologe würde man erwarten, dass dieser Antagonismus Auswirkungen auf die Struktur der Sowjetunion hätte. Das war bekanntermaßen auch der Fall: Während der Staat sich offiziell Freiheit und Revolution auf die Fahnen schrieb, war er in Wirklichkeit eine Diktatur.

Schon bei einem flüchtigen Blick auf das sowjetische Horoskop wird jeder Astrologe zu dem Schluss kommen, dass es einer starken zentralen Führungsmacht bedurfte, um die massiven Spaltungskräfte daran zu hindern, zum Ausbruch zu kommen und das Land zu zerreißen. Im Grunde verweist das Horoskop auf eine unhaltbare Situation. Es war nur eine Frage der Zeit, bis das Staatsgebilde auseinander fiel. Dass die Sowjetunion volle 73 Jahre existierte, ist ein wahres Wunder. Der Preis dafür war bekanntlich hoch.

Zu erwarten war Folgendes: Wurde die beschriebene Konstellation in irgendeiner Weise erschüttert, so musste etwas in die Brüche gehen, besonders, wenn dabei die Sonne (die Führung) betroffen war. Diese befindet sich an einer ebenso entscheidenden wie empfindlichen Stelle im T-Quadrat.

Als Saturn in den Jahren 1925 und 1926 zum ersten Mal über die Position der Sonne im Geburtshoroskop ging, fiel das mit der Periode nach dem Tod Lenins am 21. Januar 1924 zusammen. Zu dieser Zeit wurde der Machtkampf zwischen Stalin und Trotzkij entschieden. Im Januar 1925 verlor Trotzkij sein Amt als Oberbefehlshaber der Streitkräfte; Ende Oktober 1926 wurde er aus dem Politbüro gedrängt. Stalin verfügte nun über diktatorische Macht.

Zum zweiten Mal ging Saturn Ende 1954 und 1955, also etwa 30 Jahre später, über diesen Punkt. In diese Zeit fiel der Machtkampf zwischen Chruschtschow und Malenkow nach dem Tod Stalins am 5. März 1953. Anfang 1955 konnte Chruschtschow ihn schließlich für sich entscheiden.

Spätestens zu diesem Zeitpunkt war deutlich, dass die Sowjetunion anfällig für den Saturnzyklus war, wenn dieser mit der Position der Sonne im Geburtshoroskop zusammenfiel. Aufgrund der bisherigen beiden Transite findet sich in dem erwähnten Artikel von 1980 daher die Vermutung: »Bei den nächsten Transiten im Jahre 1984 wird der Effekt wahrscheinlich ähnlich sein.«[21]

Das war tatsächlich der Fall. Die Konjunktion fiel auf den 25. Januar 1984. 25 Tage später, am 9. Februar, starb Jurij Andropow, der Generalsekretär der KPdSU. Es folgte eine Periode der Instabilität unter dem kranken und inkompetenten Bürokraten Konstantin Tschernenko, der ein Jahr später starb und durch Michail Gorbatschow ersetzt wurde. Es war, als sei ein zukünftiges Schema im Entstehen, das alle notwendigen Elemente an sich zog.

All diese Führungswechsel fielen mit Transiten des Saturn zusammen, also mit einem Saturnzyklus. Dazu kam ein weiterer Zyklus, dem im symbolischen Kontext der Astrologie eine noch größere Sprengkraft innewohnt: der Zyklus des

Pluto, eines Symbols für Zerstörung und Erneuerung. In dem Artikel von 1980 heißt es, dies sei der »wahrscheinlich wichtigste Transit für Russland«.[22]

Von Anfang 1989 bis Ende 1991 ging Pluto langsam über denselben Punkt, den Saturn zuvor überschritten hatte, das heißt über die Sonne im Geburtshoroskop der Sowjetunion. Symbolisch gesehen bedeutete das einen Prozess der Zerstörung und Erneuerung für das Land und besonders für seine politische Führung.

Diese kurze Periode fiel in den Zeitraum, in dem Michail Gorbatschow an der Spitze des Landes stand und eine Politik verfolgte, der er den Namen Perestroika – »Umbau« – gab. 1989 veranlasste er die Bildung eines unabhängigen Parlaments, im August 1991 putschten die orthodoxen Kommunisten vergeblich gegen die Regierung, Ende 1991 löste die UdSSR sich auf, und Gorbatschow trat zurück. Der mächtigste Mann in der neu gegründeten GUS war nun der russische Präsident Boris Jelzin.

Auch der Zyklus des Uranus ist im astrologischen System von großer Bedeutung. Er kann plötzliche revolutionäre Veränderungen mit sich bringen, die oft Situationen entstehen lassen, deren Auswirkungen völlig unberechenbar sind. Deshalb fällt er häufig mit einer Zeit der Instabilität und der allgemeinen Verunsicherung zusammen, in der das Gefühl vorherrscht, die Entwicklung gehe zu rasch und zu radikal vor sich. Ein Beispiel dafür zeigt sich an dem für 1871 erstellten Geburtshoroskop Deutschlands. Als im Juli 1990 die Wirtschaftsunion der beiden deutschen Staaten in Kraft trat, ging Uranus gerade über die Konjunktion von Sonne, Saturn und Venus aus diesem Horoskop. Dieser Transit verwies auf eine Periode der revolutionären Veränderung in der Grundstruktur Deutschlands, die erst Ende Dezember 1992 ihren Abschluss fand.

Angesichts solcher Übereinstimmungen fällt es schwer, sich der Erkenntnis zu verschließen, dass anhand der symbolischen Zyklen, an deren Interpretation die Astrologie seit über dreitausend Jahren arbeitet, genaue Vorhersagen über historische Ereignisse möglich sind. Offenbar wussten die alten Babylonier mehr, als wir ihnen gemeinhin zutrauen.

Eine symbolische Sprache

Dass der Mond konkrete Auswirkungen auf das Leben auf der Erde hat, ist unübersehbar. Er beeinflusst die Gezeiten, das Wachstum der Pflanzen und andere biologische Rhythmen, darunter offenbar auch die Geburtenrate.[23] Da der physische Körper des Menschen zu etwa 60 Prozent aus Wasser besteht, ist es durchaus logisch, dass er in Zusammenhang mit physikalischen und psychologischen Zyklen steht, die astrologisch erforscht werden können. Aber können auch Planeten wie Mars, Jupiter oder Saturn Auswirkung haben? So unwahrscheinlich das auf den ersten Blick aussehen mag, es gibt eine faszinierende Erklärung.

Bekanntlich umrunden Funkwellen die Erde nicht auf einer kreisförmigen Bahn. Manche von ihnen steigen etwa 350 Kilometer weit in einer geraden Linie bis in die Ionosphäre auf, wo sie zur Erdoberfläche reflektiert werden. Dabei werden sie von Veränderungen in der Ionosphäre beeinflusst, durch die sie absorbiert oder gebrochen werden können.

Man hat beobachtet, dass diese Veränderungen und die damit verbundenen Störungen der Funkwellen gerade dann auftreten, wenn drei oder mehr Planeten in einer – von der Sonne her gesehen – bestimmten Beziehung zueinander stehen. Die Winkel, die sie dabei zueinander bilden, entsprechen erstaunlicherweise den signifikanten Aspekten in der Astrologie: 60°, 90°, 120° und 180°. Eine starke Störung tritt nur auf, wenn mindestens zwei sich schnell bewegende Planeten und ein sich langsam bewegender Planet (wie Jupiter, Saturn und Uranus) an dieser geometrischen Beziehung beteiligt sind. Der Statistiker Edward Dewey, von dem noch die Rede sein wird, hat das mit den Worten kommentiert: »Dies alles ist höchst mysteriös.«[24]

Anschließend stellte Dewey sich die Frage, ob diese atmosphärischen Störungen – und damit die Beziehungen der Planeten – auch Auswirkungen auf das Wetter auf der Erde haben könnten.[25] Dabei war ihm offenbar nicht bewusst, dass die Astrologie schon vor Tausenden von Jahren zu diesem Schluss gekommen ist.

Transitzyklen

Wir haben gesehen, welch dramatische Veränderungen der Zyklus des Pluto auf die Sowjetunion hatte. Offenbar lag das daran, dass er zu bestimmten Zeiten mit einem Geburtshoroskop zusammenspielte, das ein sehr unbeständiges Beziehungsgeflecht im Hinblick auf die politische Führung erkennen ließ. Nicht bei jedem Geburtshoroskop zeigt sich ein solches Muster. Dennoch offenbart jedes Horoskop bestimmte Stärken, Schwächen und kritische Punkte, an denen ein starker Druck zu einem dramatischen Ergebnis führen kann. Pluto zum Beispiel wird immer mit einem starken Druck verbunden, der zuerst unter der Oberfläche wirkt, dann aber plötzlich zum Ausbruch kommt und oft radikale Veränderungen bewirkt.

Die Geschichte des irakischen Staates bietet ein gutes Beispiel für die Auswirkungen des Plutozyklus. Ursprünglich war der Irak ein Königreich, das am 23. August 1923 mit der Ernennung von Faisal I. zum König entstand.[26] In dem für diesen Tag erstellten Geburtshoroskop steht die Sonne, das Symbol für die politische Führung, auf 29° 55' Löwe. 1958, fast vier Jahrzehnte später, ging Pluto über diesen Punkt. Anders gesagt, entstand dadurch ein Bezug des Plutozyklus zur irakischen Führung. Der Transit vollzog sich von Ende Februar bis Ende Juli 1958.

Am Ende dieser Periode ereilte die politische Führung in einer heißen, stickigen Sommernacht tatsächlich ihr

Schicksal. In der Morgendämmerung des 14. Juli 1958 überfielen aufständische Armeeoffiziere die Paläste des Königs, des Kronprinzen und des Regierungschefs in Bagdad und ermordeten alle drei Machthaber. Um 7.00 Ortszeit wurde über den Rundfunk die Republik ausgerufen.[27] Dieser Vorgang ist ein weiteres Beispiel dafür, wie eine Auslösung des Plutozyklus einen radikalen Wechsel in der politischen Führung bewirken kann.

Für die durch den Putsch entstandene Republik kommt ein neues Horoskop zum Zuge. Wie das der Sowjetunion weist es ein T-Quadrat auf, in dessen Zentrum ebenfalls die Sonne als Symbol der Führung steht. Die beiden Planeten, die in Opposition zueinander stehen, sind hier aber Mars und Jupiter. Im astrologischen Kontext bringen Oppositionen die negativen Eigenschaften der Energien zum Vorschein, deren Symbol die betreffenden Planeten sind. Eine Opposition von Mars und Jupiter verweist darauf, dass ein Land zu kriegerischen Auseinandersetzungen neigt, was sich beim Irak inzwischen auch deutlich gezeigt hat. Im Verlauf ihrer gesamten bisherigen Geschichte scheint die Republik Irak entweder Kriege geführt oder sich darauf vorbereitet zu haben. Auffällig dabei ist, dass die Sonne in genau derselben anfälligen Position ist wie im Geburtshoroskop der Sowjetunion.

Der Saturnzyklus soll Stabilität oder Beschränkung mit sich bringen, zudem eine konzentrierte Anstrengung der Nation. In Form eines Transits berührte er zwischen Februar und November 1990 den als sehr empfindlich geltenden Oppositionspunkt der Sonne aus dem irakischen Geburtshoroskop. Weil der Saturn sich im Verhältnis zur Erde rückläufig bewegt, trat die exakte Opposition dreimal ein: am 19. Februar, am 25. Juli und am 18. November.

Am 24. Juli 1990 zog der Irak Truppen entlang der Grenze von Kuwait zusammen. Am darauf folgenden Tag teilte der amerikanische Botschafter den Irakern mit, die Vereinigten Staaten hätten keinen bestimmten Standpunkt bezüglich der Grenzstreitigkeiten mit Kuwait. Am 2. August fielen die irakischen Streitkräfte in Kuwait ein, und der Golfkrieg hatte begonnen.

Als sich eine Beziehung zwischen dem Saturnzyklus und der Sonne (dem Symbol für die irakische Führung) ergab, fiel das mit einer nationalen Anstrengung zusammen, die ihren Ausdruck in Form der Invasion eines Nachbarlandes fand. Diese wiederum endete mit einer starken Beschränkung: der militärischen Niederlage und Sanktionen. Im Gegensatz zum Zyklus des Pluto symbolisiert der Saturnzyklus jedoch keine Veränderung in der politischen Führung. Auch das stimmt mit den historischen Fakten überein: Es gelang Saddam Hussein, an der Macht zu bleiben.

Von März bis Dezember 1993 trat ein weiterer Zyklus in Beziehung mit dem Irak: der des Uranus. Wie Saturn befand sich auch Uranus dabei in Opposition zur Sonne, und wie bei Pluto kann das mit einem Machtwechsel zusammenfallen. Der trat zwar nicht ein, doch war die irakische Führung in dieser Periode einer Reihe heftiger Attacken ausgesetzt. Im April überstand Saddam Hussein einen Mordanschlag; im September wurde ein Komplott von Mitgliedern seines eigenen Clans aufgedeckt, das auf die übliche brutale Weise unterdrückt wurde. Im Dezember folgte ein weiteres Attentat. Dieser Zyklus setzte sich fort, als Uranus sich Mitte Dezember in Opposition zu seiner Position aus dem Geburtshoroskop befand. In diesen Tagen gab es schwere Luftangriffe durch Kampfflugzeuge und Marschflugkörper, die schwerste Bombardierung, der der Irak seit dem acht Jahre zurückliegenden Golfkrieg ausgesetzt gewesen war.

In vielen verschiedenen Formen sind solche Zyklen bei vielen Ländern zu beobachten. Ihre Interpretation ist schwierig, weil jedes Ereignis seine Eigenheiten hat. Dennoch sind, wie wir gesehen haben, Vorhersagen möglich. Im Weltgeschehen gibt es Zyklen, die auf eine bislang noch unerklärbare Weise mit astrologischen Techniken entschlüsselt werden können. Angesichts dieser Tatsachen brauchen wir uns eigentlich nicht mehr die Frage stellen, ob die Astrologie funktioniert. Das dürfte bewiesen sein. Zu fragen wäre vielmehr, unter welchen Bedingungen und mit welcher Exaktheit sie funktioniert.

In der Astrologie geht es jedoch nur um eine bestimmte Form von Zyklen. Es gibt viele andere Zyklen, die sich ebenfalls jeder einfachen Erklärung verweigern. Im Grunde scheint all das, was auf der Welt geschieht, nur allzu oft Teil eines größeren zyklischen Musters zu sein.

Mysteriöse Zyklen im Weltgeschehen

Im September 1929, wenige Wochen vor dem Börsenkrach an der New Yorker Wall Street, erhielt der Ökonom Edward Dewey einen Posten als Beamter am amerikanischen Handelsministerium, zu dessen Chefstatistiker für ökonomische Fragen er später wurde. Das Elend, das von dem Chaos an der Börse und der folgenden Weltwirtschaftskrise verursacht wurde, brachte ihn auf die Idee, die Ursachen von Wirtschaftskrisen zu erforschen. Daraus entwickelte sich eine Untersuchung langfristiger ökonomischer Zyklen.

1937 hatten Dewey und einer seiner Mitarbeiter genügend Kenntnisse über diese Wirtschafts- und Industriezyklen angesammelt, um den Staatsdienst verlassen und eine Firma gründen zu können, die sich mit Analysen für Privatkunden befasste. Dewey, der seine Forschungen weiterführte, stieß auf Fachbücher über Zyklen in der Biologie und bei den Sonnenflecken. Zu seiner Überraschung wiesen viele dieser unterschiedlichen Zyklen nicht nur dieselbe Länge auf; diese veränderte sich auch zur selben Zeit. Auf irgendeine Weise waren sie offenbar gleichgeschaltet. Begeistert, ja geradezu mit missionarischem Pathos schrieb Dewey: »Entweder bringen manche [Zyklen] andere dazu, sich so zu verhalten, oder *etwas bislang Unbekanntes und Unvermutetes* ist dafür verantwortlich, dass sich eine gemeinsame Auf-und-ab-Bewegung ergibt.«[28] Im Oktober 1940 gründete Dewey eine »Stiftung zum Studium von Zyklen«, für deren Vorstand er eine Reihe prominenter Geschäftsleute, Wissenschaftler und Professoren gewann. Bis 1958 hatte die Stiftung allein im wirtschaftlichen Bereich 1280 Zyklen analysiert.

Es stellte sich heraus, dass Zyklen offenbar in vielen verschiedenen Bereichen auftreten. Ein Beispiel war die Population des Kanadischen Luchses, deren Schwankungen – bezogen auf die in den Handel gelangten Felle – seit Beginn der Statistik im Jahr 1735 einen Zyklus von 9,6 Jahren ergaben.[29] Genau derselbe Zyklus war von 1868 bis 1947 bei der amerikanischen Weizenernte pro Hektar Anbaufläche zu beobachten.[30] Die Aktienkurse an der Wall Street wiederum entwickelten sich von 1830 bis 1966 in Zyklen von 9,2 Jahren.[31] Ein exakter Neun-Jahres-Zyklus ergab sich von 1826 bis 1948 bezüglich der Zahl der neuen Mitglieder in der Presbyterianischen Kirche der USA.[32] Genau derselbe Zyklus war bei den Beitritten zur Congregational Church zu beobachten.[33] An der Heiratsziffer in den Vereinigten Staaten war von 1869 bis 1951 ein Zyklus von 18,2 Jahren nachzuweisen[34]; derselbe Zyklus zeigte sich von 1824 bis 1950 bei der Zahl der Einwanderer in die USA.[35] Ein letztes Beispiel: Am amerikanischen Immobilienmarkt kristallisierte sich von 1795 bis 1958 ein Zyklus von 18,33 Jahren heraus.[36]

Auffällig an diesen Statistiken ist die identische Länge mancher Zyklen, wie etwa die 9,6 Jahre, die bei der Luchspopulation und bei der Weizenernte zu beobachten sind. Könnte hier eine konkrete Beziehung bestehen? Diese Frage drängt sich noch mehr auf, wenn man in Betracht zieht, dass weitere Zyklen von 9,6 Jahren nachzuweisen sind: beim Auftreten der Tularämie (einer vor allem Tiere befallenden Infektionskrankheit) in Kanada, bei der nordamerikanischen Kaninchenpopulation von 1845 bis 1962, bei der Zahl der von 1880 bis 1956 in Kanada gefangenen Luchse, bei der Häufigkeit von Herzerkrankungen im Nordosten der USA von 1890 bis 1929 und bei vielem mehr.[37]

Diese Übereinstimmungen lassen an eine faszinierende Möglichkeit denken. Auch wenn die Luchspopulation in Kanada offensichtlich keinen konkreten Zusammenhang mit der US-amerikanischen Weizenernte hat, ist sie demselben Zyklus unterworfen. Da diese beiden Zyklen im selben Rhythmus steigen und fallen, könnte man womöglich den einen dazu benutzen, Vorhersagen über den anderen zu treffen.

Entspricht das dem, was in der Astrologie zu beobachten ist? Könnte es sein, dass die Planetenzyklen in irgendeiner Weise analog zu irdischen Zyklen verlaufen, ohne dass es eine konkrete Verbindung gäbe? Nehmen wir einmal die 16 Beispiele, die Dewey für einen Acht-Jahres-Zyklus aufführt: die Weißfischpopulation, die Süßkartoffelernte, der Preis von Eisen, die Kohlenförderung, der Preis von Butter und Zucker, die Zigarettenproduktion, die Baumwollernte pro Hektar Anbaufläche usw.[38] Auch die Venus folgt, von der Erde aus gesehen, einem Zyklus von acht Jahren. Lässt das darauf schließen, dass man anhand der Venus Vorhersagen über die obigen Phänomene machen könnte?

Möglich ist das durchaus. Dann stellt sich aber auch die Frage, ob der Zusammenhang der Zyklen womöglich nur die vordergründige Wirkung einer tieferen, universelleren Dynamik darstellt. Nehmen wir uns die Fakten noch einmal anhand des folgenden Beispiels vor: Ein Astrologe sagt ein in der Zukunft liegendes Ereignis vorher, indem er *symbolische* Planetenzyklen zu Rate zieht, die sich mit *symbolischen* Punkten aus einem Geburtshoroskop kreuzen. Das vorausgesagte Ereignis tritt tatsächlich ein. Was ist da eigentlich passiert? Wie war diese Vorhersage möglich?

Hat eine Vorhersage sich als zutreffend erwiesen, kommen drei Erklärungsmöglichkeiten in Frage. Erstens kann die korrekte Vorhersage einfach auf einen glücklichen Zufall zurückzuführen sein. Zweitens könnte der Astrologe auf okkulte Weise in der Lage gewesen sein, in eine Zukunft zu blicken, die bereits existierte, sich aber noch nicht manifestiert hatte. Und drittens hat womöglich die Vorhersage selbst eine Zukunft geschaffen, die dann tatsächlich eingetreten ist.

Betrachten wir diese drei Möglichkeiten im Lichte der

astrologischen Berechnung, die den Zerfall der Sowjetunion für die Jahre 1989 bis 1991 vorhersagte. Um Zufall handelt es sich wohl nicht, da die Vorhersage im Einklang mit der traditionellen astrologischen Symbolik und mit einem zeitlichen Abstand von vollen zehn Jahren getroffen wurde. Noch unwahrscheinlicher ist die dritte Erklärung, denn wie könnte eine in England erstellte Vorhersage, die bestenfalls ein paar tausend Menschen bekannt war, wohl eine derart fundamentale politische Veränderung im fernen Russland bewirken? Solche Vorstellungen gehören ins Reich abstruser Verschwörungstheorien.

Damit bleibt nur die zweite Erklärung: Die Zukunft existiert bereits. Sie hat sich zwar noch nicht manifestiert, kann aber mit Hilfe bestimmter Techniken und Fähigkeiten auf irgendeine Weise erkannt werden.

Daraus ergibt sich folgende Frage: Ist die Astrologie weniger eine Wissenschaft der Planetenzyklen und mehr die Kunst, empfänglich zu sein für die verborgenen Aspekte unserer Realität? Dies wäre eine Kunst, die sich der astronomischen Vorgänge zwar bedient, tatsächlich aber nicht von ihnen abhängig ist.

Wie auch immer die Antworten, solche Fragen öffnen eine Tür, die wir schon seit unserer Kindheit fest geschlossen halten. Was sie so fest verschließt, ist unser starre Vorstellung der Zeit.

Der moderne Zeitbegriff geht überwiegend auf unser jüdisch-christliches Erbe zurück. Wir sind gefangen in der Vorstellung eines Fortschritts, das heißt einer ständigen Vorwärtsbewegung der Zeit. Am Ende dieses Prozesses steht die zukünftige Apotheose der menschlichen Vollkommenheit. Wir werden geboren und wir sterben. Die Dinge entstehen und vergehen. Darin liegt scheinbar zweifelsfrei der Beweis für einen linearen Zeitbegriff.

Diese Vorstellung ist die Grundlage der Wissenschaft und deren experimenteller Methoden. Die experimentelle Manipulation von Chemikalien, Kräften und Objekten führt zu Ergebnissen nach dem Schema: A plus B ergibt C. Dieses

Konzept der Kausalität hängt davon ab, dass die Zeit sich immer vorwärts bewegt. Ein Ergebnis kann also nie die Ursache seines Ursprungs bilden. Oder doch?

Diejenigen modernen Wissenschaftler, die sich mit den äußersten Grenzen der von uns – das heißt von der Wissenschaft – wahrgenommenen Realität befassen, haben den linearen Zeitbegriff schon lange aufgegeben. Sie ziehen sowohl einen Anfang wie ein Ende der Zeit in Betracht. Und da die Zeit für sie ihre ewige Natur verloren hat, sind sie gezwungen, über andere Zeitbegriffe nachzudenken. Die beste Erklärung für dieses Phänomen aber findet sich in den Lehren, die von den Priestern des alten Ägypten überliefert wurden.

Die Ägypter waren der Auffassung, »am Anfang« sei eine absolute und universelle göttliche Ordnung und Harmonie geschaffen worden, die bis ans Ende der Zeit Bestand haben würde. Diese harmonische Ordnung, die Wahrheit und Gerechtigkeit mit sich brachte, nannte man *Ma'at*. Ihr hieroglyphisches Symbol ist eine Göttin, die eine Straußenfeder auf dem Kopf trägt. Aus Sicht der Ägypter eilte die Welt keineswegs auf eine Zukunft zu, in der eines Tages alle Übel beseitigt waren. Stattdessen war die Welt – zumindest potentiell – bereits in jedem einzelnen Moment vollkommen. Nur wenn die Ma'at vorübergehend aus dem Gleichgewicht geriet, ging diese Vollkommenheit verloren.

Es war das Amt des Pharaos, die Ma'at und damit Harmonie, Ordnung, Gerechtigkeit und Wahrheit in der Gesellschaft aufrechtzuerhalten. Göttliche Unterstützung erhielt er dabei vor allem von Thot, den die Griechen mit Hermes identifizierten. Thot half nicht nur dabei, die Ma'at zu bewahren, er weihte auch die Toten wie die Lebenden in deren Geheimnisse ein. Im *Corpus Hermeticum*, den Büchern des Hermes, von denen schon ausführlicher die Rede war, finden sich die Grundregeln dafür, der Ma'at gemäß zu leben. Folgt man ihrer Lehre, so ist es die einzige Aufgabe aller Menschen, im Einklang mit der Ma'at, das heißt der kosmischen Harmonie, zu bleiben.[39]

95

Die ägyptische Gottheit Ma'at, die immer eine Straußenfeder auf ihrem Haupt trägt, symbolisiert die universelle Ordnung und Harmonie, für deren Bewahrung der Pharao zuständig ist. Darstellung auf einer Tempelsäule in Karnak.

Auf dieser Basis entstand der Zeitbegriff der Ägypter. Am anschaulichsten wird er wohl in ihrer Sprache. Die altägyptischen Verben kennen keine Zeit; es fehlt die Unterscheidung von Vergangenheits-, Gegenwarts- und Zukunftsform, wie sie die modernen Sprachen aufweisen. Stattdessen bezeichnen die altägyptischen Verben den Daseinszustand. Geht es um Handlungen, haben sie lediglich zwei Formen, die abgeschlossene und nicht abgeschlossene Vorgänge bezeichnen. Die letztgenannte Form kommt dem Konzept von Präsens und Futur am nächsten.[40]

Im alten Ägypten glaubte man, die Zeit habe im Augenblick der Schöpfung begonnen und sei ein Produkt dieser Schöpfung. Damit war sie nicht ewig, sondern begrenzt. Doch damit nicht genug: Man war auch der Meinung, es gebe *zwei* Arten von Zeit, die simultan ablaufen. *Djet* ist die Zeit, die wir als linear bezeichnen. Sie manifestiert sich als chronologische Kette von Ereignissen, die mit Auflösung und Verfall verbunden sind. *Nechech* hingegen ist das zyklische Zeitmuster, das sich auf Ereignisse bezieht, die in ewig wiederkehrenden Zyklen ablaufen.[41]

Inzwischen bewegt sich auch die moderne Physik immer deutlicher auf den Schluss zu, zu dem die alten Ägypter schon vor mehreren tausend Jahren gekommen sind. Die Erkenntnis, dass die Zeit zwei verschiedene Formen und keinen ewigen Charakter hat, steht in der Wissenschaft jedoch noch aus. Trotz all unserer technologischen Kenntnisse muss es uns offenbar erst gelingen, ein Wissen wiederzuerlangen, das in der Vergangenheit lange Zeit lebendig war, in den letzten zweitausend Jahren jedoch verloren gegangen ist.

Viertes Kapitel

Parapsychologie und Remote Viewing

1863 veröffentlichte Jules Verne den ersten seiner visionären Romane, mit denen er zum Begründer der Sciencefiction wurde. In seinen Werken beschrieb er Dinge wie etwa das Auto, das Fernsehen, das Telefax und den Computer, die heute Allgemeingut sind, von denen damals aber kaum jemand träumen konnte.

Zehn Jahre später, 1873, erschien Vernes internationaler Bestseller *20 000 Meilen unter den Meeren*. In diesem Roman wird erzählt, wie der Protagonist, der französische Forscher Pierre Aronnax, bei der Suche nach einem geheimnisvollen, zerstörerischen Meereswesen, das man für einen Wal hält, vom Deck einer amerikanischen Fregatte ins Meer stürzt. Er wird von einem mysteriösen Unterseeboot gerettet, der *Nautilus,* die im Besitz des ebenso mysteriösen und unglaublich reichen Kapitäns Nemo ist, der sie auch gebaut hat. Das U-Boot wird von einem Elektromotor angetrieben, ist 70 Meter lang und hat einen doppelten, durch Eisenstege verbundenen Rumpf, der ihm eine hohe Widerstandskraft verleiht. Die *Nautilus* ist eindeutig mehr als ein Spielzeug.

Einmal an Bord, erkundigt sich Aronnax nach dem elektrischen Antriebssystem des U-Boots. Nemo reagiert zuerst zurückhaltend, zeigt ihm dann aber doch den Maschinenraum. Dieser besteht aus zwei Teilen. Im einen findet die Stromerzeugung statt, der zweite enthält die Maschinerie zum Antrieb der Schiffsschraube.

»Wie Sie sehen«, erklärt der Kapitän, »benütze ich Bunsensche Elemente. [...] An der Rückseite der Elemente befinden sich starke Elektromagneten, und der elektrische Strom wirkt über diese Magneten auf ein Hebel- und Rädersystem ein, das seinerseits die Bewegungen der Schiffsschraube bewirkt und reguliert. Der Durchmesser der Schraube beträgt sechs Meter, die Welle ist siebeneinhalb Meter lang, und die Schraube bringt es auf einhundertzwanzig Umdrehungen in der Sekunde.«

»Und das bedeutet ...?«, fragt Aronnax.

»... eine Geschwindigkeit von fünfzig Meilen in der Stunde.«[1]

Jules Verne, kommentiert Joseph McMoneagle, Geheimdienstoffizier der US-Army a.D., in seiner 1997 erschienenen Autobiographie, habe wahrscheinlich gekonnt *Remote Viewing* praktiziert, als er den Antrieb der *Nautilus* beschrieben habe. Wir, meint der Autor weiter, müssten es ihm »nur nachtun und nach vorne, etwa auf das Jahr 3000 schauen, um all die zukünftigen Wunder der Technik herauszufinden. Das einzige Problem besteht darin, dass wir zwar beschreiben können, was da ist, aber eine Menge Arbeit anfällt, wenn man all dies zu einem annehmbaren Konzept zusammenfügen will.«[2]

Remote Viewing? In die Zukunft blicken? Wovon spricht McMoneagle da eigentlich – von einer Art Zeitreise?

In gewisser Weise, ja. Allerdings ist er kein Sciencefiction-Autor. 17 Jahre lang war er Mitglied einer streng geheimen, von der CIA finanzierten Gruppe von Agenten. Die Aufgabe, mit der er und seine Kollegen betraut waren, war Psi-Spionage. Es ging darum, aus der Ferne Einblick in die geheimsten militärischen Einrichtungen des Gegners zu bekommen. Der Begriff, den man dafür prägte, lautet *Remote Viewing*, gelegentlich auch mit »Fernwahrnehmung« übersetzt.

Psi und die Wissenschaft

Die Vorstellung, dass es bestimmte Sinne oder mentale Fähigkeiten geben könnte, die seit langem vergessen sind, hat die Menschheit schon immer fasziniert. Meist geht es dabei um Fähigkeiten, mit deren Hilfe wir Kontakt mit anderen Welten oder Dimensionen aufnehmen könnten: mit der Welt der Geister und der Welt der Toten, mit Dimensionen, die sich jenseits der Grenzen der Naturwissenschaft befinden.

Mitte des 19. Jahrhunderts wurde das Interesse am Spiritismus zu einer regelrechten Mode. Es ging damals in erster Linie darum, Kontakt mit den Toten aufzunehmen, und dabei kamen die uralten Fragen nach den Geheimnissen des Todes und des Weiterlebens zum Vorschein. Laien wie Wissenschaftler strömten in Scharen zu Séancen, wo sie mit einem ganzen Bündel seltsamer Phänomene konfrontiert wurden: mit Geisterstimmen, Botschaften aus dem Jenseits und physischen Manifestationen von Geistwesen. So merkwürdig das alles auch sein mochte – da die Erscheinungen einen physischen Aspekt hatten, bot sich die Möglichkeit einer wissenschaftlichen Erforschung.

1882 wurde in London die erste Gesellschaft gegründet, die sich speziell der methodischen Erforschung solcher Phänomene widmete: die »Society of Psychical Research«. Allerdings standen selbst jene Wissenschaftler, die an die reale Existenz übersinnlicher Erscheinungen glaubten, vor einem schwierigen Problem. Wer sich mit diesem Bereich beschäftigte, hatte im Allgemeinen keine wissenschaftliche Ausbildung und begnügte sich mit einzelnen dramatischen Beispielen, statt sich der wenig abwechslungsreichen und oft ermüdenden Aufgabe zu widmen, Versuchspersonen unter wissenschaftlichen Bedingungen zu testen. Dadurch war das Feld bald mit den Trümmern weithin publizierter Fälle übersät, die unter Anschuldigungen, es habe sich um Sinnestäuschung, Irrtum oder bewussten Betrug gehandelt, zusammengebrochen waren.

Der Erste, der den Versuch unternahm, diese Situation zu ändern, war Joseph Rhine, ein junger Wissenschaftler, der sich zum Psychologen und Psi-Forscher entwickelt hatte. 1927 wurde er zum Vorstand der psychologischen Abteilung an der Duke University im amerikanischen Bundesstaat North Carolina ernannt. Er begann seine Arbeit mit drei Zielen. Zum einen ging es ihm darum, brauchbare experimentelle Techniken für die Psi-Forschung zu entwickeln; zum Zweiten wollte er der Disziplin akademischen Respekt und wissenschaftliche Anerkennung verschaffen, und zum Dritten wollte er beweisen, dass nicht nur bestimmte, besonders begabte Personen über entsprechende Fähigkeiten verfügten, sondern im Grunde alle Menschen.

An der Duke University begründete Rhine die erste permanente Forschungseinrichtung, die sich speziell der Parapsychologie widmete. Als erstes Thema wählte er die Telepathie. Gemeinsam mit einem Kollegen entwickelte er einen Satz aus 25 Karten, von denen jeweils fünf eines der folgenden Symbole trugen: einen Kreis, ein Quadrat, ein Kreuz, einen Stern oder Zickzacklinien. Die Versuchsperson musste versuchen, herauszufinden, welche Karte der Experimentator gezogen hatte. War dabei lediglich der Zufall im Spiel, waren bei dem gesamten Satz von 25 Karten durchschnittlich fünf richtige Antworten zu erwarten, das heißt eine Trefferquote von 20 Prozent. Bei den ersten 800 Versuchen, die Rhine in den Jahren 1930 und 1931 durchführte, stellte sich heraus, dass die Trefferquote von 26 Prozent besser war, als nach dem Zufallsprinzip zu erwarten gewesen wäre. Die Abweichung war klein, aber signifikant.

Einige der Versuchspersonen erzielten eine konstant hohe Trefferquote. Gelegentlich lag diese weit über den 20 Prozent, die nach dem Zufallsprinzip zu erwarten gewesen wären. Manche der Probanden kamen sogar auf eine Trefferquote von 40 Prozent, die in einem Fall konstant über eine Reihe von 32 247 Versuchen aufrechterhalten wurde.[3]

Bei anderen Versuchen befanden sich der Experimentator und die Versuchsperson in unterschiedlichen Gebäuden.

Interessanterweise hatte diese räumliche Trennung offenbar keine Auswirkungen auf die Trefferquote. Gelegentlich wurden erstaunliche Ergebnisse erzielt. In einem Fall lag die Versuchsperson bei 22 der 25 Karten richtig; bei einem anderen Versuch, bei dem 50 Karten verwendet wurden, nannte ein anderer Proband 26-mal hintereinander korrekt die nächste Karte.

Als Rhine das Ergebnis seiner Forschungen im April 1934 veröffentlichte, war das eine Sensation. Auch an anderen Universitäten begann man nun, sich mit ähnlichen Experimenten zu befassen. Allerdings rief die Veröffentlichung auch rasch die Vertreter jener wissenschaftlichen Disziplinen auf den Plan, die sich von der möglichen Realität übersinnlicher Phänomene bedroht fühlten. Nach Meinung dieser Kritiker hatte Rhine nur deshalb statistisch signifikante Ergebnisse erzielt, weil ihm ein methodischer Fehler unterlaufen sei. Immerhin kam man zu einer Reihe interessanter Schlussfolgerungen, die später Bedeutung für die amerikanischen Geheimdienste gewinnen sollten.

1945 stellte die amerikanische Forscherin Gertrude Schmeidler bei Experimenten fest, dass Versuchspersonen, die an eine außersinnliche Wahrnehmung glaubten, eine überdurchschnittliche Trefferquote erzielten. Wer nicht an dieses Phänomen glaubte, schnitt hingegen unterdurchschnittlich ab. In beiden Gruppen ergaben sich deutliche Abweichungen von einem nach dem Zufallsprinzip zu erwartenden Ergebnis.[4]

Ebenfalls in den Vereinigten Staaten führte Betty Humphrey im folgenden Jahr eine Versuchsreihe zur Erforschung des Hellsehens durch. Dabei erhielten die Versuchspersonen versiegelte Umschläge, in denen sich jeweils eine Zeichnung befand, die sie mit hellseherischen Mitteln erkennen und wiedergeben sollten. Zu Humphreys Erstaunen leisteten 41 von 96 Probanden mehr, als nach dem Zufallsprinzip zulässig gewesen wäre.

Schon Prof. Rhine war der Ansicht gewesen, dass seine über mehrere Jahre hinweg durchgeführten Experimente einen schlüssigen Beweis für die Existenz parapsychologischer Phänomene erbracht hätten, egal, welchen wissenschaftlichen Maßstab man anlegte. Das hieß, dass Phänomene wie Telepathie, Hellsehen, Präkognition und Psychokinese wissenschaftlich erforscht werden konnten. Dabei gab es jedoch ein Problem, dessen Rhine sich wohl bewusst war.

Stellten sich aussagekräftige Ergebnisse ein, hing das nicht ausschließlich vom Befolgen der Versuchsanordnung ab. Vielmehr kamen andere Faktoren ins Spiel: das Interesse der Versuchsperson, ihre Bereitschaft zur Mitwirkung, die Persönlichkeit des Forschers und die Atmosphäre, in der das Experiment durchgeführt wurde.

Dazu kommt, dass Rhine es bewusst vermied, Aussagen zu den praktischen Konsequenzen seiner Forschungen zu machen. Es ging ihm lediglich darum, die Realität von Psi-Phänomenen nachzuweisen. Dabei kamen außergewöhnliche Ergebnisse zum Vorschein, auf die man bald an anderer Stelle aufmerksam wurde. Die Geheimdienste begannen, sich für die Sache zu interessieren.

Remote Viewing

Schon als Hal Puthoff Ende der Sechzigerjahre an der kalifornischen Stanford University lehrte, galt er als Mann mit eigenen Ideen. Er besaß ein Patent auf eine Art Infrarot-Laser, war Mitautor des maßgeblichen Lehrbuchs über Quantenelektronik und ein anerkannter Experte auf dem Gebiet der Laserphysik. Außerdem hatte er Kontakte zur Welt der Geheimdienste. In seiner Militärzeit war er Offizier des Abwehrdienstes der US-Marine gewesen; später hatte er als Zivilist für die National Security Agency (NSA) gearbeitet, einen Geheimdienst des amerikanischen Verteidigungsministeriums.

Puthoffs Interesse galt Dingen, die jenseits der Grenzen der konventionellen Wissenschaft angesiedelt waren. 1969 gab er seine Dozentur auf, um Mitarbeiter einer an die Universität angeschlossenen Forschungseinrichtung zu werden, des Stanford Research Institute (heute SRI International) in Menlo Park. Das Institut war eine »Denkfabrik«, die sich größtenteils durch streng geheime Aufträge der US-Regierung finanzierte. Puthoff beschäftigte sich dort mit geheimen Laser-Projekten.

Inzwischen war Puthoff jedoch zunehmend von Psi-Phänomenen fasziniert. Er wollte diesen Bereich erforschen, um festzustellen, ob dort nützliche Hinweise auf die befremdlicheren Aspekte der Quantentheorie zu finden waren. So beschloss er schließlich, seine Laser-Forschungen abzubrechen und sich auf Psi zu konzentrieren.

Es gelang Puthoff, den Institutschef von seinem Vorhaben zu überzeugen und Mittel aus privaten Quellen aufzutreiben. Während er seine ersten Experimente plante, nahm der New Yorker Künstler Ingo Swann Kontakt mit ihm auf. Swann, der an den erwähnten Psi-Experimenten von Gertrude Schmeidler teilgenommen hatte, war auf ein Resümee von Puthoffs Vorhaben gestoßen, das dieser an interessierte Wissenschaftler verschickt hatte. Swann behauptete, er habe eine ganze Reihe übersinnlicher Leistungen zustande gebracht. Unter anderem sei es ihm gelungen, aus der Distanz die Temperatur eines Graphitstabs zu verändern. Außerdem habe er seinen Körper verlassen, um nach Gegenständen zu suchen, die man vorher im Labor versteckt hatte.

Im Juni 1972 reiste Swann nach Kalifornien, um an Puthoffs Psi-Studien mitzuwirken. Schon die allerersten Experimente, die am Stanford Research Institute stattfanden, bewiesen, dass es tatsächlich etwas Substantielles zu erforschen gab.

Unweit des SRI befand sich eine vom Office of Naval Research finanzierte Forschungseinrichtung, an der man gerade ein spezielles Magnetometer konstruiert hatte, um eine bestimmte Sorte von Elementarteilen – die so genannten Quarks – zu identifizieren. Das Gerät war mit Hüllen aus

Kupfer und Aluminium und einem stickstoffgekühlten Supraleiter abgeschirmt und zum größten Teil in einen Betonsockel im Boden des Labors eingelassen. Diese Vorrichtungen waren nötig, um ungestört die extrem geringfügigen Veränderungen im Magnetfeld messen zu können, die von Quarks hervorgerufen werden. Puthoff war folgender Einfall gekommen: Wenn Swann es schaffte, dieses stark abgeschirmte Gerät zu beeinflussen, ohne es zu berühren, dann gab es tatsächlich eine Reihe von Fragen.

Swann beschloss, zuerst mit hellseherischen Mitteln ins Innere des Magnetometers einzudringen, um anhand von dessen Funktionsweise herauszufinden, wie er das auf einem Papierstreifen aufgezeichnete Signal beeinflussen konnte. Schon als Swann damit begann, veränderte sich das Signal abrupt. Die Anzeige normalisierte sich erst, als er das Labor verließ. Anschließend gelang es ihm, Zeichnungen der geheimen inneren Struktur des Geräts herzustellen.[5]

Wie war es Swann möglich gewesen, solche Zeichnungen anzufertigen? Und wie waren die Abweichungen der Anzeige entstanden? Handelte es sich um eine zufällige Störung des hoch empfindlichen Geräts oder hatte dieses tatsächlich auf irgendetwas reagiert, das Swann gewissermaßen ausströmte?[6]

Puthoff versandte einen kurzen wissenschaftlichen Bericht über den Versuch an verschiedene interessierte Stellen, darunter einige der amerikanischen Geheimdienste, mit denen er in Kontakt stand. Ein paar Wochen später erhielten er und Swann Besuch von zwei Herren aus Washington, die eine kleine Schachtel mitgebracht hatten. Sie baten Swann, ihnen den Inhalt zu beschreiben; dann lehnten sie sich zurück und warteten. »Ich sehe ein kleines braunes Ding, das eine unregelmäßige Form hat«, sagte Swann. »Sieht irgendwie aus wie ein Blatt ... abgesehen davon, dass es offenbar lebendig ist. Womöglich bewegt es sich sogar!«[7] In der Schachtel war eine kleine Motte.

Wieder vergingen einige Wochen. Dann meldeten die beiden Herren sich wieder bei Puthoff. Weitere Tests, meinten sie, seien unnötig. Stattdessen könnten sie Puthoff knapp 50 000 Dollar für weitere Studien anbieten. Ihr Arbeitgeber sei an praktischen Anwendungsmöglichkeiten des Hellsehens interessiert. Die beiden Herren, stellte sich heraus, waren von der CIA.

Psi-Spione

Die diskrete Zusammenarbeit zwischen Psi-Forschern und der Welt der Geheimdienste erwies sich als die außergewöhnlichste Partnerschaft in der Geschichte der Spionage. Um jede Möglichkeit des Betrugs auszuschließen, nahmen drei CIA-Agenten selbst an den Experimenten teil. Dabei waren sie so erfolgreich, dass sie keine Zweifel mehr daran hatten, dass das Programm weitere Förderung verdiente.

Puthoff erhielt Unterstützung durch seinen Kollegen Russell Targ, wie er ein Experte für Laser. Die beiden hatten keine Ahnung, was sie zutage fördern würden. Die Ergebnisse ihrer Versuche waren so sensationell, dass selbst jene Teilnehmer, die an Psi glaubten, sich fragten, in was sie da eigentlich hineingeraten waren.

Joseph McMoneagle, damals schon Mitglied einer Remote-Viewing-Gruppe des Geheimdienstes der US-Army, berichtet in seiner Autobiographie über ein eindrucksvolles Erfolgserlebnis während seines Trainings bei Hal Puthoff in Menlo Park. Er befand sich dabei in einem »Ruheraum« mit gedämpfter Beleuchtung, in dem die so genannten Zielübungen durchgeführt wurden. Als er bereit ist, sich in eine Art Trance versetzt hat, liest ihm der Interviewer die geographischen Koordinaten vor: »38 Grad, 37 Minuten, 28 Sekunden Nord; 90 Grad, 11 Minuten, 14 Sekunden West.«

McMoneagle beschreibt seinen ersten Eindruck des »Targets« (Ziels): »Die Oberfläche scheint der Rand einer V-Form oder die Kante eines Winkels zu sein.« »Okay«, sagt der Interviewer. »Treten Sie ein wenig zurück, sodass Sie besser sehen können.« – »Glatter, fließender Bogen«, berichtet

McMoneagle nun, worauf ihn der Interviewer anweist: »Beschreiben Sie Ihre Position, Ihre Perspektive, während Sie auf diesen glatten, fließenden Bogen blicken.« – »Ich befinde mich etwa neunzig Meter über dem Boden und sehe ihn direkt an«, sagt McMoneagle. »Da sind – Bögen von links nach rechts. Es fühlt sich an, als ob mich helles, reflektiertes Sonnenlicht blendet. Sehe eine Art metallischer Bolzen – keine Bolzen – mehr wie Dellen in Metall.«[8]

Nun beschreibt McMoneagle die Umgebung, in der sich das angepeilte Objekt befindet. Im Norden und Nordosten kann er ältere Gebäude sehen, dazu eine Eisenbahnbrücke, die einen Fluss überspannt. Im Osten befindet sich ein Industriegebiet mit hohen Schloten. Außerdem sieht er Straßen, weitere Gebäude, ein Stadion und Kirchen. Kurz, er ist in einer großen, an einem Fluss gelegenen Stadt.

Der Interviewer fragt nun, wo McMoneagle sich im Verhältnis zum Zielobjekt befindet. Damit hat McMoneagle Schwierigkeiten: »Jedes Mal, wenn ich mich dem Ziel nähere, habe ich dieses überwältigende Gefühl von reflektierendem Metall. Ich habe das Gefühl, gleichzeitig auf ihm und unter ihm zu sein.« – »Das ist typisch«, sagt der Interviewer. »Lassen Sie uns ein wenig zurücktreten, sodass Sie es mir beschreiben können.« – »Es wölbt sich einfach über dem Kopf«, sagt McMoneagle. »Gehen Sie weiter weg«, weist ihn der Interviewer erneut an. »Ich habe das Gefühl, in St. Louis zu sein, am St. Louis-Bogen«, sagt McMoneagle.[9] Und tatsächlich entsprechen die ihm genannten Koordinaten dem Standort des fast 200 Meter hohen Bogens, den Eero Saarinen als Wahrzeichen der Stadt am Missouri geschaffen hat.

Was McMoneagle hier beschreibt, wird heutzutage als »Remote Viewing« bezeichnet, ein exakterer Begriff für das Phänomen des Hellsehens. Bei den Versuchen wurden seit Mitte 1973 geographische Koordinaten verwendet, um die Viewer an ihr Ziel zu schicken. Die Angabe der Koordinaten war zwar offenbar nicht absolut notwendig, was sich daran zeigte, dass manche Viewer später ohne sie auskamen, aber Swann, der das Verfahren entwickelt hatte, wollte ein System mit methodischen Regeln etablieren. Die Verwendung von Zielkoordinaten gehörte daher zur üblichen Versuchsanordnung.

Diese disziplinierte Vorgehensweise schuf eine Struktur, die viele der Versuchsteilnehmer brauchten, um mit ihrer inneren Verwirrung fertig zu werden. Das, was sie bei den Experimenten erlebten, war schließlich dazu angetan, ihre gesamte Weltsicht zu erschüttern. So schreibt McMoneagle später: »Um Remote Viewing zu erlernen, ist es äußerst wichtig, dahin zu kommen, dass man den eigenen Glauben an das, was real ist, verändern kann.«[10]

Bei der Zusammenarbeit mit einigen der Remote Viewer wurde die Versuchsanordnung später allerdings weniger streng gehandhabt. Zum Beispiel benutzte man zufällig ausgewählte Zahlen, um die Zielobjekte zu markieren. Das funktionierte offenbar noch immer gut.

Das Training

Die Experimente der Remote-Viewing-Gruppe begannen immer mit einer Entspannungsperiode. Der Viewer kam dafür eine Zeit lang vor dem Versuch in den »Ruheraum«, ließ sich auf einer bequemen Ledercouch oder einem Sessel nieder, befestigte ein Mikrofon an seiner Brust und begann, sich zu entspannen und zu beruhigen. Dabei wurde ihm Musik seiner Wahl vorgespielt.

Die Wände des schalldichten Zimmers waren grau gestrichen, es gab keine Fenster. Auch sonst tat man alles, um äußere Einflüsse fern zu halten, da diese sich störend auf das Experiment ausgewirkt hätten. Ging es darum, ein mit Koordinaten definiertes Ziel zu identifizieren, saß der Viewer bei gedämpfter Beleuchtung an einem Tisch mit Filzstiften, Bleistiften und einigen Blatt Papier. Wurde eine weniger strenge, dafür aber intensiver wirkende Versuchsanordnung gewählt, herrschte völlige Dunkelheit, und der Viewer lag bequem auf dem Rücken. Ob diese Art von Experiment gelang, hing davon ab, ob er es schaffte, sich in einen stark veränderten Bewusstseinszustand zu versetzen.

Im Zimmer befand sich ferner der Interviewer, der im Besitz der Informationen über das Ziel war. Er saß ruhig da, während der Viewer langsam und regelmäßig ein- und ausatmete, um seine geistige Aktivität zur Ruhe zu bringen. Diese Phase dauerte mindestens 30 Minuten. Die Viewer bedienten sich verschiedener Techniken, um Gedanken auszuschalten, die das Experiment gestört hätten. Zum Beispiel stellten sich viele vor, dass sie all ihre Sorgen und Wünsche in einen Koffer legten, diesen verschlossen und zur Seite stellten.

In einem Nebenzimmer saß ein zweiter Beobachter, der verschiedene Geräte bediente oder überwachte. Zum Einsatz kamen unter anderem Tonbänder, Videokameras und Geräte zur Messung der Herzfrequenz, der Atmung und der Gehirnströme.

Sobald der im Zimmer sitzende Interviewer das Gefühl hatte, dass der Viewer sich völlig beruhigt hatte, begann das Experiment. Die Zielkoordinaten wurden vorgelesen oder der Viewer erhielt eine andere Anweisung.

Das Training war methodisch aufgebaut. Normalerweise kam ein aus sieben Stufen bestehender Prozess zur Anwendung, wobei die jeweilige Stufe gemeistert werden musste, bevor der Viewer sich an der nächsten versuchte. Später kamen mindestens zwei weitere Stufen dazu, bei denen es um Informationen über andere Wirklichkeiten ging. Das Training dauerte mehrere Monate, manchmal auch Jahre.

In der Anfangszeit »schickte« man die Viewer zu auffälligen Gebäuden oder Naturdenkmälern, wobei die Aufgaben immer schwieriger wurden. Bei einem fortgeschrittenen Experiment ging es darum, die Kaiser-Wilhelm-Gedächtniskirche in Berlin zu identifizieren. Da hier neben der im Krieg zerstörten Ruine der alten Kirche der moderne Neubau steht, entsteht ein gegensätzlicher Eindruck, der den Viewern besondere Schwierigkeiten machte.

Im Lauf der Jahre wurden die Trainingsaufgaben immer

ausgefallener. Nicht selten stellten sie alle Vorstellungen in Frage, die die Viewer sich über die Realität zurechtgelegt hatten.

Remote Viewing im Auftrag des Pentagons

1975 beschloss man bei der amerikanischen Luftwaffe, selbst Forschungen zum Thema Remote Viewing durchzuführen. Zum Leiter der Forschungsgruppe wurde Dale Graff ernannt, ein Spezialist für Optik, Radar und experimentelle Elektronik. Bislang war er am Air-Force-Stützpunkt Wright-Patterson als Offizier der Abteilung für ausländische Technologie stationiert gewesen.

Die Aufgabe dieser Abteilung war es, im Ausland – und wie gelegentlich behauptet wird, von Außerirdischen[11] – entwickelte Technologien zu analysieren und zu bewerten. Die Informationen darüber stammten oft aus Geheimdienstquellen; das Ziel war es, herauszufinden, ob irgendetwas von Nutzen für das amerikanische Militär sein könnte. Als Graff 1975 einen Bericht über zukünftige Entwicklungen zusammenstellte, ging es darin auch um übersinnliche Phänomene und deren potentielle Anwendungsmöglichkeiten. Graff fasste zusammen, was er über sowjetische Experimente in diesem Bereich herausbekommen hatte. Offenbar hatten die Sowjets sich besonders mit telepathischer Kommunikation beschäftigt. Graffs Vorgesetzte reagierten auf seinen Bericht mit der Anweisung, das Thema im Auge zu behalten.[12]

Wenige Monate später bestellte der leitende Wissenschaftler der Abteilung Graff unerwartet zu einer Besprechung über eines der erwähnten Psi-Themen: Remote Viewing. Bei ihrer Suche nach Geldgebern hatten sich Puthoff und Targ auch ans Pentagon gewandt. Nach einer eindrucksvollen Präsentation beschlossen die Wissenschaftler der Air Force, ein einjähriges Forschungsprogramm zu finanzieren, das später verlängert wurde. Graff wurde zum

Leiter der Forschungsgruppe bestellt, die unter der Ägide des amerikanischen Verteidigungsministeriums arbeitete.

Der Erfolg dieses Forschungsprogramms veranlasste den Geheimdienst der US-Army 1977, mit Hilfe von Graff eine eigene Remote-Viewing-Gruppe unter dem Codenamen »Grill Flame« auf die Beine zu stellen, die in Fort Meade (Maryland) stationiert wurde. Als Viewer beteiligt waren etwa ein Dutzend Männer und Frauen, die größtenteils bereits für den militärischen Geheimdienst arbeiteten. Joseph McMoneagle, der 1978 zu dieser Gruppe stieß, wurde einer ihrer besten Remote Viewer. Er war eine von sechs Personen, die unter den fast 1500 auf ihre Eignung getesteten Geheimdienstbeamten für das Programm ausgewählt wurden.

Im September 1979 traf ein Auftrag des für die amerikanische Verteidigungspolitik zuständigen Nationalen Sicherheitsrates ein. Es handelte sich um eine Reihe von Aufnahmen, die ein amerikanischer Spionagesatellit von der im Norden Russlands gelegenen Hafenstadt Severodvinsk gemacht hatte. Sie zeigten einen großen Gebäudekomplex, von dem besonders ein Gebäude interessant zu sein schien. Die obersten Sicherheitsbehörden waren an allen Informationen über seinen Zweck interessiert.

Man zeigte McMoneagle nicht die Fotos, sondern nannte ihm lediglich die geographischen Koordinaten. Das Erste, was er bei seiner Remote-Viewing-Sitzung erkannte, war eine kalte Gegend mit einem Industriegebiet, unweit eines halb von Eis bedeckten Meeres gelegen. Als er sich in das fragliche Gebäude begab, sah er Stahlträger, Metall und die Lichtbögen von Schweißgeräten. Erst in der dritten Sitzung erkannte McMoneagle, was konkret vor sich ging: In der Halle wurde ein riesiges U-Boot gebaut. Es war mit einer langen Reihe paarweise angeordneter Raketensilos ausgestattet, insgesamt 18 oder 20. McMoneagle war außerdem in der Lage, den revolutionären Antrieb des Bootes zu beschreiben, die ungewöhnliche Doppelwandung und die spezielle Schweißtechnik, die zur Anwendung kam. Es handelte sich um das größte U-Boot, das je gebaut worden war.[13]

Als die Experten des Nationalen Sicherheitsrates den Bericht erhielten, reagierten sie mit Skepsis. Ein U-Boot dieser Größe war bislang unbekannt. McMoneagle hatte außerdem vorausgesehen, dass das Boot vier Monate später vom Stapel laufen sollte. Damit hatte er tatsächlich Unrecht. Der Stapellauf fand schon nach einem Monat statt. Im Januar 1980 aufgenommene Satellitenfotos zeigten das größte bislang bekannte U-Boot eines neuen Typs, der von der NATO bald unter dem Namen »Typhoon-Klasse« geführt wurde.[14] Diese monströsen Fahrzeuge sind 170 Meter lang und wiegen etwa 30 000 Tonnen. Von vier Kernreaktoren angetrieben, sind sie mit 20 Raketensilos ausgestattet. Auffällig an ihrer Konstruktion sind zwei separate Innenrümpfe, die ein einzelner Außenrumpf umschließt.

Als die neuen Fotos bekannt wurden, kamen viele Mitarbeiter des Nationalen Sicherheitsrates zu dem Schluss, dass Joseph McMoneagle von erheblichem Wert für die nationale Sicherheit sein konnte. Die Unterstützung von oben ließ nicht lange auf sich warten. So kommentierte Generalmajor Edmund Thompson, von 1977 bis 1981 stellvertretender Stabschef des militärischen Geheimdienstes:

> »Ich habe nie etwas für Diskussionen mit beinharten Skeptikern übrig gehabt. Ich meine, wenn man nicht daran glaubt, dass es Remote Viewing gibt, dann hat man einfach seine Hausaufgaben nicht gemacht. [...] Wir wussten nicht, wie es funktioniert, aber wir waren weniger daran interessiert, eine Erklärung zu finden, als die Frage zu klären, ob es für uns einen praktischen Nutzen haben könnte.«[15]

Später bekam auch die Presse Wind von den Vorgängen. Als Reaktion auf die sensationell aufgemachten kritischen Berichte stellte das Oberkommando der Air Force seine Unterstützung für das Programm ein. Graff kam zur Defense Intelligence Agency (DIA), einem in Washington beheimate-

Von einem CIA-Mitarbeiter erstellter Plan einer sowjetischen Militäranlage in Semipalatinsk anhand eines Spionagesatellitenfotos. 1974 bat die CIA die Remote-Viewing-Gruppe, diese Anlage auszukundschaften.

Detail des Plans einer sowjetischen Militäranlage in Semipalatinsk mit dem auffallenden achträdrigen Portalkran.

ten Geheimdienst des amerikanischen Verteidigungsministeriums. Dort nahm er Verbindungen mit dem Stanford Research Institute und der Remote-Viewing-Gruppe in Fort Meade auf. 1985 wurde diese Einheit ganz der Defense Intelligence Agency unterstellt.

Graff, der damit alle amerikanischen Remote-Viewing-Projekte unter einen Hut gebracht hatte, wurde zum Chef des neuen Programms ernannt, das den Namen STARGATE erhielt. Er leitete es bis zu seinem Rücktritt im Jahr 1993. Die Aufträge kamen zum größten Teil von den amerikanischen Zollbehörden, der mit der Drogenbekämpfung befassten Drug Enforcement Agency (DEA) und verschiedenen Geheimdiensten.

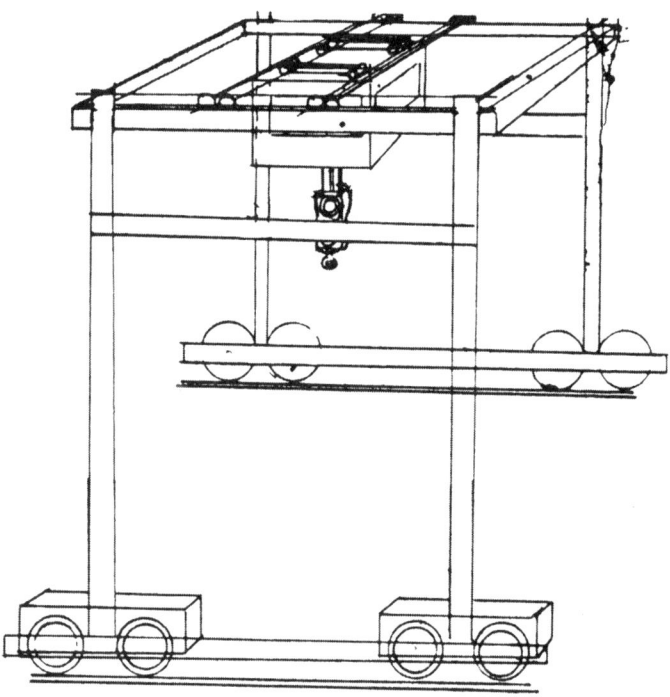

In der Zeichnung (Juli 1974) eines Remote Viewers finden sich »Beobachtung« und Bericht von der geheimen militärischen Anlage. Sie gibt genau den Portalkran mit seinen vielen Rädern wieder.

Reaktionen der Wissenschaft

Natürlich ließen es sich die von den üblichen Vorurteilen eingenommenen Vertreter der konventionellen Wissenschaft nicht entgehen, wenigstens den ersten Stein zu werfen. Wie sich bald herausstellte, blieb es nicht dabei.

Die erste Gelegenheit zur Reaktion auf die amerikanischen Psi-Experimente bot sich dem wissenschaftlichen Establishment schon 1974. Im Oktober dieses Jahres publizierten Puthoff und Targ in der angesehenen wissenschaftlichen Zeitschrift *Nature* einen zurückhaltenden Bericht. Ihr Aufsatz enthielt die Ergebnisse ihrer systematischen Forschungen zum Thema Remote Viewing. Bei einer Versuchsanordnung mit fünf unabhängigen Beobachtern und neun potentiellen Zielorten, bei der sich 45 Auswahlmöglichkeiten ergaben, lagen die Remote Viewer in 24 Fällen richtig. Nach dem Zufallsprinzip wären lediglich fünf richtige Ergebnisse zu erwarten gewesen.[16] Die Autoren leiteten ihren Aufsatz mit folgenden Worten ein:

>»Wir stellen die Ergebnisse von Experimenten vor, die auf die Existenz eines oder mehrerer Wahrnehmungsmuster verweisen, mit deren Hilfe der Mensch Informationen über seine Umgebung aufnehmen kann. Diese Informationen werden allerdings nicht in irgendeinem bekannten Sinne rezipiert. [...] Wir haben die Fähigkeit bestimmter Personen untersucht, graphisches Material oder entfernte Vorgänge zu beschreiben, obwohl diese Dinge der gewöhnlichen Wahrnehmung nicht zugänglich waren.«[17]

Da ihm klar war, welch heftige Reaktion solche Formulierungen hervorrufen konnten, gab der Herausgeber von *Nature* sich in seinem Leitartikel jede erdenkliche Mühe, die Veröffentlichung eines Artikels zu rechtfertigen, der nach seinen Worten »ein gewisses Aufsehen in der Welt der Wissenschaft verursachen« werde. Tatsächlich, heißt es weiter, gingen die Ergebnisse zwar möglicherweise über die »Gesetze der Wissenschaft« hinaus (gemeint waren natürlich deren *akzeptable* Gesetze), doch seien »alle qualitativ hochwertigen Hinweise einer kritischen Überprüfung wert«. Es gehe lediglich um die Frage, ob die Belege von ausreichender Qualität seien, um ernst genommen zu werden. Eine Zeitschrift wie *Nature* müsse gelegentlich auch Heimat für einen »risikoträchtigen« Artikel sein, dessen Publikation kein offizielles Gütezeichen darstelle, sondern dazu diene, »die wissenschaftliche Gemeinschaft darüber zu informieren, dass etwas der Aufmerksamkeit und Überprüfung wert« sei.[18] Selbst für diesen minimalen Aufwand an Zivilcourage ist *Nature* zu loben.

An den eintreffenden Leserbriefen zeigte sich die übliche Betriebsblindheit vieler Wissenschaftler. Die rüden Attacken gegen »Irrationalismus« und »Okkultismus« enthielten allerdings keine substantielleren Einwände als die Glaubenssätze der Verfasser.

»Ich halte die ganze Vorstellung, es gebe übernatürliche Kräfte, für Unsinn«, hieß es in einem der Kommentare.[19] Dabei entging es dem Verfasser, einem Physiker an der Universität Birmingham, vollkommen, dass seine Ansichten kaum eine wissenschaftliche Beurteilung der vorgelegten Fakten darstellten. Im Grunde befand er sich in derselben Position wie die Zeitgenossen Galileis, die dessen Thesen ablehnten, weil sie »glaubten«, die Erde sei flach.

Puthoff hingegen kam in einem späteren Aufsatz zur folgenden Bewertung seiner Experimente: »Die Verfeinerung der Methoden und die erfolgreiche Wiederholung dieser Art von Remote Viewing in unabhängigen Forschungseinrichtungen hat eine Vielzahl wissenschaftlicher Beweise für die Realität dieses Phänomens erbracht.«[20]

Zeitreisen

Die Remote Viewer widmeten sich mit Erfolg vielen Operationszielen: einem in Afrika abgestürzten sowjetischen Flugzeug, den im Iran und in Beirut festgehaltenen amerikanischen Geiseln, einem gefangen genommenen US-General, den chinesischen Atomtests in Lop Nor, den in den versunkenen Schluchten des Mittelatlantischen Rückens verborgenen sowjetischen Atom-U-Booten. Dabei ereigneten sich seltsame Dinge. Schon während seiner Ausbildung war McMoneagle allerhand Außergewöhnliches aufgefallen. Zum Beispiel war er nicht nur in der Lage, ein Ziel anzupeilen, das räumlich Tausende von Meilen entfernt war. Mit denselben Mitteln konnte er auch eine zeitliche Distanz überwinden.

Diese Fähigkeit kam schon bei einem der frühen Experimente zum Vorschein. Einer der Zielorte McMoneagles war relativ schwierig zu erkennen. McMoneagle sah Würfel, Rechtecke, Blöcke und gekreuzte Linien. Er sprach von Würfeln innerhalb von Würfeln, konnte das Ganze aber nicht genauer identifizieren. Gegen Ende der Sitzung kam ihm jedoch plötzlich ein mit Fähnchen geschmückter Turm aus Metallstreben in den Sinn. Er zeichnete ihn neben die Blöcke und Würfel auf ein Blatt Papier.

Nach dem Experiment wurde er zur Überprüfung an den Zielort gebracht. Befriedigt stellte er fest, dass es sich um einen Baustoffhof handelte, was die wahrgenommenen Bilder bestätigte. Ziegel und andere Bausteine waren zu hohen, oft würfelförmigen Stapeln aufgetürmt. McMoneagle ging umher, um sich einen besseren Eindruck vom Zielort zu verschaffen. Zu seinem Erstaunen konnte er allerdings keinen Turm mit Fähnchen entdecken.

Es ergab sich ein Gespräch mit dem Besitzer des Baustoffhofs, dem man die von McMoneagle angefertigten Zeichnungen vorlegte. Der Mann begann sofort, in einer Schublade zu kramen. Zum Vorschein kam ein Foto von der drei Jahre zurückliegenden Eröffnung des Hofs, in dessen Mitte ein Kran mit flatternden Fähnchen zu sehen war. »Sieht aus, als ob du dich in der Zeit geirrt hättest«, kommentierte einer von McMoneagles Kollegen.[21]

Später wurde diese Fähigkeit, sich »in der Zeit zu irren«, zu einem erwünschten Teil der Experimente. Auch die gestellten Aufgaben hatten häufig einen ziemlich seltsamen Charakter. Mehr als einmal mussten die Beobachter die Remote Viewer »davon abhalten, interessante Kulturen beim Bau einer Pyramide oder einem Menschenopfer zu beobachten«, und sie wieder in die Gegenwart schicken, damit sie ihrer eigenen Mission nachgehen konnten.[22]

Diese distanzierte Bemerkung kann nicht die Bedeutung der Forschung verschleiern, die sie für unsere gewohnte Weltsicht hat.

Pyramiden

Am 18. Juni 1980 wurde McMoneagle im Auftrag eines Privatkunden zu einem speziellen Target geschickt. Als er sich darauf konzentrierte, stellte er fest, dass er aus der Distanz ein großes, scheibenförmiges Objekt aus Metall beobachtete, an dessen Ober- wie Unterseite sich Beobachtungsluken befanden. Es bewegte sich mit einer Geschwindigkeit von gut 7000 Stundenkilometern in etwa 4000 Metern Höhe und wurde von »einer Art elektromagnetisch kontrolliertem Flüssigplasma« angetrieben.[23] Das Objekt, dessen Rand mit hoher Geschwindigkeit rotierte, war gerade im Begriff, eine Wendung von 90 Grad zu machen.

Die Zeichnung, die McMoneagle bei dieser Sitzung anfertigte, zeigt ein UFO. »Für mich selbst«, schreibt der Autor, »besteht kein Zweifel an der Authentizität des Objekts. Seine Anwesenheit am Zielort war ebenso real wie jedes andere Element, das ich hätte beschreiben können. War es wirklich dort? Mein Klient und ich glauben ja.«[24]

Auch bei anderen Gelegenheiten wurde McMoneagle auf unbekannte Flugobjekte angesetzt. In manchen Fällen handelte es sich um von Spionagesatelliten fotografierte Objekte, die sich in einer Erdumlaufbahn befanden.[25] Die Air Force oder andere Behörden waren an allem interessiert, was McMoneagle über die Struktur und die Insassen herausbekommen konnte. Nach manchen der Sitzungen war er extrem gestresst und in Schweiß gebadet. Er hatte sich in Gegenwart humanoider Aliens befunden, die irritiert genau in seine Richtung blickten, als wüssten sie, dass er da war.[26]

Ingo Swann, von dem bereits die Rede war, wurde eines Tages mit verbundenen Augen in eine geheime unterirdische Militäreinrichtung gebracht, wo man ihm den Auftrag gab, ein bestimmtes Ziel auf dem Mond anzupeilen. Dabei sah er »eine Reihe riesiger Objekte, die nicht natürlichen Ursprungs waren, aber auch nicht von Menschenhand erbaut«.[27]

Die womöglich ausgefallenste Aufgabe, vor die man McMoneagle je stellte, führte zu so erstaunlichen Ergebnissen, dass man sich fragen muss, ob dabei nicht doch irgendwelche Interferenzen im Spiel waren. Am 22. Mai 1984 betritt McMoneagle den gewohnten Raum, entspannt sich und bereitet sich auf die Reise zu seinem Ziel vor. Genauere Informationen über den nur mit Koordinaten bezeichneten Zielort befinden sich in einem verschlossenen Umschlag, den McMoneagle nicht berühren darf.

Der erste Eindruck, der sich McMoneagle bietet, ist das Bild einer Pyramide oder eines pyramidenförmigen Objekts in einer weiten Tiefebene. Das Objekt ist gelblich oder ockerfarben. Als McMoneagle sich zu einem in dem verschlossenen Umschlag angegebenen Zeitpunkt bewegt, hat er den Eindruck von Wolken und einem Sandsturm. Diese Erscheinungen sind offenbar die Auswirkungen einer gewaltigen geologischen Katastrophe, die, wie er später spürt, von einer Art Komet ausgelöst worden ist. Nun beginnen auch Eindrücke menschenähnlicher Wesen aufzutauchen, die hager, zartgliedrig und groß sind und hautenge Kleidung tragen.

Der Interviewer weist McMoneagle an, sich zu einem anderen Ziel im selben Gebiet zu bewegen. Der Zeitpunkt bleibt derselbe. Der erste Eindruck ist der, sich in einer sehr tiefen Schlucht mit extrem hohen Felswänden zu befinden. Außerdem sind Bauten aus Stein zu sehen. Wieder wird McMoneagle zu einem anderen Ort gewiesen, an dem er eine lange Straße sieht. An ihrem Ende steht ein Obelisk. So wird er in dem betreffenden Gebiet von Ziel zu Ziel geführt und sieht dabei weitere Hinweise auf künstlich geschaffene Bauten. Schließlich erkennt er wieder Pyramiden, worauf sich der Interviewer erkundigt, ob er nach innen sehen könne. »Ja«, erwidert McMoneagle, »und sie sind riesig. [...] Das hier sieht aus wie Schutzräume vor den Stürmen.«[28]

»Gut«, sagt der Interviewer, »gehen Sie in einen dieser Räume hinein und suchen Sie nach irgendeiner Aktivität, über die Sie berichten können.« McMoneagle berichtet: »Verschiedene Kammern . . ., man hat sämtliche Möbel und alles andere rausgenommen . . ., es ist wie ein streng funktionaler Ort . . . zum Schlafen [...], zum Überwintern [...] während der Stürme.« »Erzählen Sie mir etwas über die Wesen, die während der Stürme schlafen«, fordert ihn der Interviewer auf. Als McMoneagle wieder eine Reihe großer, hagerer Wesen sieht, wird er angewiesen, sich nah zu einem von ihnen zu begeben und ihm Fragen über sein Volk zu stellen. »Ein altes Volk«, gibt McMoneagle wieder. »Aber sie [...] sterben. Ihre Zeit ist vorüber. [...] Sie suchen nach einem Weg zu überleben. [...] Deshalb bleiben sie, während sie warten . . ., darauf, dass etwas zurückkehrt . . . oder etwas . . . das mit der Antwort kommt.«

»Worauf warten sie?«, will der Interviewer wissen. »Offenbar«, sagt McMoneagle, »ist eine Gruppe oder ein Teil von ihnen losgezogen, um einen neuen Lebensraum zu finden. Es ist wie . . . Ich bekomme alle Arten von überwältigenden Eindrücken, die alle die Verwüstungen in ihrer Umwelt zeigen. Sie geht rapide zugrunde, und darum ist diese Gruppe irgendwohin gezogen, einen weiten Weg gegangen, um einen anderen Ort zu finden [...].«

Der Interviewer weist McMoneagle nun an: »Gut, ehe Sie dieses Wesen verlassen [...], fragen Sie es, ob es weiß, wer

Sie sind . . ., gibt es irgendeine Möglichkeit, wie Sie ihm aus dieser gegenwärtigen Zwangslage heraushelfen könnten?« Alles, was er begreife, erwidert McMoneagle, sei, »dass sie warten müssen. Er weiß nicht, wer ich bin. Er glaubt, dass er eine Halluzination oder so etwas sieht.«

McMoneagle wird nun aufgefordert, herauszufinden, auf welche Weise der verschwundene Teil des Volkes sich auf die Reise begeben hat. Das ist nicht ganz einfach: »Ich bekomme einen Eindruck von ahhh . . . Ich weiß nicht, was, zum Teufel, das ist . . . Es sieht wie das Innere eines großen Schiffes aus mit ganz geschwungenen Wänden . . . aber glänzendes Metall.«

Der Interviewer fordert McMoneagle auf, den Wesen auf ihrer Reise zu folgen. McMoneagle gerät an einen seltsamen Ort mit Vulkanen und merkwürdigen Pflanzen. Hier tobt eine andere Art von Stürmen. Obgleich es viel Vegetation zu geben scheint, wirkt die Gegend noch immer unwirtlich. An diesem Punkt endet die Sitzung damit, dass der Interviewer McMoneagle wieder in die Gegenwart, den 22. Mai 1984, zurückkehren lässt.[29]

Als die Ergebnisse anschließend besprochen werden, äußert McMoneagle die Ansicht, er habe weit in die Zukunft der Erde geblickt, und zwar – wegen der Pyramiden – an einem Ort in Ägypten. Dann gibt man ihm genauere Informationen über sein Ziel.

Die Angaben waren von einem Mitarbeiter der NASA gebracht worden. Es handelt sich um sieben auffällige Stätten auf dem Mars, die 1976 von der amerikanischen Sonde *Viking I* fotografiert wurden.[30] Der im Umschlag angegebene Zeitpunkt liegt eine Million Jahre in der Vergangenheit.

Mit diesen Fakten konfrontiert, versucht McMoneagle, die von ihm wahrgenommenen Szenen zu interpretieren. Hat er womöglich auf telepathische Weise irgendeine Phantasievorstellung aufgeschnappt? Oder hat er mit Hilfe des Remote Viewing bewiesen, dass auf dem Mars einst eine uralte Kultur existierte? In seinem Buch schreibt er einfach: »Ich weiß es nicht.«[31]

Einige Monate später kam ein Anruf von der NASA, dass die nächste Mars-Mission insbesondere dieses Gebiet zum Ziel haben würde.[32]

In der Folge wurde der Mars zu einem der Standardziele beim Training. Auch andere Remote Viewer berichteten von den Relikten künstlicher Bauten.[33] Davon war auch Generalmajor Albert Stubblebine unterrichtet, der von 1981 bis 1984 als Chef der Spionageabwehr der US-Army fungierte. Trotz seiner konventionellen wissenschaftlichen Ausbildung – er besaß ein Diplom als Chemotechniker – hatte er keine Probleme damit, die äußerst merkwürdigen Ergebnisse zu akzeptieren.

Ohne ein Blatt vor den Mund zu nehmen, äußerte Stubblebine seine Überzeugung, es gebe »künstliche Strukturen unter der Marsoberfläche« und zudem Maschinen, die man sich ansehen könne: »Man kann Details beobachten, man kann sehen, welche Funktionen sie haben, was sie sind, wo sie sind [...] alles durch Remote Viewing.«[34]

McMoneagle hingegen blieb vorsichtig. Als man ihn 1998 in einem Interview auf die Aussagen der Remote Viewer ansprach, sie hätten nicht nur UFOs gesehen, sondern auch außerirdische Wesen auf dem Mars und anderen Planeten, sagte er:

»Beweise dafür habe ich keine gesehen. Bevor man das Ergebnis eines Remote Viewings als zutreffend akzeptiert, muss man die betreffende Information auf irgendeine andere Weise verifizieren. Nimmt man einen Stützpunkt von Aliens, ins Visier, sieht man auch nur Gebäude. Die müsste man finden und untersuchen. Wenn sie nicht da sind, hat der Remote Viewer Unrecht gehabt. Dass jemand etwas behauptet, beweist noch gar nichts. Und wenn jemand bei der einen Art von Ziel richtig gelegen hat, heißt das nicht, dass das auch für ein anderes Ziel zutrifft.«[35]

1984 erhielt Joseph McMoneagle für seine Verdienste eine der höchsten militärischen Auszeichnungen der Vereinigten Staaten, den Orden »Legion of Merit«. Zur Begründung hieß es:

>»Bei mehr als 200 Aufträgen hat er seine Begabung und sein Können eingesetzt, um sich mit mehr als 150 Informationselementen von hoher Bedeutung zu befassen. Darunter befand sich brisantes Material, das bei unserem Militär und unserer Regierung auf höchster Ebene Verwendung fand, unter anderem bei Behörden von nationaler Bedeutung wie dem Vereinigten Generalstab, der DIA, der NSA, der CIA, der DEA und dem Secret Service. Dieses eminent wichtige Material war aus keiner anderen Quelle verfügbar.«[36]

Angesichts dieser Formulierungen dürfte es wenig Grund geben, die Leistungen McMoneagles allein deshalb abzutun, weil sie den gemeinhin akzeptierten Theorien über die Welt, in der wir leben, zuwiderlaufen.

Remote Viewing heute

Nach einer oberflächlichen Untersuchung, bei der nur ein Teil des verfügbaren Materials verwendet wurde, beendete die CIA 1985 alle Remote-Viewing-Programme. Jedenfalls wurde das behauptet. Es ist jedoch schwer zu glauben, dass alle amerikanischen Geheimdienste seither auf eine derart wertvolle Methode verzichten. So drängt sich der Verdacht auf, dass Behörden, die stärker abgeschirmt sind als die CIA oder die noch geheimnisvollere NSA Remote-Viewing-Einheiten aufgestellt haben, die bis heute im Verborgenen tätig sind. Allerdings ist noch niemand aufgetaucht, der darüber berichtet hätte. Die Remote Viewer der ersten Stunde selbst sind der Ansicht, dass ihre Kunst noch immer Anwendung findet, auch in ihrer wenig erfreulichen Form, der Einflussnahme aus der Ferne.[37]

Die bekannten Gruppen jedenfalls wurden aufgelöst. Wie mehrere ihrer Kollegen wandten Graff und McMoneagle sich der Privatwirtschaft zu. Hier setzen sie ihre Fähigkeiten als Remote Viewer im Dienste von Kunden ein, die zum Beispiel wissen wollen, wie die ägyptischen Pyramiden erbaut wurden oder ob an einem bestimmten Ort Mineralien zu finden sein könnten. Außerdem beschäftigten sie sich damit, ihre Techniken an entsprechend begabte Personen weiterzuvermitteln. Ende 1998 kam McMoneagle bei einer Vortragsreise auch nach Deutschland, Österreich und in die Schweiz; weitere Veranstaltungen mit ihm sind geplant.

Bei der Kommerzialisierung ihrer Fähigkeiten folgten die Remote Viewer dem Vorbild von Ingo Swann, der bereits in den Siebzigerjahren einen Auftrag für die Edgar Cayce Foundation ausführte. Diese Stiftung widmet sich der Erhaltung und Verbreitung der Visionen des Mediums Edgar Cayce, in denen häufig von geheimen Kammern unterhalb der Sphinx die Rede ist, die Dokumente und andere Zeugnisse für seit langem vergessene Kulturen enthalten sollen. Nach einer ersten Remote-Viewing-Sitzung brachte man Swann persönlich nach Ägypten, wo er einige Tage auf dem Plateau von Giseh verbrachte. Mit Hilfe seiner medialen Fähigkeiten versuchte er festzustellen, ob es dort tatsächlich im Untergrund verborgene Kammern und Gänge gibt. Vor allem sollte er versuchen, einen »Saal der Zeugnisse« zu lokalisieren, der sich nach Meinung der Cayce-Anhänger unterhalb der Sphinx befindet. Swann gelang es zwar nicht, irgendwelche Kammern in der Nähe der Sphinx zu erkennen, doch hat er berichtet, das Plateau von Gizeh sei mit einem ganzen Netz sich kreuzender unterirdischer Tunnels und Gänge durchzogen.[38] Dies wurde zum Teil durch spätere archäologische Entdeckungen bewiesen.

Vieles von dem, was die Remote Viewer sehen und gesehen haben, bleibt unter Verschluss. Zum Beispiel ist nichts über die Versuche bekannt, die Kreuzigung Christi oder die angebliche Erscheinung der Jungfrau Maria in Fatima zu beobachten. Eingesetzt wurde und wird die Methode aber oft, wenn es um mysteriöse Themen von großem Interesse geht, wie etwa um die Suche nach der Bundeslade des Alten Testaments oder nach den Relikten anderer alter Kulturen. Die Bundeslade zu der Zeit anzupeilen, in der sie das jüdische Volk durch die Wüste begleitete, war – so wird es berichtet – sogar eine der Standardübungen beim Training der Viewer.[39]

An der Universität Princeton wurde 1996 erfolgreich versucht, die Ergebnisse früherer Forschungen zum Thema Remote Viewing zu reproduzieren. In einem vorläufigen Bericht heißt es, die Ergebnisse seien »völlig übereinstimmend« mit den am Stanford Research Institute erzielten Resultaten, wobei man auch festgestellt habe, dass eine räumliche oder zeitliche Distanz keinen Einfluss auf den »anomalen Informationstransfer« habe.[40] Die aus 336 Einheiten bestehende Versuchsreihe entsprach völlig den wissenschaftlichen Kriterien für kontrollierte, wiederholbare Experimente.

Die Haltung, mit der die Wissenschaft unserer Welt gegenübertritt, wird sich ändern müssen, um solche neuen Tatsachen zu integrieren. Hal Puthoff etwa schreibt in einem 1996 erschienenen Aufsatz, seine Arbeiten lieferten »offenbar zweifelsfrei den Beweis für die menschliche Fähigkeit, auf räumlich und zeitlich entfernte Ereignisse zuzugreifen, [und zwar] mittels eines noch unbekannten kognitiven Prozesses«. Weiter heißt es: »Die Jahre, in denen ich als Forschungsleiter für diese Projekte verantwortlich war, haben mich davon überzeugt, dass diese Tatsache in jeden Versuch einfließen muss, ein unvoreingenommenes Bild der Struktur der Realität zu erschaffen.«[41]

»Ich bin der Überzeugung«, schreibt ergänzend Puthoffs Kollege Russell Targ, »dass die Erkenntnisse über Remote Viewing einen wichtigen Beitrag zu unserem Wissen über unsere Beziehung zu einem nicht ortsgebundenen Universum geleistet haben, in dem wir miteinander verbunden und zunehmend voneinander abhängig sind. Ich hoffe, dass unser Bewusstsein dieser gegenseitigen Verbundenheit auch zu mehr Mitgefühl unter allen Menschen führt.«[42] Hoffen wir, dass diese Erwartung sich erfüllt.

Es bleibt noch ein letzter, faszinierender Gedanke zum Thema Remote Viewing. Wenn wir diese Technik heute anwenden können, so gilt das auch für die Vergangenheit. Allerdings scheint davon nirgendwo die Rede zu sein. Oder doch? Der heutige Remote Viewer sitzt ruhig im Halbdunkel und konzentriert sich auf Ereignisse, die räumlich und zeitlich weit von ihm entfernt sind. Entspricht das womöglich der uralten Technik, in eine Kristallkugel oder eine Schüssel mit Wasser zu blicken, um Dinge wahrzusagen, die sich jenseits des gegenwärtigen Moments und Ortes abspielen? Im alten Ägypten bediente man sich dazu eines brennenden Dochtes, der in einer Bronzeschale mit frischem Öl schwamm. Auf einem aus hellenistischer Zeit stammenden magischen Papyrus findet sich die Prozedur für diese Art der Weissagung. Zuerst wird der Magier angewiesen, sich einer rituellen Reinigung zu unterziehen. Weiter heißt es:

»Willst du etwas über bestimmte Dinge erfahren, nimm ein Gefäß aus Bronze, entweder eine Schüssel oder eine Schale, ganz wie du willst. Gieße Wasser hinein – zur Anrufung der himmlischen Götter Regenwasser, zu der der irdischen Götter Meerwasser, zur Anrufung von Osiris oder Serapis Flusswasser und zu der der Toten Quellwasser. Stell das Gefäß auf deine Knie, gieße grünes Olivenöl hinein, beuge dich über das Gefäß und sprich den vorgeschriebenen Zauberspruch. Dann wende dich an den Gott, nach dem dir der Sinn steht, und frage nach allem, was du wünschst.«[43]

Auch einige der Orakelpriester und -priesterinnen, denen viele der Tempel der Antike ihren Ruf verdankten, könnten ihre Informationen mit Hilfe einer uralten Technik gewonnen haben, die dem heutigen Remote Viewing entspricht. Alles in allem ist das sogar recht wahrscheinlich.

Fünftes Kapitel

Außerkörperliche Erfahrungen

Viele der alten Tempel Ägyptens haben noch heute eine kraftvolle Ausstrahlung, die jeder spüren kann, der sich die Zeit nimmt, in ihren Räumen zu meditieren, bevor der lärmende Touristentrubel einsetzt. Tut man dies, so wird bald überdeutlich, dass die riesigen Komplexe mehr sind als zerfallende Altertümer, mehr als die architektonischen Überreste einer lange verschwundenen Kultur. Man hat das Gefühl, als seien sie lebendige spirituelle Zentren, die noch immer etwas vermitteln können, was Bedeutung für uns hat – für uns im Hier und Jetzt.

Natürlich ist das etwas, was nicht wissenschaftlich bewiesen werden kann. Man kann es nicht messen, wiegen oder in irgendeinem naturwissenschaftlichen Sinne analysieren. Erfahren kann man es nur durch einen intuitiven Einblick ins Herz der altägyptischen Kultur, zu der eine enge Beziehung mit dem göttlichen Urgrund des Daseins gehörte. So andersartig die Form dieser Beziehung gewesen sein mag, sie ist heute noch genauso gültig wie damals. Daher bildet jeder Tempel auf seine eigene Weise und an seinem eigenen Ort eine Brücke zwischen den Reichen des Weltlichen und des Göttlichen.

Da unser Wissen um diesen göttlichen Urgrund des Daseins durch die individuelle Erfahrung entsteht – seien dies mystische, mediale oder andere okkulte Erlebnisse –, können wir logischerweise annehmen, dass alles, was wir heute über diesen »anderen« Bereich wissen, auch den alten Ägyptern bekannt war. Anzunehmen ist auch, dass sie ihr Wissen in ihren Hieroglyphen und Bildwerken niedergelegt haben. Jene Schriftsteller der Antike, die in engem Kontakt mit der ägyptischen Priesterschaft standen, behaupten das auch ausdrücklich.

Wir haben gesehen, dass der ägyptische Alchemist Zosimos, der am Ende des 4. Jahrhunderts n. Chr. lebte, von einer geheimen Bedeutung schrieb, die hinter der oberflächlichen Aussage der Hieroglyphen verborgen sei. Sein Zeitgenosse Porphyrios, ein griechischer Philosoph und Biograph, hat das bestätigt. Noch deutlicher wird einer der Schüler des Porphyrios, der Syrer Jamblichus, in seinem faszinierenden Buch *Über die Geheimlehren.* Hier schreibt er, die Ägypter hätten sich bemüht, in ihren Reliefs und Malereien das Grundprinzip des Universums und die schöpferische Rolle der Götter darzustellen. Da die ägyptischen Priester zu dieser Zeit noch in ihren Tempeln wirkten, hatte Jamblichus seine Informationen aus erster Hand.

Jamblichus schreibt, die »Einführung in die Geheimlehre« der Priester sei »mit Hilfe von Symbolen« geschehen.[1] Also kann uns ein Blick hinter die Bedeutung der Symbole auf den Wänden der ägyptischen Tempel helfen, ein tieferes Verständnis der Wirklichkeit zu entwickeln. Besonders aufschlussreich sind dabei die Praktiken, bei denen es um die Initiation der Lebenden ging – um Praktiken, die als Rituale für die soeben Verstorbenen getarnt waren oder bislang fälschlicherweise so ausgelegt wurden.

Das Ritual von Dendera

Einen Einblick in diesen Initiationsprozess bietet zum Beispiel der Kult im Tempel von Dendera. Dieser war der Hathor geweiht, der ägyptischen Göttin der Fruchtbarkeit und Liebe, die schon in vordynastischer Zeit verehrt wurde. Der heutige Tempel stammt zwar aus der Zeit der griechischen Herrschaft in Ägypten, die 332 v. Chr. begann, doch der Bau, an dessen Stelle er steht, war mindestens so alt wie die Cheops-Pyramide.

Betritt man den Tempel von Dendera, gelangt man zuerst in einen Wald aus Säulen und dann in einen Komplex von Räumen, die den täglichen Zeremonien dienten. Es folgt ein Labyrinth aus schön geschmückten Kapellen, in dessen Zentrum sich das Allerheiligste befindet, und eine verwinkelte Krypta, die zur Initiation gedient haben muss.

Selbst auf dem Dach des Tempels von Dendera befinden sich geweihte Räume: Kapellen für Osiris. Zu ihnen gelangt man entweder über die 96 Stufen eines langen, dunklen, kontinuierlich ansteigenden Ganges in der Ostmauer oder über ein ungewöhnliches rechteckiges Treppenhaus an der Westseite, zu dessen Absätzen in ritueller Abfolge abwechselnd zwölf und zehn Stufen emporsteigen.

Gibt es einen symbolischen Zusammenhang zwischen dieser Treppe und der ägyptischen Kosmologie? Konkret könnten das die zwölf Tages- und Nachtstunden sein und die drei zehntägigen Perioden, aus denen der ägyptische Monat bestand. Möglich ist das durchaus, denn an der Decke eines der Räume, die nur über das Dach zu erreichen sind, befindet sich der einzige astrologische Tierkreis, den man in Ägypten gefunden hat.

Von Bedeutung waren die beiden Treppenhäuser besonders bei den esoterischen Ritualen des Frühlingsfestes. Dabei wurde das *Ba*-Bildnis der Hathor mitten in der Nacht von maskierten Priestern die Westtreppe emporgetragen. Angeführt wurde die Prozession von Priestern mit einem Bild des Thot. Auf dem Dach platzierte man die Hathor-Statue in eine kleine, offene Kapelle, wo sie den Sonnenaufgang erwartete. Hatten die Strahlen des Sonnengottes Re sie mit neuer Kraft erfüllt, trug man sie die lange, gerade Treppe hinab ins Dunkel des Tempels.

Die zentrale Rolle der *Ba*-Statue lässt die geheime Natur des Rituals erkennen, das während des Festes vollzogen wurde. Nach dem altägyptischen Glauben ist der *Ba* der dynamischste und bedeutendste von mehreren geistigen Körpern, die jeder Mensch besitzt. Normalerweise wird *Ba* mit dem Begriff »Seele« übersetzt, da er nach der gängigen Meinung der Ägyptologen beim Tod frei wird und als Mittel der Reise ins Jenseits dient. Das ist jedoch nur ein Teil der Wahrheit.

Der *Ba* ist die Form, in der der menschliche Geist aufsteigt, um in seine ewige Heimat zurückzukehren. Aktiviert wurde er vermittels außergewöhnlicher Bewusstseinszustände. So konnte er sich im Schlaf manifestieren, als Folge einer Initiation oder nach dem Tod.[2]

In *Temple of the Cosmos*, einem der bemerkenswertesten Bücher über die esoterische Gedankenwelt des alten Ägypten, schreibt der Philosoph Jeremy Naydler:

»Die psychisch-spirituelle Terminologie der Begriffe *Ka* [›Leben spendendes Prinzip‹], *Ba* und *Ach* [›verklärter Geist‹] sollte vor allem im Kontext einer Initiation verstanden werden. So wird *Ba* zum Beispiel oft mit ›Seele‹ übersetzt, weil man an ein individuelles psychisches Zentrum denken kann, das unserer heutigen Vorstellung der Seele vergleichbar ist. Für die Ägypter stellte der *Ba* jedoch immer die von der körperlichen Hülle befreite Seele dar, die nur in einem Zustand der Entkörperlichung erfahren werden konnte.«[3]

Einen solchen Zustand aber kann man nicht nur nach dem physischen Tod erleben.

Bildlich dargestellt wurde der *Ba* meist in Form eines Falken mit Menschenkopf; im Falle Hathors war es das mild blickende Antlitz der Göttin mit den charakteristischen Kuhohren. Die Gestalt des Vogels mit Menschenkopf symbolisiert, dass der *Ba* beweglich und frei ist und nach Belieben überall umherstreifen kann.

Nacht, ägyptischer Militäroffizier und königlicher Schreiber (zirka 1350–1300 v. Chr.), mit seinem menschenköpfigen *Ba* (Seele), der vor ihm fliegt. Von seinem Begräbnispapyrus.

Ani, königlicher Schreiber (zirka 1250 v. Chr.), wird dargestellt, wie er seinen Sarg öffnet und dann davongeht mit seinem menschenköpfigen *Ba* (Seele), der ein *Shen* (Symbol der Ewigkeit) hält und schützend über ihm schwebt. Von seinem Begräbnispapyrus.

Im *Corpus Hermeticum* ist von einer geheimnisvollen Reise die Rede, die offenbar eine Reise des *Ba* ist:

»Und so versuche es auch von deiner eigenen Erfahrung her zu verstehen: Befiehl deiner Seele, nach Indien zu reisen, und schneller als dein Befehl wird sie dort sein. Befiehl ihr, dann zum Ozean zu gehen, und so wird sie wiederum in Kürze dort sein, nicht als ob sie von einem Ort zum anderen ginge, sondern als ob sie (längst) dort wäre. Befiehl ihr, auch in den Himmel hinaufzufliegen, und sie wird keine Flügel benötigen.«[4]

Wie wir wissen, stammen die hermetischen Texte aus der Mitte der ägyptischen Priesterschaft und enthalten den Kern von deren verborgenen Lehren und Riten. Im griechischen Original lautet das Wort, das im obigen Zitat mit »Seele« übersetzt wird, *psyche,* und wir wissen, dass dieser Begriff von den griechischen Übersetzern der Antike dazu verwendet wurde, um das ägyptische Wort *Ba* wiederzugeben.[5] Es dürfte also sicher sein, dass der hermetische Text hier von einer Reise des *Ba* spricht.

Der ägyptische *Ba*-Vogel mit seinem Menschenkopf ist ein Symbol für das menschliche Bewusstsein, das Flügel besitzt, mit denen es frei umherfliegen kann. Alles deutet darauf hin, dass es sich beim *Ba* um den antiken Ausdruck für eine menschliche Erscheinungsform handelt, die in der europäischen Tradition als Astralleib bezeichnet wird. Tausende von Menschen haben Erfahrungen mit diesem ätherischen Leib beschrieben: einen Zustand, in dem man sich außerhalb des physischen Körpers befindet und auf diesen hinabblicken kann, wobei man ein bestimmtes Bewusstsein und eine eigene Form behält. Dabei haben diese Menschen die Fähigkeit entdeckt, ihre Bewegungen bewusst zu beeinflussen, um über Städte und das freie Land zu fliegen, ganz ähnlich wie ein Vogel.

Im europäischen Okkultismus hat man früher immer von

»Astralreisen« gesprochen. Heute, da dieses Phänomen zunehmend die Aufmerksamkeit wissenschaftlich und medizinisch ausgebildeter Forscher auf sich zieht, hat es einen wesentlich weniger romantischen Namen erhalten: »außerkörperliche Erfahrung«.

Wir wissen inzwischen, dass solche Erfahrungen tatsächlich möglich sind und dass nicht nur die scheinbar Toten, sondern auch die Lebenden sich in diesem körperlos schwebenden Zustand wieder finden können. Die Frage drängt sich auf: Wenn die Ägypter das nicht auch schon entdeckt hatten, wie hätten sie dann davon wissen können? Denn wenn wir es bei einer oberflächlichen Interpretation der ägyptischen Reliefs und Malereien belassen und meinen, nach Ansicht der Ägypter sei der *Ba*-Körper erst zum Zeitpunkt des Todes frei geworden, wie hätten sie dieses Wissen denn weitergeben sollen?

Wäre es möglich, dass das ägyptische *Totenbuch,* die *Pyramidentexte* und die *Sargtexte* sich nur scheinbar ausschließlich mit der Reise der Seele nach dem Tod befassen? Könnten sie nicht auch Anleitungen für die Reisen der Seele im Leben sein, einer Seele, die nach einer Initiation strebt?[6]

Das wiederum führt zu der Frage, ob einige der Eigentümlichkeiten, die an ägyptischen Sakralbauten zu beobachten sind, dazu dienen sollten, die Reisen des *Ba* zu erleichtern. Es spricht so manches für diese Annahme. So ist auf einer Illustration im Papyrus des Nebquet zu sehen, wie der *Ba* des Toten in das Grab fliegt, in dem sein Sarkophag steht.[7] Er fliegt nicht durch den Fels, wie man es von einem »Geist« erwarten würde, sondern folgt dem tiefen, geraden Schacht, der zum Grab führt.

Könnten auch die geheimnisvollen Schächte, die von der Königs- und der Königinnenkammer der Cheops-Pyramide schräg nach oben führen, zu dieser Funktion gedacht gewesen sein? Wenn dem so ist, erhält ihre Ausrichtung eine zusätzliche Bedeutung. Um das Jahr 2450 v. Chr. wiesen sie auf ganz bestimmte Sterne: Die beiden Schächte der Königinnenkammer waren auf den Kopf des Kleinen Bären und auf

Sirius ausgerichtet, die der Königskammer auf Thuban (Alpha Draconis) und auf Al Nitak (Zeta Orionis), den untersten Stern im Oriongürtel.[8] Nach dem Glauben der Ägypter war Sirius das sichtbare Ebenbild von Isis im Himmel, Orion entsprach Osiris. Die esoterischen Mysterien von Isis und Osiris aber gehörten zu den großen Initiationsriten des alten Ägypten.

Jenseits des Körpers

Der Amerikaner Charles Tart ist bei seinen Forschungen über parapsychologische Phänomene auf eine Frau gestoßen, die seit ihrer Kindheit so viele außerkörperliche Erfahrungen hatte, dass sie diese früher für alltäglich gehalten hatte. Dr. Tart unternahm insgesamt viermal den Versuch, ihre Fähigkeiten zu testen. Dabei ging er methodisch vor: Er setzte die Frau in sein Labor, ging in ein Nebenzimmer und schrieb eine ihm zufällig in den Sinn kommende fünfstellige Nummer auf ein Blatt Papier, das er anschließend auf ein hohes, knapp unterhalb der Decke befindliches Regalbrett legte.

Diese Maßnahmen stellten eine gültige Versuchsanordnung dar. Jemand, der normal im Zimmer umherging, konnte die Zahlen nicht lesen, die Probandin wusste sie nicht im Voraus, und die Wahrscheinlichkeit, dass sie sie korrekt erriet, war sehr niedrig. Das Experiment funktionierte nur einmal, aber das war genug. Während einer außerkörperlichen Erfahrung bewegte die Frau sich ins Nebenzimmer, »las« die Ziffernfolge richtig und teilte sie Dr. Tart anschließend mit.[9]

Abgesehen von wenigen absichtlich durchgeführten Experimenten dieser Art sind die meisten bekannten Beispiele für den außerkörperlichen Zustand als Folge irgendeines Schocks aufgetreten, zum Beispiel im Krieg, bei Unfällen oder medizinischen Extremsituationen. Besondere Aufmerksamkeit haben deshalb jene Fälle erfahren, bei denen die behandelnden Ärzte sich für die seltsamen Behauptungen interessierten, die einige ihrer Patienten machten. Hatten diese sich, so die Frage der Mediziner, *tatsächlich* außerhalb ihres Körpers befunden oder waren sie einer Halluzination unterlegen, die womöglich durch die extreme Belastung ihres körperlichen Zustands hervorgerufen wurde?

Der britische Neuropsychiater Peter Fenwick, der sich mit Hunderten von Fällen augenscheinlicher außerkörperlicher Erfahrungen beschäftigt hat, berichtet von einem Fall, bei dem ein ganz einfaches Erlebnis leicht bestätigt wurde. Ein pensionierter Major lag nach einem Herzanfall in einem Einzelzimmer auf der Intensivstation. Als jemand vom Pflegepersonal unvermittelt in sein Zimmer kam, erzeugte dies eine solche Spannung, dass der Patient merkte, etwas Seltsames würde geschehen. Er fühlte sich plötzlich ganz leicht. Dann geschah, wie er Dr. Fenwick später berichtete, Folgendes:

>»Ich schwebte hinauf in die obere linke Ecke des Zimmers. Als ich zurückblickte, sah ich meinen eigenen Körper mit geschlossenen Augen daliegen. Irgendwie war es überhaupt nicht erstaunlich, da oben zu sein. Durch die Fenster unter der Decke des Zimmers konnte ich in den Besucherbereich der Station blicken. Plötzlich wurde mir bewusst, dass meine Frau an der Rezeption wartete. [...] Sie trug ihren roten Hosenanzug.«[10]

Das fand der Patient seltsam, denn er wusste, dass gerade keine Besuchszeit war. Trotzdem war seine Frau gekommen, und bald betrat sie auch sein Zimmer. Sie trug einen roten Hosenanzug.

So etwas kann kaum als welterschütternd bezeichnet werden. In seiner Einfachheit offenbart es jedoch einen ebenso fundamentalen wie bedeutsamen Aspekt unserer Realität: Das Bewusstsein des Patienten war in der Lage zu einer Sinneswahrnehmung, ohne sich des normalen Sinnesapparats des Körpers zu bedienen. Offenbar hatte es sich unabhängig vom Körper und vom Hirn bewegt und eine Szene beobachtet, an die es sich später erinnerte. Als Erinnerung war diese Szene zum Teil der physischen Funktion der Gehirns geworden.

Der Schwachpunkt dieser Geschichte liegt darin, dass wir nur über die Aussage des Patienten verfügen. Hätte er sein Erlebnis niedergeschrieben, *bevor* seine Frau sein Zimmer betrat, wäre das ein wichtiger Beweis gewesen. Leider bedarf es schlüssigerer Fakten, um zu beweisen, dass ein derartiges Erlebnis tatsächlich stattgefunden hat und nicht nur eine Art Halluzination war, die vom Wunschdenken des Betreffenden später entsprechend ausgeschmückt wurde.

Der amerikanische Kardiologe Michael Sabom, der solchen Berichten ursprünglich zutiefst skeptisch gegenüberstand, suchte nach einer Methode, um zu überprüfen, ob es sich bei außerkörperlichen Erfahrungen um mehr als bloße Halluzinationen handelte. Dabei kam er schließlich auf den Einfall, die Krankenberichte der betreffenden Patienten mit dem zu vergleichen, was diese nach ihren Worten beobachtet hatten.

Im Verlauf mehrerer Jahre sprach Sabom mit vielen Männern und Frauen, die von außerkörperlichen Erfahrungen nach Herzanfällen berichtet hatten. In diesem Zustand hatten sie angeblich beobachtet, wie sie medizinisch behandelt worden waren. Ein Teil der Patienten erzählte, die außerkörperliche Erfahrung habe abrupt mit dem Elektroschock geendet, mit dem das Ärzteteam das Herz wieder in Gang gebracht hatte. In einem dieser Berichte heißt es: »Ich saß irgendwo da oben und konnte hinunterschauen ... Sie verpassten mir den zweiten Stromstoß ... Dann kehrte ich in meinen Körper zurück, einfach so [der Patient schnippte dabei mit den Fingern].«[11]

Sabom verglich solche Aussagen über das, was die Patienten angeblich gesehen hatten, während sie über ihrem Körper geschwebt waren, mit den Berichten der Ärzteteams. Zu seinem Erstaunen deckten sich diese größtenteils mit den Erzählungen der Patienten.[12]

Dass die Patienten während der Behandlung bei Bewusstsein gewesen waren, war offenbar ganz unmöglich. Ebenso schied aus, dass sie Informationen aus Fernsehfilmen oder Büchern über medizinische Notfälle dazu benutzt hatten, das Ganze zu »erfinden«. Die exakten Details der Symptome und der Behandlung, die bei jedem Patienten charakteristische Eigenheiten aufwiesen, waren damit nicht zu erklären.

Die Patienten beschrieben die eingesetzten Instrumente, die Stelle ihres Körpers, an der man mit dem Eingriff begonnen hatte, oder den Ort, an dem anschließend der erste Stich beim Nähen der Öffnung gesetzt worden war. Gelegentlich erinnerten sie sich auch an Gespräche unter den Ärzten oder an deren Aussehen und Kleidung. In einem Fall hatte der Patient sogar die Anzeige auf dem Bildschirm des Defibrillators gesehen.

Nach Durchsicht einer Vielzahl von Berichten kam Sabom zu dem Schluss, dass die Beschreibungen der medizinischen Maßnahmen nicht mit der üblichen Funktion der menschlichen Sinne erklärt werden konnten. Die Behauptung der Patienten, außerhalb ihres Körpers an ihrer Operation teilgenommen zu haben, musste als reale Erfahrung akzeptiert werden, sosehr dies auch den wissenschaftlichen Dogmen zuwiderlief. Es gab, folgerte Sabom, einfach keine andere Erklärung.

Damit hatte sich wieder einmal erwiesen, dass unsere Welt ein wesentlich seltsamerer Ort ist, als die konventionelle Wissenschaft es sich eingestehen will.

Streifzüge in die Ferne

Robert Monroe war ein normaler amerikanischer Geschäftsmann, der das Leben eines durchschnittlichen Amerikaners führte – zumindest bis zum Jahre 1958. Sein Hobby war die Erforschung von Lerntechniken im Schlafzustand.

Zu diesem Zweck führte er Experimente durch, bei denen er sich in isolierter Umgebung Tonbänder mit Informationen vorspielte. Im Frühjahr 1958 geschah etwas Außergewöhnliches: Eine Weile, nachdem er eines seiner Tonbänder angehört hatte, überkam ihn ein heftiger Krampf im Unterbauch.

Drei Wochen später trat ein anderes, jedoch nicht weniger beunruhigendes Phänomen auf. Während Monroe auf der Couch lag, hatte er das Gefühl, von einem warmen Lichtstrahl erfasst zu werden, der seinen Körper heftig zum Vibrieren brachte. In den folgenden Wochen wiederholte sich dieser Zustand immer wieder. Monroe hatte Angst, unter epileptischen Anfällen oder einem Gehirntumor zu leiden, und suchte ärztliche Hilfe, doch die Mediziner konnten keine körperlichen Ursachen finden. Die Symptome traten weiterhin auf, besonders beim Einschlafen. Eines Abends schließlich geschah etwas Neues.

Monroe lag im Bett und war schon halb eingeschlafen; einer seiner Arme hing über die Bettkante herab, die Finger berührten leicht den Boden. Ohne darüber nachzudenken, was er tat, stellte er plötzlich fest, dass er die Finger offenbar gegen einen leichten Widerstand durch den Boden geschoben hatte. Sie berührten nun die raue Oberseite der Decke des Zimmers im unteren Stock. Inzwischen war Monroe wieder hellwach, doch die untere Zimmerdecke spürte er immer noch. Das Ganze war also keine Halluzination.

Etwa einen Monat später lag Monroe wieder im Bett, als sein Körper von seltsamen Vibrationen erschüttert wurde. Dann spürte er, dass er eine glatte Wand berührte, die ihm vertraut vorkam, ohne dass er sie gleich erkennen konnte. Mit einem jähen Schock wurde ihm dann klar, dass es sich um die Decke seines Schlafzimmers handelte:

»Ich schwebte unter der Decke und stieß sanft dagegen, sobald ich mich bewegte. Ich rollte in der Luft, und verblüfft wie ich war, blickte ich abwärts. Dort in dem matten Licht stand unter mir das Bett.

Es lagen zwei Gestalten darin. Rechts war meine
Frau. Neben ihr lag jemand anders. Beide schienen
zu schlafen.«[13]

Was neben seiner Frau lag, war sein eigener Körper. Urplötzlich von Verzweiflung erfasst, schoss Monroe zu ihm
hinab. Sobald er spürte, dass er wieder sicher im Bett lag,
öffnete er die Augen und bewegte Arme und Beine. Dann
stand er rasch auf und ging im Zimmer umher, um zu ver-
dauen, was gerade geschehen war.

Es dauerte eine Weile, bis Monroe den Mut aufbrachte,
das Experiment zu wiederholen. Als er es tat, fand er es ganz
einfach, nach oben zu schweben, wenn sein Körper von den
vertrauten Vibrationen geschüttelt wurde. Mit der Zeit
schaffte er es, seine außerkörperlichen Bewegungen so zu
beherrschen, dass er sich zuversichtlich daran machen
konnte, die neue Welt zu erforschen, die er entdeckt hatte.

Gegen Ende desselben Jahres war Monroe sich seiner Fähigkeit, den Körper bewusst zu verlassen, bereits wesentlich
sicherer geworden. Eines Tages beschloss er, einem befreun-
deten Arzt, der krank im Bett lag, einen außerkörperlichen
Besuch abzustatten. Als Monroe sein Experiment durchführte, befand er sich in seinem Büro; das Haus seines
Freundes war etwa acht Kilometer davon entfernt.

Als Monroe sich in seinem körperlosen Zustand dem
Haus näherte, stellte er überrascht fest, dass sein Freund
doch nicht im Bett lag. Vielmehr ging er in Begleitung seiner Frau auf ein kleines Gebäude zu, das wie eine Garage
aussah. Während die beiden näher kamen, bemerkte Monroe ihre Kleidung: Der Freund trug einen hellen Mantel,
seine Frau war dunkel gekleidet. Die beiden gingen an Monroe vorbei, offenbar ohne seine Anwesenheit wahrzuneh-
men. Kurze Zeit später kehrte Monroe in seinen Körper zurück. Er sah auf die Uhr: es war 16.27 Uhr.

Am Abend sprach Monroe telefonisch mit der Frau seines
Freundes. Dabei fragte er einfach, wo die beiden sich nachmittags zwischen vier und fünf befunden hätten. Kurz vor

halb fünf, lautete die Antwort der Frau, hätten sie das Haus verlassen, um zur Garage zu gehen. Sie selbst hätte zum Postamt fahren müssen, und ihr Mann war mit hinausgekommen, um ein wenig frische Luft zu schnappen. Er habe dabei einen hellen, sie selbst einen schwarzen Mantel getragen.[14]

Für Monroe war dieses einfache Erlebnis der endgültige Beweis, dass hinter seinen Erfahrungen wirklich mehr steckte, als die »normale Naturwissenschaft, Psychologie und Psychiatrie« zuließen – dass sie mehr waren als »eine Abweichung, ein Trauma oder eine Halluzination«.[15]

Das »Wartezimmer«

Robert Monroe begann, eine seltsame, weite, womöglich grenzenlose Welt zu erforschen. Diese und unsere physische Welt schienen sich gegenseitig zu durchdringen oder eine Art Koexistenz zu führen, waren jedoch nur durch ein dünnes Band miteinander verknüpft.

In dieser neuen Welt besaß Monroe noch immer einen Körper wie all ihre anderen Bewohner, mit denen er in Kontakt kam. Auffällig war jedoch besonders, dass das Denken selbst die wichtigste Antriebskraft darstellte. »Wie man denkt, so ist man«, schreibt Monroe über den außerkörperlichen Zustand.[16] Um sich zu bewegen, bedarf es nur eines entsprechenden Wunsches; und allein der Wunsch, materielle Dinge zu besitzen, schafft diese Dinge. Die Ziele, die man in dieser Welt, diesem Daseinszustand erreicht, hängen offenbar ausschließlich von den Wünschen und Emotionen tief im Innern ab.

Auf eine sehr direkte Weise hatte diese Welt offenbar zudem etwas mit dem physischen Sterbeprozess zu tun. Monroe hatte den Eindruck, dass dies die Welt war, in die man nach dem Tod zuerst geriet.

Am Beginn einer seiner außerkörperlichen Erfahrungen wurde Monroe von einem machtvollen Drang erfasst, der ihn in ein Schlafzimmer führte, in dem ein zehn- oder elf-jähriger Junge krank, verängstigt und einsam im Bett lag. Monroe blieb bei ihm, tröstete ihn und versprach, er werde wiederkommen. Einige Wochen vergingen; dann erschien ihm der Junge erneut, wieder in dem Moment, in dem er gerade seinen Körper verlassen hatte. Der Junge schien keine Angst mehr zu haben, aber verwirrt zu sein. Er blickte Monroe an und fragte:»Was mache ich nun?« Monroe legte ihm den Arm um die Schulter. Der Junge entspannte sich. »Wohin gehe ich?«, fragte er. Ohne wirklich zu wissen, was er sagte, erwiderte Monroe, er solle an Ort und Stelle warten, bis Freunde kämen, um ihn mitzunehmen.[17]

Am folgenden Tag, schreibt Monroe, habe er in der Zeitung gelesen, dass ein zehnjähriger Junge nach einer langen Krankheit gestorben sei. Der Tod war wenige Minuten vor dem Zeitpunkt eingetreten, zu dem Monroe mit seinem außerkörperlichen Experiment begonnen hatte.

Bei einer anderen Gelegenheit fand Monroe sich in einem großen Park mit sorgfältig gepflegtem Gras, Blumenbeeten und Bäumen. Hunderte von Männern und Frauen saßen auf den Parkbänken oder gingen ruhig umher. Offenbar warteten sie auf etwas. Manche sahen ruhig aus, andere benommen oder desorientiert. Waren das Menschen, die kurz zuvor gestorben waren? Monroe jedenfalls hatte diesen Eindruck. Sie schienen darauf zu warten, dass Freunde oder Verwandte sie dahin brachten, wohin sie »gehörten«.[18]

Eines Tages stieß Monroe auch auf etwas wesentlich Persönlicheres. Als er seinen Körper verlassen hatte, bewegte er sich rasch durch etwas, das er als eine ihm »endlos erscheinende Leere« beschreibt. Dann gelangte er in ein Tal, das zwar zu einer Art Unterwelt zu gehören schien, sonst aber ganz normal aussah. In ihm befanden sich Männer und Frauen, die in lange, dunkle Gewänder gehüllt waren. Offenbar waren es Mönche und Nonnen. Monroe fragte einen der Männer, ob er ihn kenne. »Ja, ich kenne Sie«, lautete die Antwort. Auf die Frage, wer Monroe zuletzt gewesen sei, erwiderte der Mann: »Zuletzt waren Sie Mönch in Coshocton,

Pennsylvanien.«[19] Tatsächlich bestätigte ein mit Monroe befreundeter Priester, dass sich in der Nähe der genannten Stadt ein katholisches Kloster befindet. Monroe hatte einen Hinweis auf die Reinkarnation entdeckt.

Nachdem er seine Karriere im gehobenen Management aufgegeben hatte, gründete Monroe Anfang der Siebzigerjahre in der Nähe von Nellysford, Virginia, sein eigenes Institut, um die Grenzen des menschlichen Bewusstseins zu erforschen. Bei seinen Experimenten beschäftigte er sich mit Phänomenen wie Hellsehen und außerkörperlicher Erfahrung. Besonders ging es ihm dabei um Realitäten, die sich jenseits unseres naturwissenschaftlichen Begriffs von Zeit und Raum befinden.

1975 ließ Monroe sich eine von ihm entwickelte Methode patentieren, die dazu dient, die vor den Experimenten notwendige Entspannungsphase erheblich zu verkürzen. Dem Teilnehmer wird dabei ein Tonband vorgespielt, mit dem die elektrische Aktivität in den beiden Hemisphären des Gehirns synchronisiert wird.[20] Dadurch wird ein inneres Gleichgewicht hergestellt, auf dessen Basis die Grenzen des Bewusstseins erforscht werden können.

Zu den Besuchern des Monroe-Instituts zählte auch der Geheimdienstoffizier Joseph McMoneagle, von dem bereits im letzten Kapitel die Rede war. Als er im Oktober 1979 zum ersten Mal mit Monroe zusammentraf, gehörte er seit einem Jahr zur Gruppe der Remote Viewer, die in Fort Meade, Maryland, stationiert war, nur wenige Autostunden vom Monroe-Institut entfernt. Im folgenden Jahr begann McMoneagle, seine Wochenenden bei Monroe zu verbringen. Sein Ziel war die Entwicklung von Methoden, mit denen die Technik des Remote Viewing verbessert werden konnte.

Remote Viewing und der außerkörperliche Zustand

1983 glaubte McMoneagle, seine Fähigkeiten als Remote Viewer weit genug entwickelt zu haben, um am Monroe-Institut eine Reihe von Experimenten durchführen zu können. Spontane außerkörperliche Erfahrungen hatte er bereits gemacht; nun war er daran interessiert, sie auf dieselbe Weise für Spionagezwecke einzusetzen, wie ihm das mit Remote Viewing bereits gelungen war.

Die Aufgabe, die sich McMoneagle gestellt hatte, war alles andere als einfach. Für ihn zumindest war der außerkörperliche Zustand wesentlich schwieriger zu beherrschen als Remote Viewing. So dauerte es zehn Monate, bis er bewusst jenen Zustand herbeiführen konnte, in den er zuvor bereits spontan gelangt war.

Zuerst, berichtet McMoneagle, habe er ein Kribbeln im ganzen Körper gespürt. Als er sich daraufhin entspannte, wurde das Kribbeln stärker. Nun war es wie eine elektrische Strömung, die im Körper auf- und ablief. McMoneagle hatte das Gefühl, hin und her zu schaukeln, und meinte, sich ohne eine tatsächliche Körperbewegung umdrehen zu können, wenn er das wollte. Dann spürte er, wie er sich langsam von seinen Körper löste. Dieser Vorgang kulminierte in einer Art Knall, und plötzlich war er sich bewusst, dass er in der Luft schwebte.[21]

Anfänglich war McMoneagle von seinem Erfolg so aufgeregt, dass er aus dem schwebenden Zustand sofort wieder in seinen Körper zurückglitt. Seine Erregung hatte ihn »geerdet«. Es dauerte mehrere Wochen, bis er das Experiment wiederholen konnte, ohne dass seine Emotionen ihm in die Quere kamen. Doch auch als er endlich in der Lage war, seinen Körper willentlich zu verlassen, bedurfte es weiterer Wochen, bis er sich in diesem Zustand aus dem Labor herausbewegen konnte.

Ganz abgesehen von diesen Problemen war es für McMoneagle nicht einfach, das, was mit ihm geschah, innerlich zu verarbeiten. Er brauchte viel Zeit, um seine Erfahrungen in sein Leben zu integrieren, da sie sein gewohntes Bild der Wirklichkeit radikal in Frage stellten. Alle Glaubenssätze seiner Kultur, seines Berufs und seiner Kirche gerieten ins Wanken. McMoneagle musste erkennen, dass die Realität größer, reicher und komplexer ist, als er es je für möglich gehalten hatte. Diese Erkenntnis war eine wichtige Stufe in seiner Entwicklung.

McMoneagles Experimente mit kontrollierten außerkörperlichen Erfahrungen waren kein großer Erfolg. In 13 Monaten gelang es ihm nur zweimal, das Labor in diesem Zustand zu verlassen und sich zu einem vorab bestimmten Zielort zu begeben. Allerdings wusste er nun allerhand über die Unterschiede zwischen dem außerkörperlichen Zustand und dem beim Remote Viewing.

Im außerkörperlichen Zustand kommt man am Ziel fast genauso an, als wäre man körperlich dort. Das Bewusstsein befindet sich also vollständig am Ziel, während der Körper anderswo ist. Alle Gegenstände und Menschen werden genauso gesehen wie unter normalen Umständen. Will man sich in ein anderes Zimmer bewegen, muss man sich durch die Wand schieben. Bemerkenswert ist auch eine ungewohnt klare Sicht. Einen Gegenstand zu betrachten, schreibt McMoneagle, sei wie der Blick auf ein »Energiefeld« mit der entsprechenden Form. Dieses Feld bestehe aus Milliarden sich ständig bewegender Elemente, die alle miteinander im Wechselspiel stünden.[22]

Beim Remote Viewing hingegen geht es laut McMoneagle darum, den Zielort ausschließlich geistig zu erreichen. Der Viewer weiß dabei immer, dass sein Bewusstsein sich weiterhin in seinem physischen Körper befindet. Der Prozess der Informationsgewinnung vollzieht sich bruchstückhaft über einen Zeitraum, der länger ist als bei der außerkörperlichen Erfahrung. Außerdem ist es schwieriger, die Datenfragmente auszuwerten, obgleich offenbar mehr Informationen aufgenommen werden können. So ist es, schreibt McMoneagle, im außerkörperlichen Zustand schwierig, festzustellen, ob jemand aus Ost- oder Westeuropa stammt. Es ist nicht zu erkennen, welche Sprache der Betreffende spricht. Auch seine Gefühle sind nicht so deutlich. Beim Remote Viewing sind solche Informationen offenbar leichter zugänglich.[23]

Grenzenlose Welten

Offensichtlich ist unsere gewohnte Vorstellung, das Bewusstsein sei auf unser Gehirn beschränkt, zu eng. Wenn das Bewusstsein den Körper verlassen, dabei bestimmte Dinge wahrnehmen und sich nach der Rückkehr in den Körper daran erinnern kann, ist es mit dem Gehirn nicht unlösbar verbunden, geschweige denn darauf beschränkt. Diese Erkenntnis bedeutet das Ende eines Weltbilds, nach dem das Bewusstsein sich ausschließlich im Gehirn befindet.

Der Ätherleib, der das schwebende Bewusstsein umhüllt, hat interessante Eigenschaften. Wie Robert Monroe berichtet, hat er einerseits ein bestimmtes Gewicht und ist der Schwerkraft unterworfen. Andererseits kann er fliegen und sich durch Wände und andere feste Strukturen bewegen. Unter bestimmten Umständen können ihn die in der physischen Welt befindlichen Personen scheinbar sogar als undurchsichtiges Gebilde wahrnehmen, weshalb Monroe annimmt, dass er Licht aussendet oder reflektiert, das sich innerhalb des sichtbaren Spektrums befindet. Er besitzt einen Tastsinn, ist jedoch, wie Monroe sagt, »plastisch« und kann bewusst verändert werden. Außerdem scheint er mit einer Art Band mit dem physischen Körper verbunden zu sein.[24]

Monroe fand außerdem heraus, dass der Ätherleib von elektromagnetischen Störungen beeinflusst wird. Bei einem seiner Experimente ließ er sich in einen faradayschen Käfig aus Kupferdraht einschließen, durch den Gleichstrom mit einer Spannung von 50 Kilovolt lief. Monroe entspannte sich und verließ seinen physischen Körper, wie er es schon so oft getan hatte. Er musste jedoch feststellen, dass es ihm nicht gelang, den Käfig zu verlassen. »Ich kämpfte wie ein gefangenes Tier in einer Schlinge«, schreibt Monroe, der das Gefühl hatte, nicht von dem Drahtgeflecht des Käfigs, sondern von dem elektrischen Feld gefangen zu sein. »Vielleicht könnte das zur Grundlage einer ›Geisterfalle‹ werden!«, überlegte er später.[25]

Besonders fasziniert war Monroe von der Welt, in der er auf Menschen traf, die vor kurzem gestorben oder sich offenbar der Reinkarnation bewusst waren. In welcher Art von Welt, überlegte er, geschieht all dies? Es schien eine Welt zu sein, die innerhalb des Raumes zu lokalisieren war, jedoch nicht an einem der Wissenschaft bekannten Ort. Monroe meint, es könnte eine »endlose Zahl von Welten« geben, »die alle auf verschiedenen Frequenzen operieren – eine davon ist unsere physische Welt«.[26] Zu vergleichen wäre dies mit den unterschiedlichen Wellenfrequenzen der elektromagnetischen Strahlung, die denselben Raum benutzen, ohne sich gegenseitig zu beeinträchtigen. Vielleicht gilt das auch für verschiedene Welten oder Universen.

Verschiedene Welten? Verschiedene Universen? Ist innerhalb der Wissenschaft Platz für solche Hypothesen?

Auf jeden Fall müssen wir uns ganz genau anschauen, was für ein Bild des Universums die Wissenschaft geschaffen hat. Denn dabei scheint nicht wenig mehr als dubios.

Sechstes Kapitel

Was finden die Physiker – Gott oder den Teufel?

Als Zeit und Raum geboren wurden, geschah dies schlagartig in einem grell leuchtenden Feuerball, dem »Urknall«. Eine Sekunde nach diesem gewaltigen Ereignis soll die Temperatur zehn Milliarden Grad betragen haben. Hundert Sekunden später, heißt es, war sie auf eine Milliarde Grad gefallen. Erst wesentlich später jedoch, nach etwa hundert Millionen Jahren, ballten sich Atomteilchen zusammen und bildeten ein Gas, aus dem später die Sonnen entstanden wie geschmolzenes Fett, das man in kaltes Wasser gegossen hat. Jedenfalls ist das der Vorgang, den uns die Wissenschaftler und Mathematiker glauben machen wollen. Leider sind die präzisen Angaben nur eine Fassade, hinter der sich völlige Unwissenheit verbirgt. Man weiß schlichtweg nicht, was geschehen ist oder wie, geschweige denn, warum.

Immerhin haben solche Überlegungen dazu beigetragen, die Physik mit einem Mal höchst attraktiv zu machen. Die physikalische Theoriebildung wurde zu einer Art Wilder Westen, in dem so mancher mathematische Cowboy ungezügelt seine Pistolen abfeuerte. Vom großen Knall zu reden wurde bald zur Mode.

Auch das Publikum war bereit. 1988 wurde ein Buch über Physik zur literarischen Sensation: Stephen Hawkings *Kurze Geschichte der Zeit*. Die Rezensenten ließen kaum einen Superlativ aus. Hawkings Geist, hieß es etwa in der amerikanischen Zeitschrift *Time* voll Enthusiasmus, »schwingt sich immer brillanter durch die Weite von Raum und Zeit, um die Geheimnisse des Universums zu entschlüsseln«.[1]

Die *Los Angeles Times* verstieg sich gar zu religiöser Rhetorik und bezeichnete Hawking als »Hohepriester der Physik« und einen der wenigen Theoretiker, die »nahe daran sein könnten, Gott über die Schulter zu blicken«.[2]

Hawking selbst hat das Seine getan, um einen Tonfall zu beschwören, der an eine religiöse Erweckungsbewegung erinnert. Die Einsichten, die er von der Physik in naher Zukunft erwartet, inspirieren ihn zu einer wahrhaft missionarischen Inbrunst. »Unser Ziel«, schreibt er etwa, »ist ein vollständiges *Verständnis* der Ereignisse, die uns umgeben, und unserer Existenz.«[3]

Hier geriert sich der Wissenschaftler tatsächlich als vermeintlicher Hohepriester, indem er etwas für sich in Anspruch nimmt, was normalerweise in die Zuständigkeit der Religion fällt. Leon Lederman, Leiter des amerikanischen Kernforschungszentrums Fermilab, hat diese Ziele etwas simpler dargestellt: »Wir hoffen, das gesamte Universum mit einer einzigen einfachen Formel erklären zu können, die man auf ein T-Shirt drucken kann.«[4]

Hawking, von einer solchen Möglichkeit ganz hingerissen, gerät ganz aus dem Häuschen über die Folgen: »Dann werden wir uns alle [...] mit der Frage auseinander setzen können, warum es uns und das Universum gibt.«[5] Offenbar ohne jede Ahnung, was für Unsinn er von sich gibt, fährt er fort: »Wenn wir die Antwort auf diese Frage fänden, wäre das der endgültige Triumph der menschlichen Vernunft – denn dann würden wir Gottes Plan kennen.«[6] Leider ist so etwas vollkommen absurd, egal, ob Hawking das erkennt oder nicht.

Wir müssen einen Schritt zurücktreten, um etwas Abstand vom Thema zu gewinnen, wenn wir erfahren wollen, warum das so ist.

Der Urknall

In der Welt der Physik herrscht zweifellos Hochstimmung. Jene Astronomen und Physiker, die der Urknalltheorie über den Ursprung des Universums anhängen, scheuen nicht vor der Behauptung zurück, sie seien dem Vorgang der Schöpfung schon sehr nahe gekommen. Und wenn dem so ist, bringt sie das dann nicht auch näher zum Schöpfer, also zu Gott? Oder macht es die ganze Gottesvorstellung belanglos? Der verstorbene Carl Sagan, der inzwischen die Wahrheit kennen dürfte, hat jedenfalls über die Vorstellung eines Universums nachgedacht, »das keine Grenze im Raum hat, weder einen Anfang noch ein Ende in der Zeit und nichts, was einem Schöpfer zu tun bliebe«.[7]

Folgt man der Urknalltheorie, so ist das Universum vor geraumer Zeit – neuerdings spricht man von zwölf Milliarden Jahren, aber bezüglich dieses Themas stimmen kaum zwei Wissenschaftler überein – innerhalb einer Nanosekunde plötzlich aufgetaucht. Es entstand, heißt es, als Nebenprodukt einer kosmischen Explosion von gewaltigen Dimensionen, seit der die Bruchstücke über einen gewaltigen Zeitraum hinweg durch den Raum auseinander driften.

Die Grundlagen für diese Theorie schuf der amerikanische Astronom Edwin Hubble, nach dem das Weltraumteleskop benannt ist. Als er in den Jahren 1922 bis 1924 jene weit im Raum entfernten Galaxien entdeckte, die wir mit bloßem Auge in Form der Milchstraße wahrnehmen, kam ihm der Gedanke, dass es einer neuen Theorie des Universums bedurfte. Übrigens kann man mit den heutigen Teleskopen bis an die Grenzen des menschlichen Vorstellungsvermögens vordringen. Zu erkennen sind mindestens hundert Milliarden weitere Galaxien, die wahrscheinlich wiederum jeweils hundert Milliarden Sterne enthalten.

Hubble begann, das von diesen fernen Galaxien abgestrahlte Licht zu analysieren. Dabei entdeckte er ein sehr merkwürdiges Phänomen, das er als Rotverschiebung bezeichnete. Die Wellenlänge des Lichts, das von einem hellen Objekt wie einem Stern ausgestrahlt wird, unterliegt einer Veränderung, wie sie in ähnlicher Weise beim Doppler-Effekt auftritt. Dieser besteht darin, dass etwa der Pfiff eines Zuges, der an einem stationären Beobachter vorbeirast, höher klingt, solange der Zug sich nähert, und tiefer, wenn er sich entfernt.

Entsprechend besteht ein Unterschied zwischen der Frequenz der Lichtwellen, die ein auf uns zurasender Stern aussendet, und der Wellenfrequenz eines Sternes, der sich von uns entfernt. Im letzteren Falle ergibt die Analyse des Lichtspektrums der Sterne eine Verschiebung in Richtung der niedrigeren Frequenz, also zum roten Ende des Spektrums hin. Hubble entdeckte, dass die sehr weit entfernten Galaxien alle eine solche Rotverschiebung aufweisen, und zog daraus den Schluss, sie bewegten sich alle von uns fort.

Als Hubble 1929 seine Theorie veröffentlichte, hatte das Folgen für die gesamte Kosmologie, denn er stellte darin die Behauptung auf, das Universum dehne sich aus. Wenn es sich aber ausdehnte, musste dieser Prozess irgendwo begonnen haben, und dieser Anfang war das, was man später als Urknall bezeichnete.

1948 äußerte der Physiker George Gamow die Vermutung, wenn die Theorie eines sich ausdehnenden Universums stimme, so müsse von dem gewaltigen Feuerball des Urknalls noch eine schwache Strahlung verblieben sein. 1965 wurde das scheinbar bestätigt. Zumindest wurde mit hoch empfindlichen Instrumenten nachgewiesen, dass eine universelle Hintergrundstrahlung existiert. Sie liegt knapp drei Grad über dem absolutem Nullpunkt von $-273\,°C$.

Die Urknalltheorie gewann bald die allgemeine Anerkennung der Wissenschaft. Das war jedoch nicht alles. 1951 erklärte der Vatikan, sie stehe in Einklang mit der biblischen Schöpfungslehre. Folgt man der römisch-katholischen Kirche, so war der Urknall gewissermaßen ein Werk Gottes. Die wenigen wagemutigen Stimmen, die seine Realität anzweifeln, riskieren seither nicht nur den Spott der Wissenschaft, sondern auch den Zorn Gottes.

Ihren symbolischen Schlussstein erhielt die Theorie im Jahr 1970 in Form eines Aufsatzes, in dem die Professoren Roger Penrose und Stephen Hawking nach Hawkings Worten »zuletzt bewiesen, dass es eine Urknall-Singularität gegeben haben muss«.[8] Damit hielt man die Theorie für endgültig etabliert. Sie war zu einer »Tatsache« geworden, die im Bewusstsein der Öffentlichkeit den allgegenwärtigen Charakter einnahm, den man dem Schöpfergott versagte. Dieser Schöpfer erhielt nun bestenfalls den Status eines abwesenden Hausherrn.

Als Hawking später formulierte, wie das Universum sich nach den Gesetzen der Physik entwickelt haben könnte, kam er zu dem Schluss: »Diese Gesetze mögen ursprünglich von Gott gefügt worden sein, doch anscheinend hat er die Entwicklung des Universums diesen Gesetzen überlassen und sich selbst aller Eingriffe enthalten.«[9]

Probleme mit der Urknalltheorie

Eine wesentlich interessantere Frage ist diese: Was ist eigentlich eine Sekunde *vor* dem Urknall geschehen? Verständlicherweise ist diese Frage alles andere als beliebt.

Das liegt daran, dass die Wissenschaft darauf keine Antwort bieten kann. Sie ist in einem Rätsel gefangen, das sie sich selbst gestellt hat. Da der Urknall die Zeit, den Raum und die Gesetze der Physik geschaffen haben soll, kann vor diesem Ereignis keines der genannten Phänomene existiert haben. Das aber hieße, dass die Unendlichkeit von Raum und Zeit einen Anfang haben müsste, dass Raum und Zeit weder unendlich noch ewig wären.

Wenn es jedoch tatsächlich einen Urknall gegeben hat, stellt sich auch noch die Frage: weshalb? Welches bereits existierende physikalische Gesetz hätte ein so einzigartiges Ereignis bedingen können? Schwer zu sagen, denn da nach der Urknalltheorie alles gleichzeitig begonnen hat, kann es vorher keine Gesetze gegeben haben. Also hat der Urknall auch keine Ursache. Das aber ist ein echtes Problem für die orthodoxe Wissenschaft, die ja behauptet, jede Wirkung müsse eine Ursache haben.

Nehmen wir trotzdem einmal vorläufig an, die große Explosion habe tatsächlich stattgefunden, so müssen wir fragen, was die konkreten Grundvoraussetzungen für die Entstehung von physischer Materie waren. Paul Davies hat dazu kritisch angemerkt: »Bei einem als willkürlichen Ereignis aufgetretenen Urknall wäre die Wahrscheinlichkeit dafür, dass sich das dabei entstehende kosmische Material bei höchster Entropie und im Ordnungszustand Null im thermodynamischen Gleichgewicht befindet, *ungeheuer* groß.«[10] Übersetzt man den wissenschaftlichen Jargon, so heißt das, die kosmische Materie hätte sich in einem willkürlichen Chaos befunden. Sie wäre im ganzen Raum verteilt gewesen, ohne jede Ordnung, also auch ohne Atome und Moleküle, ohne Sonnen und Planeten.

Das geordnete Universum, das sich nach dem Urknall angeblich im Lauf der Zeit gebildet haben soll, hätte dafür eine so geringe Chance gehabt, dass diese gegen Null tendiert. Zum Beispiel hätte der explosiven Expansion der fragmentierten Materie eine gewaltige Schwerkraft gegenübergestanden, die versucht hätte, das Ganze wieder zusammenzubringen. Berechnungen haben ergeben, dass ein extrem empfindliches Gleichgewicht zwischen den beiden gegenläufigen Kräften geherrscht haben müsste.

Wäre die ursprüngliche Explosivkraft nur minimal geringer gewesen, wäre die gesamte Materie eher früher als später in Form eines »Big Crunch«, wie Davies es nennt, in sich zusammengefallen. Wäre die Explosion hingegen minimal stärker gewesen, hätte sich die Urmaterie plötzlich und gewaltsam ausgebreitet, ohne irgendeine Aussicht darauf, sich später zu Sternen und Galaxien zusammenballen zu können.

Im Augenblick der Explosion müsste die Balance zwischen der Explosivkraft und der Schwerkraft also extrem fein ausgewogen gewesen sein. Denn, schreibt Davies,

»wäre die Kraft der Explosion zu Beginn auch nur um ein 1060stel vom tatsächlichen Wert abgewichen, würde das Universum, das wir jetzt wahrnehmen, nicht existieren«.[11] Wie Davies erläutert, entspräche dies dem Versuch, eine Kugel auf ein rund zwei Zentimeter großes Ziel abzufeuern, das sich auf der entgegengesetzten Seite des Universums befindet, das heißt zwanzig Milliarden Lichtjahre entfernt. Damit entspräche die erforderliche Zielgenauigkeit dem genannten Wert von 1:1060. Für ein angeblich zufälliges Ereignis klingt das geradezu unglaublich spezifisch.

Bei seinen Bemerkungen zum selben Thema zeigt sich Hawkings Kollege Roger Penrose deutlich verärgert über die unverschämten Fragen, die so mancher gewöhnliche Sterbliche bezüglich solcher Details vorzubringen wagt. »Wir wollen einfach hinnehmen«, meint er zur Frage der Entstehung der Sterne, »dass es [...] gewisse Ungleichförmigkeiten gegeben haben muss, die irgendwie die richtige Art von Zusammenballungen durch Gravitationskräfte auslösten«.[12] Damit reduziert Penrose den Wert seiner Theorien selbst. Indem er von uns verlangt, sie einfach zu glauben, verhält er sich wie ein Priester, der uns seine Religion verkaufen will.

Das Ende des Urknalls

So bedauerlich es für die beteiligten Kosmologen sein mag, die Beweise für den Urknall haben erhebliche Schwachstellen. Es gibt Anomalien und beobachtbare Tatsachen, die einfach nicht mit der Theorie in Einklang zu bringen sind. Schlimmer noch, sie scheinen ihr völlig zu widersprechen.

Wie wir gesehen haben, basiert die Urknalltheorie auf zwei zentralen Argumenten. Zum Einen ist dies die angebliche Expansion des Universums seit der Explosion, zum Zweiten die universelle Hintergrundstrahlung, die man für ein Relikt der Hitze hält, die der Feuerball geschaffen haben soll. Für beide Tatsachen gibt es alternative Erklärungen, denen die Befürworter des Urknalls sorgsam ausgewichen sind, ganz im Gegensatz zu bedeutenden Vertretern der Physik und der Astronomie, die schon immer auf ihrer oppositionellen Haltung beharren.

Ein Beispiel dafür ist ein Aufsatz, den der bekannte Astronom Fred Hoyle 1990 gemeinsam mit Professor H.C. Arp vom Münchner Max-Planck-Institut und anderen Kollegen veröffentlicht hat. Hier findet sich die folgende sarkastische Bemerkung: »Die Kosmologie hat eine einzigartige Stellung in der Wissenschaft inne, da sie ein riesiges Gedankengebäude darstellt, das sich auf sehr wenige Fakten stützt. Sie zeigt eine starke Tendenz, das Bedürfnis nach zusätzlichen Fakten durch eine Konformität zu ersetzen, der die zweifelhafte Rolle zukommt, dem öffentlichen Bewusstsein ein Element der Sicherheit zu verschaffen.«[13] Besonders kritisch zu bewerten seien dabei Leute, die neue Erkenntnisse nur deswegen ignorierten, weil die Fakten nicht zu dieser »etablierten Konformität« paßten.[14]

Für Wissenschaftler, deren geistige Höhenflüge vor allem den Versuch darstellen, sich als allwissend zu gebärden, haben die Autoren nur Hohn und Spott übrig. Als generelles wissenschaftliches Prinzip, schreiben sie, sei es »nicht wünschenswert, sich in entscheidenden Punkten auf das zu verlassen, was nicht beobachtbar ist, um eine Erklärung für das Beobachtbare zu bieten, wie es bei der Urknall-Kosmologie häufig geschieht«.[15] Das Grundproblem dabei bestehe darin, dass sich ein Glaubenssystem entwickelt habe, indem man »die beobachtbaren Phänomene in ein Bild einpasste«, genauer gesagt in das Bild des Urknalls.[16]

In den zehn Jahren seit der Veröffentlichung dieser ernst zu nehmenden Kritik sind Phänomene beobachtet worden, die beim besten Willen nicht in die Urknalltheorie gezwängt werden können. Selbst die Vorstellung eines expandierenden Universums, die Hubble aus der von ihm beobachteten Rotverschiebung entwickelt hat, ist in Frage gestellt worden. Hubbles Schlüsse erscheinen nicht mehr tragfähig.

Schon in dem zitierten Aufsatz von Arp und Hoyle findet sich eine Reihe gegensätzlicher Beobachtungen. Zum Beispiel hat sich gezeigt, dass drei quasistellare Objekte in der Nähe der Spiralgalaxie NGC 1073 eine unterschiedliche Rotverschiebung ihres Lichtspektrums aufweisen. Obgleich die Objekte nahe beieinander liegen, weicht ihre Rotverschiebung um über 300 Prozent voneinander ab.[17] Mit der Urknalltheorie ist das nicht zu erklären, denn folgt man deren Logik, müsste die Rotverschiebung identisch sein.

Ein anderes Beispiel ist eine helle Spiralgalaxie mit der Nummer NGC 7603, die mittels einer Sternenbrücke mit einer nahen Satellitengalaxie verbunden ist. Diese zweite Galaxie weist nahezu die doppelte Rotverschiebung auf, die bei NGC 7603 zu beobachten ist, und das, obgleich die beiden Systeme verbunden sind und sich mit derselben Geschwindigkeit bewegen. Auch dies wäre nach der Urknalltheorie unmöglich.[18]

Die ketzerische These, die Arp, Hoyle und ihre Kollegen vortragen, läuft darauf hinaus, dass das Lichtspektrum der Sterne keiner weiteren Erklärung bedarf. Anders gesagt, es gibt gar keine Rotverschiebung. Dass das Licht verschiedener Sterne eine unterschiedliche Frequenz hat, liegt einfach an den Sternen selbst.

Die Folgen dieser These sind unübersehbar. Wenn es keine Rotverschiebung gibt, dann auch keine Expansion des Universum. Und wenn das Universum sich nicht ausdehnt, hat es auch keinen Urknall gegeben.

1996 lieferte das Hubble-Weltraumteleskop Bilder extrem weit entfernter Galaxien, die laut der Analyse ihres Lichts aus sehr jungen Sternen bestehen. Inmitten dieser jungen Sterne befinden sich jedoch mehrere Galaxien mit sehr alten Sternen. Auch eine solche Mischung aus alten und jungen Sternen kann die Urknalltheorie nicht erklären. Zudem hat man mit dem Weltraumteleskop eine Galaxie (53W091) fotografiert, die offenbar eine Milliarde Jahre *älter* ist als das Universum.[19] Das entbehrt jeder Logik.

Schließlich ergab sich 1998 eine Fülle neuer Informationen, die die Urknalltheorie weitgehend zum Einsturz brachten. Sie gibt zwar noch letzte Zuckungen von sich, doch das hat nicht viel zu bedeuten.

Zu den neuen Erkenntnissen trugen unter anderem Untersuchungen über die Geschwindigkeit verschiedener Supernovä bei. Als man durch Messungen feststellen wollte, wie stark diese sich in den Milliarden von Jahren nach dem Urknall verlangsamt hätten, ergab sich das genaue Gegenteil. Es hatte den Anschein, als würde sich das Universum in Wirklichkeit beschleunigen.[20]

In Frage gestellt wurde auch, ob die Hintergrundstrahlung tatsächlich ein Indiz für die Urknalltheorie ist. Wäre diese Strahlung tatsächlich das Relikt einer gewaltigen Explosion, müsste sie gleichmäßig über das gesamte Universum verteilt sein. Messungen von Satelliten haben inzwischen jedoch präzise Daten geliefert, die darauf hinweisen, dass das gerade nicht der Fall ist. Die Verteilung ist irregulär; anders gesagt: In manchen Bereichen des Himmels ist die Strahlung stärker als anderswo.[21] Daraus ist zu schließen, dass sie nicht von einem einzigen, lange zurückliegenden Ereignis herrühren kann.

Sogar die physikalischen Grundlagen der wichtigen ersten Momente des angeblichen Urknalls sind ins Wanken geraten. Schuld daran ist ein Computermodell der Entstehung des Universums, das im April 1998 in der britischen Zeitschrift *New Scientist* vorgestellt wurde. Die Ergebnisse dieses Modells waren so überraschend, dass die beteiligten Wissenschaftler sie ein halbes Jahr lang unter Verschluss hielten, weil sie sich offenbar nicht im Klaren darüber waren, wann und in welcher Form eine Publikation stattfinden sollte.

Um Rückschlüsse auf die Entstehung des Universums zu gewinnen, hatte man ein Computermodell entworfen, das sich auf der Zeitebene rückwärts, also in die Vergangenheit, bewegte. Das Ziel war, die anfängliche Verteilung der Urmaterie zu bestimmen, aus der, wie man annahm, die Galaxien entstanden seien. Dabei stellte sich heraus, dass die

Entstehung des heutigen Universums nur möglich gewesen wäre, wenn die angebliche Explosion die Urmaterie ungleichmäßig verteilt hätte. Es ist nämlich eine unverhältnismäßig große Zahl von Galaxien mit einem Durchmesser von circa 300 Lichtjahren entstanden. Nach der Urknalltheorie wäre natürlich eine durchschnittliche Verteilung aller Galaxiengrößen zu erwarten gewesen.

Die einzige Möglichkeit, diese Diskrepanz im Rahmen der Urknalltheorie zu erklären, war die Annahme, es habe einen »entscheidenden Moment in der kosmischen Evolution« gegeben, in dem »die Gesetze der Physik plötzlich komplexer wurden«.[22] Wie aber wäre diese plötzliche und zufällige Veränderung der physikalischen Gesetze zu begründen? Ist es nicht vielmehr so, dass eine wissenschaftliche Theorie, die einer Veränderung ihrer Gesetze bedarf, um sich am Leben zu erhalten, sich endgültig ad absurdum führt?

Vielleicht hat man die Urknalltheorie ohnehin schon weitgehend zu Grabe getragen. Im Juni 1998, zwei Monate nach der Publikation des Computermodells, hat der Astronom Peter Coles in einem Aufsatz für die Zeitschrift *Nature* jedenfalls kühl bemerkt, die in den Achtzigerjahren gültigen Vorstellungen über die Form und Geschichte des Universums seien inzwischen ad acta gelegt worden.[23]

Versuche, das Universum zu erklären

Was können wir über die Welt, also über das Universum, das wir bewohnen, eigentlich sagen? Was ist unsere wahre Beziehung zu diesem Universum? Sind wir ein integraler Bestandteil davon oder nur isolierte Beobachter von Vorgängen, die wir weder kontrollieren noch begreifen können?

Solche Fragen sind von entscheidender Bedeutung. Um sie zu beantworten, müssen wir uns erst einmal damit beschäftigen, wie die Erklärungsmuster entstanden sind, mit denen die heutige Wissenschaft dem Universum gegenübertritt. Dabei ist auch zu fragen, was daran grundfalsch ist.

Vor rund 2500 Jahren verkündete der athenische Philosoph Aristoteles, allein der menschliche Verstand könne die wahre Natur unserer Realität erkennen. Das hieße, dass wir die Wahrheit unseres Zustands nur mittels Argumentation und Erörterung erforschen können. Mit dieser Annahme löste sich Aristoteles von der Tradition, die sein Lehrer Platon vermittelt hatte. Platon war noch davon ausgegangen, das tiefgründigste Wissen über unsere Realität werde durch eine Art Offenbarung gewonnen, also durch ein inneres Erlebnis, das über den Bereich von Verstand und Vernunft hinausgehe.

Das aristotelische Modell war zwar immer schon einflussreich, erreichte seine dominante Stellung im Bereich von Religion und Philosophie aber erst lange nach der Renaissance. Bis dahin herrschte das Bild eines dynamischen, in einem inneren Zusammenhang stehenden Universums, das von göttlichen Kräften genährt wurde. Es war der im 17. Jahrhundert lehrende Philosoph René Descartes, der diese Vorstellung zunichte machte.

Aufs Konto von Descartes gehen zwei kapitale Beispiele blanken Unsinns. Zum einen sein berühmtes Diktum »Ich denke, also bin ich« *(Cogito, ergo sum)*, mit dem er das menschliche Bewusstsein gleichsam ins Gehirn einsperrte. Danach sind die Grenzen des Gehirns identisch mit den Grenzen des Bewusstseins, was zu der heute grassierenden Auffassung führte, das Bewusstsein sei nur das zufällige Nebenprodukt der physischen Evolution und habe keine besonderen Bedeutung.

Descartes' zweiter großer Trugschluss ist die Vorstellung, die Realität sei zweigeteilt, und zwar in Geist und Materie. Nur der Geist, den Descartes mit der Seele gleichsetzt, verfügt demnach über einen Willen und kann selbst über seine Handlungen entscheiden; der Materie hingegen ermangelt es an solcher Selbständigkeit. Damit trennte Descartes den menschlichen Geist vom menschlichen Körper, und das einheitliche Weltbild, das noch die Renaissance bestimmt hatte, zerbrach in zwei Teile.

Na schön, könnte man sagen, ist das denn so wichtig? Nun, die Folgen dieser philosophischen Spaltung sind unübersehbar, denn sie haben letztendlich zu dem Weltbild geführt, das die heutige Wissenschaft vertritt. Stephen Hawking zum Beispiel entpuppt sich als wahrer Jünger von Aristoteles, wenn er es als das höchste Ziel der menschlichen Vernunft bezeichnet, den Geist Gottes zu begreifen. Dabei hat er offenbar keine Ahnung davon, dass die Anwendbarkeit der Vernunft eindeutig ihre Grenzen haben könnte.

Die Wissenschaft basiert auf der Vernunft, sie funktioniert nach ganz bestimmten Regeln. Dazu gehört der Lehrsatz, das Universum gehorche dem abstrakten Gesetz von Ursache und Wirkung. Zudem behauptet sie, das Universum bestehe aus materiellen Objekten, zu deren Verständnis es nur einer Untersuchung ihrer Teile bedürfe. Eines der wichtigsten Ziele der Wissenschaft ist es daher, alle Objekte in ihre Bestandteile zu zerlegen, um dadurch das Gesetz von Ursache und Wirkung zu entdecken, nach dem diese Teile funktionieren. Im Grunde genommen sieht sie das Universum als riesige Maschine.

Der Physiker und Philosoph Ernst Mach, das große intellektuelle Vorbild Einsteins, hat einmal sinngemäß bemerkt, die Realität sei das, was man messen könne; was man jedoch nicht messen könne, zähle nicht.[24] Man kann sich kaum einen beschränkteren Ansatz für die Aufgabe vorstellen, zu einem Verständnis des Universums zu kommen.

Bei all dem müssen wir immer im Hinterkopf behalten, dass die Wissenschaft eine Methodologie darstellt. Sie ist ein Werkzeug, das dazu dient, Modelle des Universums zu konstruieren. Ob diese die Realität korrekt darstellen oder nicht, bleibt dahingestellt. Der Physiker und Nobelpreisträger Niels Bohr hat das erkannt, als er sagte: »Es ist falsch zu glauben, es sei die Aufgabe der Physik, herauszufinden, wie die Natur ist. Die Physik beschäftigt sich mit dem, was wir über die Natur *sagen* können.«[25]

Deutlicher wird Fritjof Capra, der einer jüngeren Generation von Physikern angehört. »Der Wissenschaftler«, schreibt er, »beschäftigt sich nicht mit der Wahrheit, sondern mit annähernden Beschreibungen der Wirklichkeit.«[26] Anders gesagt, bedeutet das: Die Welt, die die orthodoxe Wissenschaft erforscht und beschrieben hat und an die wir nach ihrem Willen glauben sollen, ist womöglich gar nicht die wirkliche Welt.

Wie wir in den vorangehenden Kapiteln gesehen haben, besteht die Realität aus wesentlich mehr als aus dem, was man physikalisch messen kann. Besonders die mit durchaus wissenschaftlichen Methoden durchgeführte Erforschung übersinnlicher Phänomene wie Remote Viewing, Präkognition, Psychokinese und außerkörperliche Erfahrung hat gezeigt, wie oberflächlich das konventionelle Weltbild ist. So ist etwa Dean Radin, der ehemalige Leiter des Zentrums für Bewusstseinsforschung an der University of Nevada, nach Jahren erfolgreicher Psi-Experimente zu dem Schluss gekommen, echte Psi-Phänomene ließen zum mindesten darauf schließen, dass das, was der Wissenschaft momentan über die Natur des Universums bekannt sei, ernsthafte Lücken aufweise.[27]

»Wir haben«, schreibt Radin, »fundamentale Eigenschaften von Raum, Zeit, Energie und Information vollkommen übersehen. Vor allem weist Psi darauf hin, dass die konventionellen Grenzen von Raum und Zeit durch den flüchtigen Begriff des ›Geistes‹ überwunden werden können.«[28] Psi, meint Radin weiter, unterstütze die Vorstellung eines intensiv vernetzten »bewussten Universums«.[29] Nicht von ungefähr erinnert diese Vorstellung an das Weltbild der Renaissance.

Ein ganzheitlicher Kosmos

Es ist nicht mehr zu leugnen, dass die Grundpfeiler, auf denen unser heutiges Weltbild ruht, zunehmend an Substanz verlieren. Die gewohnte Vorstellung eines rein physischen Universums, bestehend aus zahllosen Teilchen, die sich nach unveränderlichen physikalischen Gesetzen umherbewegen, kann nicht mehr ernsthaft aufrechterhalten werden. Damit hat sich auch herausgestellt, dass Stephen Hawkings Traum, mit einer einzigen mathematischen Formel alles zu beschreiben, nicht mehr ist als ebendies: ein Traum.

In jedem Fall ist das physische Universum, wie wir anhand verschiedener Psi-Phänomene gesehen haben, nur ein Aspekt der gewaltigen Realität, in der wir leben. Diese Realität überschreitet die Grenzen von Form, Raum und Zeit.

An dieser Stelle erhebt sich die Frage, wann ein Modell der Realität zu einem Verständnis der Realität selbst führen kann. Damit müssen wir uns auseinander setzen, nicht mit den von der Wissenschaft entworfenen Modellen, wie beispielsweise der Urknalltheorie.

Zuerst einmal brauchen wir einen Ansatz, der sich mit dem Ganzen beschäftigt statt mit seinen Teilen. Dazu müssen wir einen der wichtigsten Glaubenssätze der Wissenschaft aufgeben, und zwar die Vorstellung, dass eine Untersuchung der Teile zu einem Verständnis des Ganzen führe. Fritjof Capra etwa kämpft schon seit langem gegen die Ansicht, man könne einen lebenden Organismus begreifen, »indem man ihn in Stücke zerlegt und dann versucht, ihn aus dem Verständnis seiner Teile heraus wieder zusammenzusetzen«.[30] Derselben Meinung ist der Chemiker und Biologe James Lovelock, der ebenfalls schon lange für eine lebendige, ganzheitliche Perspektive eintritt. »Voraussagen über das Verhalten komplexer Systeme wie etwa lebender Organismen«, schreibt er, »können sich nie ausschließlich auf das Wissen gründen, welche Eigenschaften die Bestandteile dieser Systeme haben.«[31]

Selbst in einer so »soliden« Wissenschaft wie der Physik haben solche Aussagen Gültigkeit. So weist David Bohm, Professor für theoretische Physik, auf folgendes Phänomen hin: »Die Verbindung der Partikel untereinander hängt vom Zustand des Ganzen ab; dasselbe gilt sogar für ihre Existenz.«[32]

Diese Ganzheit ist keine statische Masse. Sie ist eine Bewegung, ein Strom, aus dem heraus sich »Dinge« bilden und in dem diese Dinge sich später wieder auflösen. Damit besteht der Kosmos nicht aus einer Sammlung von Bausteinen, sondern aus einer unablässig wirbelnden Dynamik der Ereignisse.[33] Letztendlich ist es diese Ganzheit, die real ist, und nicht die Elemente, die sich aus ihr bilden oder sich wieder in ihr auflösen.

In diesem Zusammenhang schreibt Fritjof Capra: »Die moderne Physik zwingt uns, die Welt der Natur als organisches Ganzes zu sehen, in dem alle Teile voneinander abhängen. Dieses Ganze befindet sich in einem Zustand des dynamischen Gleichgewichts.«[34] Die Ergebnisse der Psi-Forschung weisen nach den Worten Dean Radins in dieselbe Richtung: »Das Universum ist ein einheitliches Ganzes, in dem jeder Bestandteil eng mit allen anderen Teilen in Verbindung steht.«[35]

Da auch der Mensch ein Teil des Ganzen ist, ist zu schließen, dass das, was ihn antreibt, wie etwa der Wunsch nach Selbsterhaltung, nach Selbstverwirklichung und nach Leistung, zu diesem Ganzen gehört. Damit wäre das Universum selbst als ein lebendes, bewusstes Wesen denkbar, das einen Zweck hat und für seine eigene Entwicklung, sein eigenes Wachstum Sorge trägt.

Auch das Bewusstsein, das sich nach Descartes im Gehirn befindet, wäre dann womöglich gar nicht mehr im Menschen selbst angesiedelt. Statt vom menschlichen Geist geschaffen zu werden, würde es sich nur mit seiner Hilfe ausdrücken. Aus dieser Perspektive wird deutlich, dass Descartes' Aussage »Ich denke, also bin ich« das Pferd vom Schwanz her aufzäumt. In Wirklichkeit sollte es heißen: »Ich bin, also denke ich.«

Dass wir mit dem neuen Universum, in dem wir uns plötzlich wieder finden, erst einmal Probleme haben, liegt an unserer Wahrnehmung und unseren bisherigen Überzeugungen. Erst wenn wir in der Lage sind, diese gewaltige Ausdehnung der Realität zu akzeptieren, können wir sie erkennen und damit umgehen.

Als Dean Radin sich an den Bell Laboratories, einer Forschungseinrichtung der amerikanischen Telekommunikationsfirma AT&T, mit Psi-Experimenten beschäftigte, wurde er mit Ergebnissen konfrontiert, die in direktem Widerspruch zu seiner akademisch geprägten Erwartungshaltung standen. Es waren Resultate, die »nicht hätten sein sollen« und die scheinbar eher mit Magie als mit Wissenschaft zu tun hatten. Verunsichert von den möglichen Konsequenzen, ließ Radin die Experimente gelegentlich mehrere Monate ruhen, um sich weniger heiklen Aufgaben zu widmen.

Radins Haltung änderte sich erst, als ein Kollege ihm auf seine Klage, er könne sich einfach nicht vorstellen, wie solche Ergebnisse zustande kommen könnten, ganz ruhig erwiderte: »Das klingt, als würden Sie sich selbst beschränken.« Radin erinnert sich: »Da hat es ›Klick‹ gemacht. Mir wurde klar, dass die Schwierigkeiten, die ich damit hatte, ›Magie‹ mit Wissenschaft in Einklang zu bringen, ausschließlich mit meinen vorgefassten Meinungen zu tun hatten.«[36]

Solche anfänglichen Beschränkungen sind ganz normal. So hatte Joseph McMoneagle, von dem im Zusammenhang mit dem Thema Remote Viewing schon ausführlich die Rede war, 1970 nach einem körperlichen Zusammenbruch ein Nahtoderlebnis. Dennoch dauerte es danach neun Jahre, bis er es schaffte, sich von seinem alten, fest gefügten Weltbild zu lösen, das gleichermaßen mit seiner christlichen Erziehung und seiner wissenschaftlichen Haltung zu tun hatte. Er schreibt darüber: »Wenn wir die Tür durchschreiten, erhalten wir eine neue Perspektive; sie wird auch das verändern, was wir wissen.«[37] Erst nach dieser persönlichen Erkenntnis war er beim Remote Viewing, mit dem er sich bereits seit einem Jahr beschäftigt hatte, wirklich erfolgreich. Wer sich mit Remote Viewing beschäftigen wolle, meint McMoneagle deshalb, müsse seine Zweifel erst einmal vorübergehend beiseite schieben, bis er um die Wahrheit der neuen Realität tatsächlich *wisse*.[38]

Auch Robert Monroe betont, es sei wichtig, die eigene

Haltung zu verändern. Hinsichtlich von Erfahrungen mit einer bestimmten Realitätsebene, in der man offenbar auf Menschen trifft, die kurz zuvor gestorben sind, warnt er, der Kontakt mit dieser Ebene sei schwer zu verkraften, »da die Vorstellung davon allem widerspricht, was wir als Wirklichkeit anerkannt haben. Ferner werden viele von unseren religiösen Lehren und deren Erklärungen fragwürdig.«[39] Entsprechend lebhaft ist Monroes Erinnerung an die ersten Momente, in denen er durch seine willentlich herbeigeführten außerkörperlichen Erfahrungen gezwungen war, diese neue Realität zu akzeptieren:

> »Jenes erste nachprüfbare Erlebnis war tatsächlich ein Schlag mit dem Hammer. Wenn ich die Daten als Tatsache nehmen wollte, dann war das ein harter Hieb gegen all meine bisherige Lebenserfahrung, gegen meine Ausbildung, meine Vorstellungen und Wertmaßstäbe. Doch vor allem zerstörte es meinen Glauben an die Totalität und Gewissheit der naturwissenschaftlichen Erkenntnisse in unserer Kultur. Ich war überzeugt gewesen, dass unsere Wissenschaftler alle Lösungen besaßen. Oder doch die meisten.«[40]

Was die ewigen Skeptiker betrifft, akzeptieren sie die genannten Beschränkungen natürlich gern, auch wenn man die Realität von Psi-Phänomenen mit streng wissenschaftlichen Experimenten nachgewiesen hat, die kaum mehr einen Zweifel zulassen. Dazu hat der Parapsychologe Richard Broughton eine hübsche Geschichte parat. Für eine Dissertation über die so genannten Grenzwissenschaften hatte ein Student ein ganzes Jahr damit verbracht, Interviews mit allen wichtigen Parapsychologen und deren Kritikern in den Vereinigten Staaten zu führen. Als er sich schließlich an Broughton wandte, war er vollkommen perplex. Seine erste Frage lautete: »Nach der Lektüre von Dr. Radins Buch ist mir vollkommen schleierhaft, weshalb Ihr

Fach [die Parapsychologie] immer noch so umstritten ist. Weshalb geben die Skeptiker sich nicht geschlagen?«[41]

Das ist eine ausgezeichnete Frage. Die Antwort lautet, dass die Skeptiker nicht deshalb gegen Psi und die dadurch bewiesene Ausweitung der Realität opponieren, weil sie dafür wissenschaftlich gültige Gründe hätten, sondern weil sie an unwissenschaftlichen Glaubenssätzen festhalten. Sie *glauben* an jene enge, mechanistische Realität, in der nur der Zufall und die Gesetze von Ursache und Wirkung regieren, und sie weigern sich, irgendetwas anderes zu glauben. Sie haben einfach nicht mehr den Wunsch, die Wahrheit über die Realität herauszufinden. Wer aber den Glauben über das Wissen stellt, könnte man mit Fug und Recht behaupten, hat damit das Recht verwirkt, sich Wissenschaftler zu nennen. Er sollte seinen Lehrstuhl schleunigst zur Verfügung stellen.

Wege der Erkenntnis

Wo aber finden wir ein echtes Verständnis der offenbar grenzenlosen Realität, die uns umgibt? Die Menschen des Altertums, deren Erkenntnisse wir nie gering schätzen sollten, hatten keine Zweifel. Wir müssen zu den Pforten des Todes reisen, sagten sie, zu den tiefen, dunklen Stätten, an denen die Weisheit wohnt. Wer nach Antworten sucht, muss in die Unterwelt reisen und auf die Schwelle des Totenreiches treten. Bei seiner Rückkehr bringt er Gaben mit, wie sie seit alters her erworben werden.

Genau darum geht es bei Initiationen. Sie stellen eine Erfahrung des göttlichen Wesensgrundes dar, durch die Wissen und Verstehen verliehen werden und eine Lebensweise voll Harmonie mit einer Welt des Göttlichen. Das meinten die alten Ägypter, wenn sie davon sprachen, die *Ma'at* müsse aufrechterhalten werden. Auch die vorsokratischen Philosophen Griechenlands wie Pythagoras und Parmenides vertraten diese Lehre, ebenso wie später die Alchemisten wie Zosimos, die hermetischen Schriften und die davon beeinflussten Autoren. Ein Leben in Harmonie bildet bekanntlich auch den Kern der frühen indischen, tibetischen und chinesischen Lehren. Solche Lehren haben einen universellen Charakter. Wir dürfen sie nicht einfach ignorieren.

Auf der Reise zum Zentrum des Universums wird der menschliche Verstand eine Zeit lang beiseite geschoben, damit ein fundamentales Element zutage treten kann. Dieser Gedanke findet sich in allen mystischen Traditionen der Welt. Schon immer haben Mystiker diese tiefgründigere Welt besucht, sind an den Orten der Weisheit gewesen und widerstrebend zurückgekehrt, um über ihre Erfahrungen zu berichten, so gut sie dies konnten.

Wenn die heutigen Physiker nicht lernen, das Universum zu *erfahren,* statt es einfach nur zu messen, können sie nie hoffen, es zu begreifen. Will man zum Beispiel wirklich etwas über einen Fluss aussagen, muss man ihn am eigenen Leib erfahren. Man muss hineinspringen, um seine Nässe und Kälte zu spüren, muss der Angst ins Auge blicken, in seinen Fluten zu ertrinken, muss sich in der Bewegung seiner Strömung treiben lassen. All dies gehört zum Wissen. Beschränkt man sich jedoch darauf, die Strömung, die Breite, die Quelle und die Mündung eines Flusses zu messen, so beschreibt man ihn nur. Diese Beschreibung aber hat nichts mit Wissen zu tun.

Erst wenn die Skeptiker innerhalb und außerhalb der Wissenschaft bereit sind, die Realität zu erfahren, besitzen sie die Autorität, sich über das Transzendente zu äußern. Bis dahin sind sie in den Grenzen der physischen Welt gefangen.

Die Gnostiker waren der Meinung, die Welt, in der wir leben, stehe immer auch unter der Herrschaft eines dämonischen Gegenspielers, der voller Selbstüberhebung und Ignoranz den Höchsten herausfordere. Metaphorisch könnte man sagen, dass alle, die sich weigern, die Wahrheit über eine von einem einheitlichen Bewusstsein durchdrungene Realität anzuerkennen, im Dienste dieser gefallenen Gottheit stehen. Schließlich ist diese das Symbol all dessen, was in seiner Arroganz meint, es sei vom Ganzen getrennt.

Siebtes Kapitel

Reinkarnation

In der nordindischen Stadt Dharamsala am Fuße des Himalaja, dem Sitz der tibetischen Exilregierung, filmte ein Kamerateam der BBC am 3. Dezember 1990 in einem reich geschmückten Tempel. Im Mittelpunkt der Zeremonie, die an diesem Tage stattfand, stand ein tibetischer Lama, der der respektvoll wartenden Menge, die sich langsam an ihm vorbeischob, geduldig seinen Segen erteilte. Der hohe Würdenträger war allerdings erst fünf Jahre alt. Klein und ruhig saß er auf dem großen, prächtigen Thron, dessen Lehne ihn überragte.

Mit großer Würde stand das Kind die dreistündige Zeremonie ebenso durch wie die weiteren komplexen Rituale des Tages. Der Grund für das große Ereignis war die Tatsache, dass man den Jungen als Reinkarnation von Ling Rinpoche anerkannt hatte, eines angesehenen hochrangigen Lamas, der sechs Jahre zuvor gestorben war.[1]

Für die Tibeter ist die Wiedergeburt hoher Lamas, so genannter Tulkus, eine ganz normale Sache. Nach den neuen Inkarnationen sucht man mit verschiedenen Mitteln, darunter schriftliche Hinweise, die der sterbende Lama hinterlassen hat, und mystische Offenbarungen, die meist das tibetische Staatsorakel in Trance von sich gibt. Auf diese Weise hatte man sich auch einige Jahre nach dem Tod von Ling Rinpoche auf die Suche nach seiner neuen Inkarnation gemacht.

Da der tote Lama in diesem Fall ein enger Freund des Dalai Lama gewesen war, versuchte dieser selbst, bei seinen Meditationen kryptische Hinweise zu entdecken. Eine erste

Eingebung sagte ihm, dass der junge Rinpoche sich innerhalb eines Jahres in einer der tibetischen Gemeinden in Indien reinkarniert hatte. Dort begann man mit der Suche. Innerhalb eines Jahres hatte man 690 in Frage kommende Kinder identifiziert. Weitere mystische Eingebungen verwiesen auf eine zwei Stunden von Dharamsala entfernte Siedlung, in der zehn der Kandidaten lebten.

Eine offizielle Abordnung suchte die Siedlung auf, um mit den zehn Jungen zu sprechen, war anfänglich jedoch nicht sehr erfolgreich. Keines der Kinder fühlte sich bei der Befragung wohl, und bei keinem waren irgendwelche Anzeichen einer Erinnerung zu entdecken, die auf die Reinkarnation von Ling Rinpoche verwiesen hätten. Dann fiel den Lamas auf, dass ein kleiner Junge fehlte. Nach der ersten Untersuchung, erfuhren sie, war seine Mutter gestorben, weshalb er seither in einer Schule in Dharamsala lebte.

Sogleich besuchten ein hochrangiger Lama und seine Begleiter die genannte Schule. Kaum waren sie dort eingetroffen, als ein kleiner Junge freudestrahlend auf sie zukam und vertrauensvoll die Hand eines der Besucher ergriff. Es erschien ihnen als gutes Zeichen, dass dies tatsächlich das Kind war, wegen dem sie gekommen waren.

Am nächsten Tag befragte eine noch hochrangigere Abordnung den Jungen erneut. Dabei gab man ihm vier verschiedene Gebetsketten, von denen eine aus dem Besitz des toten Ling Rinpoche stammte. Ohne den geringsten Zweifel ergriff das Kind sofort diese Kette und ließ sie wie ein erfahrener Mönch durch die Finger seiner linken Hand gleiten. Als den Besuchern einfiel, dass Ling Rinpoche in seiner Jugend Linkshänder gewesen war, war das für sie ein deutlicher Hinweis, dass sie tatsächlich den Gesuchten vor sich hatten.

Am folgenden Tag brachte man das Kind zum Dalai Lama, der später berichtete: »Als man den Jungen zum Eingang meiner Residenz brachte, benahm er sich genauso wie sein Vorgänger. Es war deutlich, dass er sich hier auskannte. Und als er in mein Arbeitszimmer kam, zeigte er sofort große Vertrautheit mit einem meiner Mönche.«[2] Auch der spätere Mentor des Jungen, der früher viele Jahre lang Ling Rinpoche gedient hatte, war überzeugt: »Vieles, was wir sehen, bestätigt unsere Vermutung, zum Beispiel, wie der Junge isst und wie er lächelt. Er tut viele Dinge, die typisch für den verstorbenen Meister sind. [...] Er ist immer sehr einfühlsam, wenn es darum geht, frühere Vertraute und Schüler wieder zu erkennen, besonders westliche Schüler des alten Meisters. Ein paar enge Schüler hat er sogar mit ihrem Namen angesprochen.«[3] Als Folge dieser Beobachtungen wurde der Junge als Reinkarnation des toten Lama anerkannt.

So faszinierend diese Geschichte ist, so unwahrscheinlich ist es, dass die Prozedur den Ansprüchen moderner wissenschaftlicher Methoden genügen würde. Die Art und Weise, wie die Bestätigung der Reinkarnation zustande kam, ist offensichtlich mit zu viel Subjektivität behaftet. Wenn eine ganze Kultur danach verlangt, dass ein reinkarnierter religiöser Führer gefunden wird, so ist wohl zu erwarten, dass irgendwann ein Kind auftaucht, das den erforderlichen Kriterien entspricht. Und woher wissen wir, dass diese Kriterien nicht manchmal ein wenig lax behandelt werden? Für die Tibeter sind solche Einwände natürlich hinfällig. Da die Reinkarnation schon immer zu den Grundlagen ihres Glaubens zählt, ist es für sie selbstverständlich, dass ein vor einigen Jahren gestorbener Tulku alles in seiner Macht Stehende tun wird, um sich in seiner neuen Gestalt bemerkbar zu machen.

Im Westen ist diese Suche nach der Wiedergeburt hoher tibetischer Lamas wohl vor allem durch die Person des Dalai Lama bekannt. Nach dem Glauben aller Tibeter ist er die Reinkarnation des vorangegangenen Dalai Lama. Am Anfang dieser Reihe steht der erste, 1475 gestorbene Dalai Lama, in dessen Form sich die Gottheit Avalokiteshvara auf Erden verkörpert haben soll, um den Menschen zu helfen. Der jetzige Dalai Lama, der 14. in dieser Linie, wurde 1936 als Reinkarnation seines im Jahr zuvor gestorbenen Vorgängers erkannt. Zum Thema hat er sich seine eigenen Gedanken gemacht. »Der Tod«, sagt er, »ist nur ein Kleiderwechsel.«[4]

Die Erinnerungen von Philip Corrigan

Philip Corrigan wurde 1959 geboren. Als Kind träumte er Nacht für Nacht in lebhaften Einzelheiten, er habe in den Jahren vor dem Ersten Weltkrieg schon einmal in England gelebt. Die Träume waren so eindrucksvoll, dass er nie den geringsten Zweifel hegte, es könnte sich um etwas anderes als um echte Erinnerungen an ein früheres Leben handeln.

Philip träumte immer von derselben Familie, in der er offenbar das älteste von drei Mädchen gewesen war. Er spielte im Traum in einem Park, ging mit seinen Schwestern spazieren, besuchte die Schule. Immer ging es um ganz gewöhnliche Ereignisse in einem ganz gewöhnlichen Leben, das allerdings schon ein halbes Jahrhundert zurücklag. Wie Philip erst später entdeckte, hatte es ein schreckliches Ende gefunden.

Als Philip elf Jahre alt war, zog er mit seinen Eltern scheinbar zufällig in einen kleinen Ort in Mittelengland, nahe der Stadt Bradford gelegen. Sein Vater hatte dort einen kleinen Laden gekauft. Kaum hatte Philip sich eingewöhnt, als sich zu seinen Träumen die Gewissheit gesellte, er sei irgendwie heimgekehrt. Er spürte, dass er hier einmal gelebt hatte.

Mit dieser Gewissheit verband sich jedoch ein merkwürdiges Gefühl, bis dahin noch völlig unabhängig von einem Ereignis, an das Philip sich hätte erinnern können. Womöglich, dachte er, hatte die Nähe zu den vergangenen Ereignissen wesentlich tiefliegendere Erinnerungen geweckt, so schrecklich und schmerzhaft, dass sie lange vergraben gewesen waren. Allmählich wurde ihm klar, dass er in seinem früheren Leben einen plötzlichen Tod gefunden hatte. Zuerst kam ihm ein Unfall in den Sinn, doch im Gegensatz zu diesem Gedanken schien etwas viel Dunkleres, Unheilvolleres im Hintergrund zu lauern. Ein einziges Mal träumte er sogar davon, dass jemand ihn gewaltsam attackierte.

Als Teenager begann Philip damit, Zeitungen auszutragen. Am ersten Tag gab man ihm eine Liste der Häuser und Straßen, die er beliefern sollte. Aus dem Gewimmel der Häusernamen sprang ihn der Name »Ellenthorpe« an, der sich sehr vertraut anfühlte.

»Ellenthorpe«, fand Philip bald heraus, war der Name einer großen Villa. Früher hatte diese eine lange Zufahrt besessen, die jetzt nur noch als Sackgasse namens »Little Red Lane« existierte. Kaum hatte Philip das Haus zum ersten Mal erblickt, wusste er sogleich, dass es sich um das Gebäude aus seinen lebhaften Träumen handelte. Irgendetwas an dem Sträßchen, das zu ihm führte, beunruhigte ihn; er rannte es immer so rasch wie möglich entlang.

Philip hatte seinen Eltern von seiner Entdeckung erzählt, doch diese wollten ihn von seiner Anhaftung an die Vergangenheit abbringen. Sie drängten ihn, dem Haus und seinen Träumen keine Beachtung mehr zu schenken. Er sollte, meinten sie, das Ganze als eine Art Phantasie behandeln. Angesichts ihrer Skepsis und der Tatsache, dass er älter wurde und immer mehr in seinem gegenwärtigen Leben aufging, verdrängte Philip das Haus und seine Träume tatsächlich in sein Unterbewusstsein. Als er 18 war, verschwanden die Träume mit der Zeit.

Die Erinnerung aber war geblieben. Als die Fragen bezüglich seines früheren Lebens sich ein paar Jahre später wieder drängend in ihm meldeten, nutzte er einen Urlaub, um sich bewusst mit der Geschichte von »Ellenthorpe« und dessen Umgebung zu beschäftigen. Auf der Suche nach historischen Indizien, die seine Träume bestätigen konnten, begann er, mit allen langjährigen Bewohnern des Viertels zu sprechen. Er hoffte, sich so ein Bild der Menschen machen zu können, die früher dort gelebt hatten.

Bei einem dieser Gespräche fand Philip tatsächlich den Schlüssel zu dem, wonach er suchte. Während er sich mit einer Frau unterhielt, erschien ihr Ehemann und fragte ihn geradeheraus: »Junger Mann, wussten Sie eigentlich, dass auf der Einfahrt zu dem Haus da jemand ermordet wurde?« Philip erschauerte. »Moment«, erwiderte er rasch, »es war eine junge Frau, schlank, mit hellbraunem, hoch gestecktem Haar, etwa 20 Jahre alt. Sie hatte zwei jüngere Schwestern, stimmt's?« Der Nachbar starrte ihn an. »Woher wissen Sie das?« fragte er, neugierig geworden.

Ohne mit der Tür ins Haus zu fallen, gelang es Philip, das Vertrauen des Mannes zu gewinnen. Er erfuhr, dass das ermordete Mädchen Lilian Bland geheißen hatte und aus der Stadt stammte. Über den örtlichen Geschichtsverein geriet er dann schließlich an einen Mann, der sich mit der Geschichte der Familie Bland beschäftigt hatte. Über das erste Gespräch mit ihm berichtete Philip später:

> »Ich spürte, dass ich ihm vertrauen konnte; deshalb habe ich ihm von meinen Erinnerungen und meinem Gefühl erzählt, womöglich die Reinkarnation von Lilian Bland zu sein. Statt zu lachen oder die Sache abzutun, sagte er einfach: ›Schon möglich.‹ Ich sagte, ich hätte immer das Gefühl gehabt, sie müsste in der Stadt begraben sein, doch ich wüsste nicht, wo. Er lächelte. ›Das Grab ist 200 Meter von hier entfernt. Ich weiß, wo sie liegt, und auch, wo das Grab ihres Freundes ist.‹ Dann sagte er noch: ›Kommen Sie morgen zu mir nach Hause, ich hab etwas für Sie.‹«

Am nächsten Tag bekam Philip einen alten Zeitungsausschnitt überreicht, der das Datum des 9. Januar 1914 trug. Die Schlagzeile lautete: »Tragödie in Eccleshill. Hübsches Mädchen ermordet«. Darunter stand: »Täter begeht Selbstmord. Verzweifelte Schüsse in der Little Red Lane«.[5]

Laut dem Artikel hatte der Eigentümer des Hauses »Ellenthorpe« am 2. Januar seinen Hund ausgeführt, als er eine weibliche Stimme um Hilfe rufen hörte. Kurz darauf waren

mehrere Revolverschüsse zu hören gewesen. Als er zum Tat-
ort rannte, sah er den leblosen Körper einer Frau auf dem
Boden liegen. Ein Mann beugte sich über sie, offenbar der
Täter. Nach Aussage des Zeugen hatte dieser Mann sich
dann erschossen. Bei der Toten handelte es sich um Lilian
Bland, der Mann war ihr früherer Freund, der kurz zuvor aus
Amerika zurückgekehrt war.

Die Umstände des Falles waren mysteriös. Die polizeili-
che Untersuchung stützte sich vor allem auf die Aussage des
einzigen Zeugen, des Eigentümers von »Ellenthorpe«. Auf
dieser Basis kam die Polizei zu dem logischen Schluss, der
frühere Freund müsse auch der Mörder sein. Einige Indizien
sprachen allerdings dagegen. Der junge Mann hatte zwar
einen Revolver besessen, doch die Mordwaffe war eine andere. In der Nähe des Tatorts hatte man ein halb aufge-
klapptes, blutiges Rasiermesser gefunden, und es sah so aus,
als hätte ein Kampf stattgefunden. Außerdem hatten sich
die beiden jungen Leute offenbar noch immer gut verstanden. Zeugen hatten am selben Abend beobachtet, dass sie
miteinander gesprochen und gelacht hatten. Es gab keinen
offensichtlichen Grund dafür, dass der Abend so tragisch
enden musste.

Neugierig geworden, besorgte Philip sich weitere Berichte
über den Fall, nach deren Lektüre er zu der Überzeugung
kam, dass ein weiterer Mann beteiligt gewesen sein musste,
möglicherweise ein Rivale des früheren Freundes. Vielleicht
hatte er sogar in »Ellenthorpe« gewohnt. Jedenfalls war es
ihm gelungen, sich seiner Bestrafung zu entziehen. Trotz
aller Bemühungen gelang es Philip allerdings nicht, die
Wahrheit über den Fall herauszubekommen. Weder die ge-
sammelten Berichte noch die Erinnerungen, die ihm an
sein Leben in Gestalt der ermordeten Lilian verblieben
waren, konnten ihm Klarheit verschaffen. Er interpretierte
das folgendermaßen: »Ich glaube, der Mord wurde aus
ihrem Gedächtnis gelöscht, um mich in meinem jetzigen
Leben zu beschützen, denn wenn ich mich an so furchtbare
Dinge erinnern könnte, würde ich jetzt darunter leiden. Der

Schmerz des Mordes war da, doch die tatsächliche Erinnerung war blockiert.«[6]

Ist diese Geschichte ein Beispiel für eine Erinnerung an ein früheres Leben, die so stark war, dass sie sich trotz der Skepsis, mit der unsere Gesellschaft solchen Dingen gegenübersteht, durch Träume und halb bewusste Gefühle ins Freie kämpfte? Philip Corrigan zumindest hatte keine Zweifel an ihrer konkreten Realität.

Die Suche nach wissenschaftlichen Beweisen

In der wissenschaftlichen Tradition des Westens, die sich seltsamerweise oft von den privaten, womöglich alles andere als rationalen Ansichten vieler Menschen zu unterscheiden scheint, muss man für jede Behauptung, die man über die Realität aufgestellt hat, nach Beweisen suchen. Ob es sich dabei um die Temperatur handelt, bei der Wasser zu sieden beginnt, oder darum, ob der Mensch eine immer während Abfolge von Wiedergeburten erfährt, ist ohne Belang. Die wissenschaftliche Methodik macht keinen Unterschied bezüglich der Bedeutung eines Themas; alle Fragen werden gleichberechtigt behandelt. In diesem Rahmen müssen alle Indizien, die zugunsten der Frage der Reinkarnation vorgelegt werden, bestimmten Regeln gehorchen.

Zuallererst geht es darum, dass die Indizien korrekt festgehalten werden, und zwar von unvoreingenommenen Beobachtern, denen keinerlei verstecktes Motiv anzulasten ist. Zudem sollen die betreffenden Informationen extern verifiziert werden können, das heißt Fakten enthalten, die einer unabhängigen Überprüfung standhalten.

Leider gibt es, wie der Leser inzwischen schon vermuten wird, eine dritte, unausgesprochene Regel, die sich im Kern der modernen Wissenschaft befindet: Keine neue Entdeckung sollte von dem abweichen, was man für wahr hält. Das ist natürlich keine Wissenschaft mehr, sondern bloß noch ein Vorurteil. Praktisch bedeutet dies aber, dass all jene, die versuchen, die Frage der Reinkarnation zu erforschen, nicht nur die Wissenschaft gegen sich haben, sondern auch deren Glaubenssätze. Ihre Aufgabe wird dadurch nicht gerade einfacher.

Wollen wir jedoch wirklich die Wahrheit über die Reinkarnation erfahren, müssen wir einerseits vermeiden, von Vorurteilen gefangen zu sein, und uns andererseits vor zu großer Naivität hüten. Dazu müssen wir die wissenschaftlichen Prinzipien als Mittel anerkennen, die Realität der Reinkarnation zu bestätigen, falls diese tatsächlich real sein sollte. Behauptet jemand zum Beispiel, er könne sich daran erinnern, vor 300 Jahren in London gelebt zu haben, sollten wir aus seinen Aussagen eine Liste von Fakten zusammenstellen, die in den historischen Archiven überprüft werden kann. Dazu bräuchten wir Auskünfte über Adressen, die Namen von Verwandten und Freunden und über genau dokumentierte zeitgenössische Ereignisse und deren Hauptfiguren. Besonders wichtig wären exakte Aussagen über Fakten, die heute nur in Facharchiven zu finden sind, einem damals lebenden Menschen aber vollkommen vertraut gewesen wären.

Zudem sollten wir sicher sein, dass jemand, der sich auf Erinnerungen an ein früheres Leben beruft, nicht auf anderem Wege auf die entsprechenden Informationen gestoßen ist. Diese Informationen müssen unbedingt frei von jeder Verfälschung bewusster oder unbewusster Natur sein.

Der Psychiater Ian Stevenson, der damals an der medizinischen Fakultät der University of Virginia lehrte, hat in den späten Fünfzigerjahren damit begonnen, Erinnerungen an frühere Leben zu dokumentieren, die nicht ausschließlich subjektiver Natur sind. Als er entsprechende Berichte systematisch auswertete, fand er schon bald eine Reihe von Indizien, die für die Reinkarnation sprachen. Selbst seine Kritiker, die seine Schlussfolgerungen ablehnen, sind von seiner gründlichen Vorgehensweise beeindruckt. Sie sind sich im Klaren, dass jede Kritik an seinen umstrittenen Entdeckungen eine ebenso rigorose Grundlage haben muss.[7]

1960 publizierte Stevenson die Ergebnisse seiner ersten Studien. Er hatte sich eingehend mit Hunderten von Fällen angeblicher Erinnerungen an frühere Leben beschäftigt. An wissenschaftlichen Kriterien gemessen, reduzierte sich ihre Zahl auf 28. Diese Fälle hatten eine Anzahl von Merkmalen gemein. Es ging um Menschen, die sich daran erinnern konnten, lange vor ihrer Geburt unter einem bestimmten Namen an einem bestimmten Ort gelebt zu haben. Zudem konnten ihre Aussagen durch unabhängige Nachforschungen verifiziert werden.

Einer der Fälle, von denen Stevenson in seinem ersten Buch berichtet, ist der eines jungen Japaners, der schon als kleines Kind ständig behauptet hatte, er sei früher ein Junge namens Tozo gewesen, dessen Vater als Bauer in einem Dorf namens Hodokubo gelebt habe. In diesem früheren Leben sei sein Vater gestorben, als er selbst noch sehr jung gewesen sei. Bald darauf habe seine Mutter sich wieder verheiratet, doch schon ein Jahr nach dieser Heirat sei auch er – als Tozo – an den Pocken gestorben. Er sei damals gerade sechs Jahre alt gewesen. Zusätzlich zu diesen Informationen beschrieb der Junge in allen Einzelheiten das Haus, in dem Tozo gelebt hatte, außerdem das Aussehen seiner Eltern und sogar sein eigenes Begräbnis. Das Ganze klang tatsächlich wie eine echte Erinnerung an ein früheres Leben.

Um seine Aussagen zu überprüfen, brachte man den Jungen nach Hodokubo, wo man feststellte, dass die Eltern Tozos und andere Menschen, von denen er gesprochen hatte, dort früher tatsächlich gelebt hatten. Außerdem war der Junge mit dem Dorf, das er noch nie besucht hatte, offensichtlich sehr vertraut. Ohne jede Hilfe führte er seine Begleiter zu seinem einstigen Heim, wo er sie auf einen Laden aufmerksam machte, den es in seinem früheren Leben noch nicht gegeben habe. Auch einer der Bäume dort war ihm unbekannt. Offenbar sei er inzwischen gewachsen. Nachforschungen ergaben bald, dass diese Aussagen zutrafen. Abgesehen davon hatte der Junge vor seinem Besuch in

Hodokubo insgesamt 16 konkrete, überprüfbare Aussagen gemacht, die sich alle als zutreffend erwiesen.[8]

Stevenson selbst ist der Meinung, dass Aussagen von Kindern von besonderem Wert seien. Einerseits neigten Kinder wesentlich weniger zu bewusster oder unbewusster Täuschung, andererseits sei es unwahrscheinlich, dass sie über die von ihnen beschriebenen Ereignisse ihrer Vergangenheit bereits etwas gehört oder gelesen hätten.

Nach weiteren Forschungen publizierte Stevenson 1966 die erste Ausgabe seines einflussreichen Buches *Twenty Cases Suggestive of Reincarnation.* Inzwischen hatte er sich persönlich mit fast 600 Fällen befasst, die für die Reinkarnation sprachen. Die zweite, 1976 unter dem Titel *Reinkarnation* auch auf Deutsch erschienene Ausgabe, bezieht sich auf 1200 Fallstudien, von denen manche, wie Stevenson schreibt, »über das bloße Nahelegen der Wiederverkörperung weit hinausgehen; sie scheinen sie mir ausreichend zu beweisen«.[9]

Der Fall Imad Elawar

Einer der Fälle, die Stevenson in seinem zweiten Buch behandelt, ist der eines jungen Mannes namens Imad Elawar, der in einem kleinen, von Drusen bewohnten Dorf im Libanon lebte. Offiziell gehören die Drusen zwar zur islamischen Welt, doch unterscheiden sich ihre Glaubensvorstellungen in vielen Punkten von denen des Islam. Unter anderem glauben die Drusen an die Reinkarnation, was womöglich der Grund dafür ist, dass es in ihrer Glaubensgemeinschaft häufig zu Erinnerungen an frühere Leben kommt.

Schon bevor Imad Elawar zwei Jahre alt war, erzählte er von einem früheren Leben in einem anderen Drusendorf namens Khriby, wo er angeblich als Mitglied der Familie Bouhamzy gelebt hatte. Er bat seine Eltern oft inständig, ihn einmal dort hinzubringen, doch sein Vater weigerte sich und nannte ihn einen Lügner, sodass er bald lernte, das Thema in Gegenwart seines Vaters zu vermeiden.

Trotz allem hatte Imad eine Anzahl von Aussagen über sein früheres Leben gemacht. Er hatte von einer schönen jungen Frau namens Jamileh gesprochen, in die er sehr verliebt gewesen sei, von seinem Leben in Khriby und davon, wie gern er mit seinem Hund jagen gegangen sei. Neben einer doppelläufigen Schrotflinte habe er illegal auch ein Gewehr besessen, dass er immer versteckt habe. Er selbst habe ein kleines gelbes Auto gehabt, aber auch andere Fahrzeuge im Besitz seiner Familie benutzt. Außerdem sprach er davon, Zeuge eines Unfalls gewesen zu sein, bei dem ein Lastwagen seinen Cousin überfahren habe, der kurz darauf an seinen schweren Verletzungen gestorben sei. Als man diese Aussagen später endlich überprüfte, erwiesen sie sich alle als korrekt.

Im Frühjahr 1964 unternahm Stevenson die erste von mehreren Reisen in die gebirgige Gegend, um mit dem damals fünfjährigen Imad zu sprechen.[10] Ohne das Dorf, in dem er angeblich gelebt hatte, je gesehen zu haben, hatte Imad insgesamt 47 präzise Aussagen über sein früheres Leben gemacht.[11] Um diese zu überprüfen, beschloss Stevenson, Imad so bald wie möglich nach Khriby zu bringen. Einige Tage später machten sich Stevenson und Imad tatsächlich auf die Reise. Die Straße, die sie nahmen, schlängelte sich 40 Kilometer weit durch die Bergwelt des Libanon. Während beide Dörfer gute Verbindungen mit der Hauptstadt Beirut hatten, gab es kaum Verkehr auf diesem schwierig zu befahrenden Landsträßchen.

In Khriby angelangt, machte Imad weitere 16 Aussagen über sein früheres Leben. Eine davon war zu ungenau, eine zweite nicht korrekt, doch die restlichen 14 stimmten. Zwölf der korrekten Aussagen betrafen ganz persönliche Ereignisse oder Details aus seinem früheren Leben. Es waren Informationen, die eigentlich nur ein Mitglied der betreffenden Familie wissen konnte.

Imad hatte zwar nie den Vornamen erwähnt, den er in

seinem früheren Leben gehabt hatte, doch das einzige Mitglied der Familie Bouhamzy, auf das seine Angaben zutrafen – und zwar exakt! – war ein Sohn namens Ibrahim, der im September 1949 an Tuberkulose gestorben war. Dieser war eng mit einem seiner Cousins befreundet gewesen, der 1943 von einem Lastwagen überrollt worden war. Ibrahim war in eine schöne junge Frau namens Jamileh verliebt gewesen, die nach seinem Tod aus Khriby weggezogen war.[12]

Die Details über sein früheres Leben in der Familie Bouhamzy, an die sich Imad während seines Aufenthalts in Khriby erinnerte, beeindruckten durch ihre intime Natur und durch ihre Genauigkeit. Zum Beispiel zeigte Imad die Stelle im Hof des Hauses, an der der Hund Ibrahim Bouhamzys am Strick gelegen hatte. Außerdem identifizierte er »sein« Bett und erklärte korrekt, wie es früher aufgestellt gewesen war. Auch wo Ibrahim sein Gewehr versteckt gehalten hatte, wusste er. Besonders aufschlussreich war, dass er Ibrahims Schwester Huda wieder erkannte und sie mit ihrem Namen ansprach. Als man ihm ein Foto von Ibrahims Bruder Fuad zeigte, erkannte er auch diesen und nannte seinen Namen.

Überzeugend war unter anderem auch das folgende kurze Gespräch zwischen Imad und »seiner« Schwester Huda. Diese fragte ihn: »Du hast etwas gesagt, unmittelbar bevor du gestorben bist. Was war es?« Imad erwiderte: »Huda, rufe Fuad!«[13] Das stimmte, denn Ibrahim hatte seinen Bruder Fuad, der kurz zuvor weggegangen war, noch einmal sehen wollen, war aber gleich, nachdem er diesen Wunsch geäußert hatte, gestorben.

Ohne eine konkrete geheime Absprache zwischen dem jungen Imad und der wesentlich älteren Huda Bouhamzy, die angesichts von Stevensons aufmerksamer Beobachtung nahezu unmöglich war, konnte es nur eine Erklärung dafür geben, dass Imad die letzten Worte des Sterbenden kannte: Er war tatsächlich die Reinkarnation des toten Ibrahim Bouhamzy. Das ist aber noch nicht alles. Wie bereits erwähnt, hatte Imad vor seiner Reise nach Khriby 47 Aussagen über sein früheres Leben gemacht, die Stevenson aufgezeichnet hatte, um sie persönlich zu überprüfen. Wie sich herausstellte, waren nur drei dieser Aussagen nicht korrekt. Die Indizien dieses Falls dürften nur schwer zu widerlegen sein. Allerdings könnte man einwenden, dass er sich in einer Gesellschaft abspielte, in der man an die Reinkarnation glaubt, wodurch kindliche Phantasien in dieser Richtung gefördert werden könnten. In diesem Kontext weist Stevenson darauf hin, dass Erinnerungen an frühere Leben nicht nur in Kulturen zu beobachten sind, in denen man die Reinkarnation als Tatsache akzeptiert, sondern auch dort, wo dies – zumindest offiziell – nicht der Fall ist. Zum Beispiel hat Stevenson etwa 35 Fälle in den Vereinigten Staaten untersucht, weitere in Kanada und Großbritannien. In Indien, schreibt er, stammten entsprechende Berichte auch aus islamischen Familien, die nicht an Reinkarnation glaubten.

Es ist im Grunde überdeutlich, dass Stevensons Untersuchungen wichtige Konsequenzen für das wissenschaftliche und medizinische Verständnis des Lebens haben. Gerade dies wird aber vielfach heftig bestritten. Das Phänomen der Reinkarnation stellt eine konkrete Bedrohung für das heutige Menschenbild dar, das alles ausschließt, was nicht gewogen, gemessen, zerlegt, unters Mikroskop gelegt oder in einer Petrischale gezüchtet werden kann. Wie viele der heute gängigen Annahmen, mit denen wir uns bereits beschäftigt haben, kann dieses Menschenbild nur aufrechterhalten werden, indem man widersprüchliches Material ignoriert, unterdrückt oder abqualifiziert, so überzeugend es auch sein mag. Zu diesem Thema hat Ian Stevenson im Gespräch mit dem Fernsehjournalisten Jeffrey Iverson bemerkt:

»Die Wissenschaft sollte den Indizien, die auf ein Leben nach dem Tod verweisen, wesentlich mehr Beachtung schenken. Unvoreingenommen betrachtet, sind diese Indizien nicht nur eindrucksvoll, sie stammen auch aus einer Vielzahl von Quellen. Als landläufige Meinung gilt, dass beim Tod des Gehirns auch der Geist zugrunde geht. Diese Meinung ist so fest verwurzelt, dass die Wissenschaft nicht in der Lage ist, zur Kenntnis zu nehmen, dass dies nur eine Annahme ist und dass es keinen Grund gibt, warum bestimmte Aspekte des Geistes den Tod des Gehirns nicht überleben sollten.«[14]

Alte Lehren über die Reinkarnation

Die indische Literatur ist uralt. Ihre ältesten Texte, die Veden, sind vor mindestens 4000 Jahren entstanden, also etwa zu der Zeit, in der sich in Mesopotamien das erste babylonische Reich bildete. Der Begriff der Reinkarnation durchzieht diese alten Schriften wie ein roter Faden. In einem der vedischen Texte heißt es über einen Toten: »In eine Lebensspanne sich kleidend, soll er zu seinen Nachkommen gelangen [und] sich mit einem Körper vereinen.«[15] Ein jüngeres Epos, die *Bhagavadgita*, spricht detaillierter über diesen Prozess: »Wie der Mensch zerschlissene Kleider ablegt und neue, andere anlegt, so legt die verkörperte Seele zerschlissene Körper ab, verbindet sich mit anderen, neuen.«[16] Wenn das Alter einer Lehre irgendeine Bedeutung für ihren Wert haben sollte, dann spricht angesichts dieser Texte nicht wenig für die Reinkarnation.

Im Allgemeinen ist der Reinkarnationsglaube im nichtislamischen Orient vollständig akzeptiert und selbst in die modernsten Aspekte der Kultur integriert. Mit den neuesten technologischen Entwicklungen vertraute Wissenschaftler wie etwa jene, die für das indische Weltraumprogramm zuständig sind, scheuen sich nicht, an frühere und zukünftige Leben zu glauben. Im Gegensatz zu dem im Westen herrschenden Vorurteil ist dieser Glaube also durchaus rational und problemlos mit der modernen Wissenschaft vereinbar.

Im Hinduismus und Buddhismus glaubt man, jedes Individuum sei als Teil des großen Einen in Wahrheit ein ewig lebendes Wesen, das über die Jahrtausende, ja Jahrmillionen immer wieder in diese Welt zurückkehre, um einen neuen Körper anzunehmen. Die gesamte Menschheit, heißt es, sei in diesem Kreislauf von Geburt und Tod gefangen, dem man nur mittels der Erleuchtung entrinnen könne. Das Streben nach Erleuchtung ist daher das höchste Ziel des Lebens.

Ob die künftigen Leben besser oder schlechter, angenehmer oder unangenehmer sind, hängt von der Qualität des Karma (Sanskrit für »Handeln, Werk«) ab, mit dem der Einzelne sich auseinander setzen muss. Dieses Karma wird durch das bestimmt, was man in der Vergangenheit getan hat. Als Summe aller positiven und negativen Dinge, die sich in früheren Leben angesammelt haben, bestimmt es, in welchem Maße der Einzelne in seinem neuen Leben »bestraft« oder »belohnt« wird. Dieser Glaube bringt natürlich ein sehr starkes Gefühl der Moral mit sich, denn der Erfolg jedes Einzelnen und seine potentielle Befreiung aus dem Kreislauf der Wiedergeburt hängt von seinem Karma ab.

Vielleicht ist es nicht allzu überraschend, dass auch in den Schriften des *Corpus Hermeticum*, die das Erbe des alten Ägypten beinhalten, Anspielungen auf die Reinkarnation zu finden sind. Wie wir gesehen haben, behandeln sie hauptsächlich die tiefgründige direkte Erfahrung des Göttlichen. Nebenbei enthalten sie jedoch verschiedene Aussagen, aus denen deutlich wird, dass auch die Reinkarnation im hermetischen Denken ihren festen Platz hatte, selbst wenn die entsprechenden Lehren möglicherweise eher mündlich weitergegeben wurden. In einem Text mit dem Titel »Der Mischkrug« fragt Hermes jedenfalls: »Du siehst, mein Sohn, dass wir so viele Körper [...] durchschreiten müssen, um zu dem Einen und Alleinigen zu eilen.«[17] Und im zehnten Kapitel des *Corpus Hermeticum*, das den Titel »Der Schlüssel« trägt, wird erklärt, was geschieht, wenn die Seele den Körper verlässt:

»Die unfromme Seele aber bleibt auf ihr eigenes Wesen beschränkt, wird durch sich selbst bestraft und sucht einen irdischen Körper, in den sie eingehen kann, einen menschlichen allerdings. Denn ein anderer Körper kann eine menschliche Seele nicht aufnehmen, und es verstieße gegen die göttliche Ordnung, wenn eine menschliche Seele in den Körper eines vernunftlosen Lebewesens gerät.«[18]

Was die Herkunft dieser Stellen betrifft, ist allerdings Vorsicht angebracht, weil es möglich wäre, dass sich hier der Einfluss indischer Meister manifestiert, die in Ägypten, besonders in Alexandria, die Lehren des Buddhismus und des Yoga verbreiteten. Dies geschah in hellenistischer und römischer Zeit, also gerade dann, als auch die hermetischen Schriften entstanden. Soweit heute bekannt, enthält kein älterer ägyptischer Text explizit die Idee der Reinkarnation. Stattdessen geht es durchgängig darum, erfolgreich durch die Unterwelt ins Jenseits zu gelangen.

Natürlich wäre es möglich, dass bestimmte wichtige Passagen bislang völlig falsch verstanden und übersetzt wurden. Ist dies der Fall, so könnte es eine symbolische Bedeutung des Jenseits geben, die den Gedanken der Reinkarnation einschließt, ohne dass die Übersetzer dies bisher erkannt hätten. Ein Beispiel dafür ist ein sehr merkwürdiger Dialog im ägyptischen *Totenbuch*, der sich sowohl auf einen Kreislauf verschiedener Leben wie auch auf die Vorstellung eines Karma zu beziehen scheint, oder zumindest auf etwas sehr Ähnliches. Leider ist dieser Teil des alten Papyrus beschädigt, weshalb seine Bedeutung nicht genau bestimmt werden kann. Dazu kommen noch die bekannten Übersetzungsprobleme.

Der Dialog findet zwischen dem Verstorbenen – in diesem Fall der Schreiber Ani – und dem Gott Thot statt, den die Griechen mit Hermes identifizierten. Der tote Schreiber fragt: »Welche Lebensdauer ist mir bemessen nun?« Thot

antwortet: »Millionen und wieder Millionen von Jahren.«
Darauf sagt Ani etwas, das sich auf sein bisheriges »Karma«
zu beziehen scheint: »Befohlen wird mir, bei den ältesten
Göttern zu wohnen, da ich das Übel, das ich begangen,
(seitdem die Erde, in Urzeit aus dem Chaos auftauchend, erschien) wieder gutgemacht.«[19]

Der Reinkarnationsglaube im Westen

Im Westen ist die Reinkarnation seit dem Verschwinden des
Druidentums vor fast zweitausend Jahren nicht mehr Teil
des anerkannten Glaubenssystems. Kurze Erfahrungen dieser Art werden heute als Déjà-vu-Erlebnis, Phantasie oder
Wunschdenken abgetan. Wie wir am Beispiel von Philip
Corrigan gesehen haben, kann eine durch Träume vermittelte Erfahrung jedoch einen ausgesprochen realen
Charakter haben. Der kleine Philip jedenfalls hatte keine
Zweifel, dass seine Träume sich auf ein früheres Leben bezogen. Dass seine Eltern sie abtaten, änderte nichts an seiner Überzeugung, und seine späteren Nachforschungen
gaben ihm Recht.

Angesichts der christlichen und wissenschaftlichen Glaubenssätze, die unsere westliche Kultur bestimmen, ist es
einigermaßen überraschend, dass der Reinkarnationsglaube
bei uns weiter verbreitet ist, als zu erwarten wäre. Im Februar 1969 veröffentlichte das Gallupinstitut die Ergebnisse
einer in zwölf nordamerikanischen und europäischen Ländern durchgeführten Umfrage, bei der sich herausstellte,
dass schon damals ein erstaunlich hoher Prozentsatz der Bevölkerung fest an die Realität der Wiedergeburt glaubte. In
der Bundesrepublik Deutschland waren dies 25 %, in Frankreich 23 %, in den Vereinigen Staaten und Österreich 20 %
und in Großbritannien 18 %.[20]

Zehn Jahre später stellte Gallup in Großbritannien fest,
dass der Prozentsatz der an Reinkarnation glaubenden Eng-
länder inzwischen von 18 auf 28 % angestiegen war.[21] Eine

ähnliche Umfrage in den Vereinigten Staaten zeigte, dass 1981 schon 23 % aller Erwachsenen an die Reinkarnation glaubten, was hieße, dass die erstaunliche Zahl von 38 Millionen US-Amerikanern der Überzeugung war, ein früheres Leben gehabt zu haben.[22]

Wie steht es aber nun mit den entsprechenden Beweisen? Existieren sie überhaupt? Wie wir sehen werden, hat die moderne Psychotherapie höchst interessante Dinge zutage gefördert, denen große Bedeutung zukommt. Zuerst jedoch wollen wir uns mit handfesteren Fakten beschäftigen, genauer gesagt mit bestimmten angeborenen Missbildungen und Muttermalen, deren Existenz alle Skeptiker vor ein großes Problem stellt. Offenbar können sie nämlich nur durch das Phänomen der Reinkarnation erklärt werden.

Achtes Kapitel

Spuren der Vergangenheit

»Ich glaube«, schreibt Ian Stevenson in seinem neuesten Buch, »dass Reinkarnation die beste Erklärung für die beeindruckenden Fälle bietet.«[1] Gemeint ist eine Reihe höchst interessanter Erinnerungen, die bestimmte Menschen an frühere Leben zu haben glauben.

Forscher wie Stevenson stehen ständig vor demselben Problem: Wie viel Vertrauen kann man jemandem schenken, der behauptet, sich an ein früheres Leben zu erinnern? Schließlich kann es sich bei solchen Aussagen um eine bewusste Täuschung handeln, mit der der Betreffende auf sich aufmerksam machen will. Außerdem könnte er einer Selbsttäuschung unterliegen, das heißt glauben, was er sagt, obwohl dies keinerlei objektive Realität haben mag. Jedenfalls ist es nicht allzu schwierig, nach ausgiebigen historischen Studien eine sehr überzeugende Geschichte über ein angebliches früheres Leben zusammenzuzimmern.

Wie wir im letzten Kapitel gesehen haben, hat Stevenson sich besonders auf Kinder verlassen, da diese seiner Meinung nach mit geringerer Wahrscheinlichkeit von äußeren Faktoren beeinflusst sind. Weniger wahrscheinlich, schreibt er, sei vor allem, dass sie konkrete Details über frühere Leben aus schriftlichen oder mündlichen Quellen aufgeschnappt hätten.

Es gibt aber noch eine weitere Kategorie von Reinkarnationserlebnissen, die aufgrund ihrer Merkmale nicht so leicht zu ignorieren ist. Es handelt sich dabei um Erinnerungen an ein früheres Leben, das mit einem gewaltsamen Tod endete, bei dem der Körper auf bestimmte Weise gezeichnet wurde. Im gegenwärtigen Leben erscheinen Muttermale oder Missbildungen am Körper, und zwar *genau dort*, wo dieser damals verletzt wurde.

Wunden aus einem früheren Leben

Muttermale und angeborene Missbildungen stellen die Mediziner oft vor ein Rätsel. Zwar sind manchmal genetische Faktoren, Viren oder Medikamente verantwortlich, doch kann damit mysteriöserweise nur etwa die Hälfte solcher Merkmale erklärt werden. In den anderen Fällen ist kaum ein Grund dafür zu finden, weshalb ein bestimmtes Merkmal auftritt und weshalb es sich an dem betreffenden Körperteil befindet. Ist die Medizin nicht in der Lage, das Rätsel zu lösen, schreibt sie den Geburtsfehler meist dem Zufall zu.

Die Forschungen Ian Stevensons legen andere Gründe nahe. Ein Beispiel dafür ist ein junger Burmese namens Maung Sein Win, den Stevenson interviewt hat. Sein Win behauptete, er könne sich an sein letztes Leben erinnern, in dem er während des Zweiten Weltkriegs als japanischer Soldat in Burma gekämpft habe. Dieser Soldat sei unweit des Dorfes, in dem er selbst später geboren wurde, bei einem Tieffliegerangriff ums Leben gekommen. Tatsächlich war Maung Sein Win ein für burmesische Verhältnisse außergewöhnlich fleißiges Kind. Außerdem hatte er eine starke Phobie gegen Flugzeuge. Wenn eines vorbeiflog, versteckte er sich unter der nächsten Hütte. In seinem jetzigen Leben waren keine Gründe für seine Ängste zu entdecken.

Maung Sei Win wurde mit zwei auffälligen Muttermalen geboren. Das eine war klein und rund und befand sich auf der oberen linken Brust, das andere befand sich am oberen linken Rücken und war ebenfalls rund, aber viel größer. Ihrem Aussehen nach entsprachen die beiden Male eindeutig den Wunden, die beim Ein- und Austritt eines Geschosses entstanden wären.[2]

Zwei weitere burmesische Jungen, mit denen Stevenson sprach, behaupteten ebenfalls, sie seien früher japanische Soldaten gewesen, die im Krieg gefallen seien. Während der eine ein einzelnes rundes Muttermal auf der Brust hatte und sich daran erinnerte, ebenfalls von einem Flugzeug getötet worden zu sein, behauptete der andere, Maung Myint Aung, er sei damals beim Rückzug der japanischen Armee gestorben. Mit ein paar Kameraden sei er im Mai 1945 im Zoo von Rangun umzingelt worden und habe, um nicht in Gefangenschaft zu geraten, Selbstmord begangen. Er erinnere sich noch daran, wie er sich mit einem großen Messer, vielleicht auch seinem Bajonett, die Kehle aufgeschlitzt habe.

Tatsächlich wurde Maung Myint Aung mit einem auffälligen, etwa einen Zentimeter breiten Muttermal geboren, das direkt über seine Kehle lief. Laut Ian Stevenson ähnelte es »sehr stark der verheilten Narbe von jemandem, der sich die Kehle aufschlitzte und überlebte«.[3]

Als Kind hatte Myint Aung oft davon gesprochen, er wolle nach Japan zurückkehren, um Geld für seine armen burmesischen Eltern zu besorgen. Offenbar war seine frühere Familie in Japan besser gestellt gewesen. Außerdem hatte er eine Reihe von Eigenschaften, die eher zur japanischen als zur burmesischen Kultur passten: Er hatte eine Vorliebe für süßes Essen; er hockte gern auf den Knien, was in Burma sehr ungewöhnlich, in Japan hingegen üblich ist; er war fleißig und achtete nicht auf körperliche Schmerzen; und es bekümmerte ihn, wenn er in den Nachrichten von etwas hörte, was negativ für Japan war – zum Beispiel von einer Niederlage der japanischen Fußball-Nationalmannschaft.

Eine burmesische Frau namens Daw Aye Myint wurde mit einem auffälligen, 15 Zentimeter langen Muttermal geboren, das über ihren Scheitel verlief. Bei der Geburt und während der folgenden Wochen nässte dieses Mal. Später erinnerte die Frau sich daran, sie sei in ihrem früheren Leben ein Mann gewesen, der durch einen Schlag auf den Kopf mit einem scharfen Schwert oder einer Machete ermordet worden sei.[4]

Ein ähnlicher Fall ist der des Thailänders Chanai Choomalaiwong, der im Alter von drei Jahren begann, über sein früheres Leben zu erzählen. Er sei, sagte er, ein Lehrer namens Bua Kai gewesen, der mit seiner Familie in der Stadt Khao Phra gelebt habe und auf dem Weg zur Schule ermordet worden sei. 1971, als Chanai vier Jahre alt war, brachte man ihn nach Khao Phra, wo er seine Begleiter sofort zu dem Haus führte, in dem er früher gewohnt hatte. Die beiden alten Leute, die darin wohnten, seien seine Eltern, sagte er. Tatsächlich handelte es sich um die Eltern eines Mannes namens Bua Kai, der Schullehrer gewesen und 1962 ermordet worden war.[5]

Bua Kai war allerdings nicht nur Lehrer gewesen, sondern auch ein kleiner Gangster mit der fatalen Neigung, den Frauen und Freundinnen anderer Männer nachzustellen. Deshalb war er wahrscheinlich auch ermordet worden. Wie Stevenson anhand der Polizeiakten feststellte, war er am 23. Januar 1962 erschossen worden. Angehörige, die seine Leiche gesehen hatten, bestätigten, dass die Kugel am Hinterkopf eingetreten und oberhalb des linken Auges durch die Stirn wieder ausgetreten war.

Der fünf Jahre später geborene Chanai hatte ein kleines, rundes Muttermal am Hinterkopf und ein größeres Mal an der linken Stirn.[6] Inzwischen elf Jahre alt, erzählte er über seinen Tod als Bua Kai: »Ich weiß nicht, wer mich erschoss, denn es geschah von hinten. Ich war bewusstlos, als ich starb. Danach aber fühlte ich, wie meine Seele den Körper verließ. Ich sah mich selbst auf der Straße liegen. Meine Beine zuckten noch. Mein Blut lief auf die Straße.«[7]

Besondere Bedeutung kommt einer Reihe von Fällen zu, bei denen Aussagen über ein gewaltsam beendetes früheres Leben anhand der Unterlagen über die medizinische Behandlung des zu Tode Gekommenen überprüft werden konnten. Stevenson konnte hier die genauen Details der damals erlittenen Wunden mit den Geburtsmalen im gegenwärtigen Leben vergleichen. Insgesamt berichtet er von zwölf Fällen dieser Art, auf die er in der Türkei, im Libanon, in Kanada, Alaska, Indien und Thailand gestoßen ist.

Ein Beispiel ist der Libanese Tali Sowaid, der 1965 mit einem runden Muttermal auf beiden Wangen geboren wurde. Das Zeichen auf der rechten Wange war größer als das auf der linken. Tali hatte kaum sprechen gelernt, als er schon Einzelheiten über sein früheres Leben erzählte, vor allem über den erlittenen gewaltsamen Tod. Er sagte, damals habe er in Btechney gewohnt, einem kleinen Bergdorf im Osten von Beirut. Während er eines Tages eine Tasse Kaffee getrunken habe, sei ein Unbekannter an ihn herangetreten und habe auf ihn geschossen. Seltsamerweise erinnerte er sich außerdem daran, dass er kurz vor seinem Tod aus dem Bett gefallen war.

Diese Angaben paßten tatsächlich zu einem Mord, der in Btechney geschehen war. Das Opfer war ein Mann namens Said Abul-Hisn, der Täter ein psychisch labiler Dorfbewohner, der Abul-Hisn mit jemand anderem verwechselt hatte, gegen den er einen Groll hegte. Er hatte sich an Abul-Hisn herangeschlichen und ihm aus nächster Nähe in den Kopf geschossen. Die Kugel durchschlug beide Wangen des Opfers und seine Zunge. In einem Beiruter Krankenhaus, in das man Abul-Hisn eilends geschafft hatte, wurde ein Luftröhrenschnitt vorgenommen, weil die verletzte Zunge die Atmung blockierte. Wenig später fiel Abul-Hisn jedoch aus seinem Krankenbett, die eingeführte Kanüle verstopfte sich, und er erstickte. Stevenson schreibt dazu: »Es war mir möglich, den Krankenhausbericht dieses Falles zu studieren. Er zeigte, dass das Muttermal auf Talis linker Wange, welches das kleinere der beiden war, der Einschusswunde und das auf seiner rechten Wange der Austrittswunde entsprach.«[8]

Schon zu Beginn seiner Forschungen sind Stevenson bestimmte Merkmale an Kindern aufgefallen, die von Reinkarnationen berichten. So beginnen sie schon sehr früh, im Alter von zwei bis vier Jahren, von ihrem früheren Leben zu erzählen, hören damit aber normalerweise im Alter von fünf bis acht Jahren wieder auf. Ein hoher Prozentsatz berichtet zudem von der Art und Weise des Todes, der in vielen Fällen durch Gewalteinwirkung eingetreten sei.[9] Stevenson ist daher der Meinung, dass ein solcher Tod, der ja immer verfrüht und unerwartet eintritt, einer der Gründe für die verbliebene Erinnerung ist. Durch die Gewalteinwirkung werde die Aufmerksamkeit außerdem auf den betroffenen Körperteil gelenkt.

Mit seiner Ansicht steht Stevenson anscheinend nicht allein. Bei einer seiner Forschungsreisen lernte er im indischen Bundesstaat Uttar Pradesh einen Richter kennen, der ihm den Rat gab, sich in einer bestimmten Stadt mit einer extrem hohen Quote an Gewaltverbrechen umzusehen, weil er offenbar wusste oder vermutete, dass Kinder, die sich an frühere Leben zu erinnern glauben, oft von einem gewaltsamen Tod berichten.[10]

All diese Fälle, meint Stevenson, bieten schlüssige Beweise für die Realität der Reinkarnation. Bezüglich der Konsequenzen kommt er zu dem Schluss: »Vielleicht sind wir tatsächlich in eine duale Evolution verwickelt – der unseres Körpers und der unseres Geistes beziehungsweise unserer Seele.«[11]

Verschüttete Erinnerungen

Viele Formen der Psychotherapie haben das Ziel, im Unterbewusstsein ruhende Erinnerungen an die Oberfläche zu bringen. Sobald das geschehen ist, kann der Patient damit umgehen und sie in seine Persönlichkeit integrieren, die dadurch Heilung erfährt.

Viele Funktionsstörungen der Psyche, aber auch des Körpers, können auf starke, tief vergrabene Erinnerungen an Ereignisse zurückgeführt werden, bei denen der Patient verwirrt, betrogen oder enttäuscht wurde. Solange sie ihm nicht bewusst werden, stecken sie in ihm wie Tretminen, die explodieren, wenn irgendein Aspekt des Lebens mit dem betroffenen Bereich in Berührung kommt.

Therapeuten, Analytiker und Psychiater arbeiten schon seit langem mit Techniken, mit deren Hilfe solche Erinnerungen aus den Tiefen des Unterbewusstseins geborgen werden können, in denen sie latent ruhen. Eine dieser Methoden ist die Traumdeutung. Andere Therapeuten vertrauen auf gelenkte Phantasien, künstlerische Ausdrucksformen, die Assoziation von Reizwörtern, die Hypnose oder intensive therapeutische Erlebnisse, die gelegentlich sogar durch psychedelische Drogen verstärkt wurden. Bei manchen der Erinnerungen, die während der Therapie aufbrechen, scheint es sich um Erinnerungen an frühere Leben zu handeln.

Der auch als Sachbuch-Autor bekannte Psychiater Stanislav Grof ist schon lange der Ansicht, die Reinkarnation könne als therapeutisches Werkzeug verwendet werden. Grof, der oft beobachten konnte, wie in der Therapie Erinnerungen an frühere Leben zum Ausbruch kamen, behauptet nachdrücklich, das zähle zum therapeutischen Alltag. Leider, schreibt Grof, würden solche Erinnerungen in der orthodoxen Psychiatrie als pathologisch angesehen, das heißt als Vorzeichen einer schweren psychischen Erkrankung. Deshalb würden dann gleich Medikamente verschrieben. Grof, der diesen Ansatz seit langem für vollkommen falsch hält, schreibt: »Therapeuten, die sich weigern, mit diesen Erlebnissen zu arbeiten, weil sie dem Begriff der Reinkarnation ablehnend gegenüberstehen, berauben ihre Patienten einer sehr wirksamen therapeutischen Technik.«[12]

In manchen Fällen ergaben unabhängige Nachforschungen Hinweise darauf, dass die bei Grofs Therapiesitzungen zutage getretenen Erinnerungen keine bloßen Phantasien waren. Ein Beispiel dafür ist ein Mann, der während eines einmonatigen Seminars am kalifornischen Esalen-Institut, an dem Grof arbeitete, wieder in ein früheres Leben eintauchte. Seinen Erinnerungen nach war er im 16. Jahrhundert ein Priester im Dienste der spanischen Armee gewesen. Zu dieser Zeit befanden Spanien und England sich im Kriegszustand, und spanische Kommandotrupps landeten oft an der irischen Küste. Bei einem solchen Angriff war der Priester mit einem Trupp spanischer Soldaten in der Festung Dunanoir an der irischen Westküste von englischen Truppen umzingelt worden, die ihn und seine Gefährten töteten.

Dieser Priester, erinnerte sich der Patient, habe einen Siegelring mit seinen Initialen getragen. Bei einer Therapiesitzung gelang es dem Patienten, ein Bild davon zu zeichnen. Als man sich später mit der betreffenden historischen Periode befasste, stellte sich heraus, dass die Erinnerungen des Patienten bis ins Detail stimmten. Unter anderem stieß man auf ein altes Dokument mit dem Namen des Priesters, der die spanischen Soldaten begleitet hatte. Die Initialen waren identisch mit denen auf dem Siegelring, den der Patient bei seiner Therapie gezeichnet hatte.[13]

Erlebnisse unter Hypnose

Die Hypnose ist eine sehr wirkungsvolle Methode, deren Wirkungen und Möglichkeiten bei weitem nicht allen bekannt sind. Beim psychologischen Establishment hat sie jedoch einen leicht zweifelhaften Ruf. Zweifellos tragen die reisenden Hypnotiseure, die eher dem Showgeschäft als der Therapie zuzuordnen sind, nicht gerade dazu bei, diesen Ruf zu verbessern.

Dennoch bedienen sich viele Therapeuten mit aller gebotenen Vorsicht weiterhin dieser Methode, um Zugang zu immer tieferen Ebenen der verschütteten Erinnerung zu finden. Dabei ist gelegentlich ein sehr seltsames Phänomen aufgetreten. Unter Hypnose kamen tiefliegende Erinnerungen zum Vorschein, die offenbar nichts mit dem derzeitigen Leben des Patienten zu tun hatten, sondern Erinnerungen an ein früheres Leben zu sein schienen.

Die amerikanische Psychotherapeutin Edith Fiore berichtet in einem ihrer Bücher, wie ein Patient sie zum ersten Mal mit solchen Erinnerungen konfrontierte: »Er hatte mich wegen schwerer sexueller Hemmungen aufgesucht. Als ich ihn unter Hypnose aufforderte, zum Ursprung seiner Probleme zurückzugehen, sagte er: ›Vor zwei oder drei Leben war ich katholischer Priester.‹«[14] Zuerst war Fiore verblüfft, doch dann siegte ihr professionelles Interesse, und sie ermutigte den Patienten, sich intensiver mit dem Leben zu beschäftigen, das er nach seinen Worten im Italien des 17. Jahrhunderts geführt hatte. Als er sie wieder aufsuchte, berichtete er, seine Probleme seien verschwunden.

Mit ihrer Entdeckung, dass unter Hypnose offenbar Erinnerungen an frühere Leben an die Oberfläche kommen können, steht Fiore nicht allein. Der erste Fall, der in den Vereinigten Staaten das Interesse eines breiten Publikums erregte, war die sensationelle »Bridie-Murphy-Affäre« in den Fünfzigerjahren, bei der es um ein angebliches früheres Leben im Irland des 19. Jahrhunderts ging. In England war es der Hypnotiseur Arnall Bloxham, der eine ähnliche Kontroverse auslöste. Die Geschichten seiner Klienten, die sich an frühere Leben zu erinnern glaubten, erlangten eine beträchtliche Berühmtheit, als die BBC einen Bericht über sie ausstrahlte.

Natürlich sind solche Fälle faszinierend, besonders wenn die Betroffenen eine große Menge detaillierter Einzelheiten über ihre früheren Leben von sich geben. Die Aussagen von Bloxhams Klienten wurden daher nicht nur attackiert, sondern auch einer genauen Überprüfung unterzogen.

Der wohl bekannteste dieser Fälle ist der Bericht eines Mannes, der sich unter Hypnose daran zu erinnern glaubte, dass er im 18. Jahrhundert als Kanonier auf einer Fregatte der britischen Kriegsmarine gedient hatte. Befehligt worden sei das mit 32 Kanonen bestückte Schiff von einem Kapitän namens Pearce. Der Schiffsname war offenbar recht ausgefallen; nach Aussage des Klienten benutzten die Matrosen daher den Spitznamen »Aggie«. An den wirklichen Namen, den die Seeleute damals wohl nicht lesen und aussprechen konnten, erinnerte er sich nicht. Vielleicht handelte es sich um eine Abkürzung für »Agamemnon«.

Bei seinem Bericht benutzte der Klient eine große Zahl veralteter Ausdrücke und nautischer Fachbegriffe, die nur einem Seemann dieser Zeit vertraut gewesen wären. Zudem berichtete er über viele Einzelheiten, die für das damalige Leben auf See typisch waren: über den Gestank, die von Würmern befallene Verpflegung, die grobe Kleidung und die Peitschenhiebe. Letzteren sei er allerdings entgangen, weil er wohl gewusst habe, wie man mit einer Kanone umzugehen habe.[15]

Die erste und einzige Hypnosesitzung, an der der Klient je teilnahm, endete mit einem dramatischen Kampf auf See. Leidenschaftlich und detailliert beschrieb er, wie sein Schiff vor Calais einem französischen Fahrzeug aufgelauert habe. Vom Morgennebel verborgen, habe die »Aggie« viele Stunden vor der Küste gekreuzt. Die Kanonen seien geladen gewesen, die Kanoniere hätten glimmende, mit Teer getränkte Seilenden geschwungen, um sie am Brennen zu halten. Als das französische Schiff endlich auftauchte, sei alles bereit gewesen.

Die beiden Schiffe, berichtete der Mann in seiner hypnotischen Trance, seien sich immer näher gekommen. Während die weniger erfahrenen Kanoniere ungeduldig aufs Abfeuern ihrer Geschütze gewartet hätten, hätte er sie aufgefordert abzuwarten. Seine Erzählung endete folgendermaßen:

»Warten, warten … Wir warten auf den Befehl. – Schwingt die Zünder! – Achtung! Zu Befehl! (Schreit aufgeregt.) Achtung, fertig, los! – Gut gemacht! Trefft sie, trefft sie mittschiffs! (Kreischend) Zieht den Mann heraus, zieht ihn heraus! Schafft ihn hinunter! – Achtung, fertig, los! – Nehmt die Kanonenwischer! Die Ladestöcke! Erst reinigen, du Trottel! Zu Befehl, Herr Leutnant! Achtung, fertig,

los! – So ein verfluchter Schweinehund! Eine La-
dung direkt auf uns ... Mein Gott, Pearce hat's ab-
gekriegt ... (Schreit entsetzt.) Mein Bein ... da liegt
mein blutiges Bein! (Stöhnt.) Mein Bein ... mein
Bein ...«[16]

Als der Klient aus der Hypnose erwachte, war er so erschüttert, dass er sich Bloxham nie wieder zur Verfügung stellte.
Seine Geschichte hingegen war so außergewöhnlich und
überzeugend, dass man Prinz Philip und seinem Onkel Earl
Mountbatten, beide im Rang eines Admirals der britischen
Marine, die Tonbandaufnahmen der Sitzung vorlegte. In
ihrem Auftrag bemühten sich Marine-Historiker, das Schiff,
seinen Kapitän und die geschilderte Auseinandersetzung zu
identifizieren, was trotz der vielen Einzelheiten leider nie
gelang. Es bleibt also die Frage, ob hier eine tatsächliche Erinnerung an ein früheres Leben vorliegt oder nur eine Phantasie, ausgeschmückt mit Versatzstücken aus Büchern, Fil-
men und Radiosendungen. Die Antwort darauf steht noch
aus.

Probleme mit der Hypnose

Auch wenn der Wert der Hypnose für die Psychotherapie
nicht zu bezweifeln ist, bleibt also fraglich, ob die in diesem
Zustand gemachten Aussagen über frühere Leben objektiv
wahr sind. Edith Fiore zum Beispiel versucht erst gar nicht,
die historische Korrektheit der Geschichten zu verifizieren,
die ihre Patienten erzählen. Ihr Interesse gilt der psychologischen, nicht der historischen Wahrheit. Das heißt, sie
interessiert sich nur dafür, was für die Heilung des Patienten
hilfreich ist. Werden die psychischen Störungen des Patienten beseitigt oder erleichtert, indem er die Ursachen seiner
Probleme durch die Beschäftigung mit früheren Leben verstehen lernt, reicht das aus Sicht Fiores aus, um diese Methode ernst zu nehmen. Ihr Ansatz erinnert daher eher an

die Suche nach der Reinkarnation eines tibetischen Lamas; er ist zwar faszinierend, aber kaum wissenschaftlich zu nennen.

Ian Stevenson ist sich dieser Probleme schon seit langem bewusst. Bei seinen eigenen Reinkarnationsforschungen hat er deswegen auf die Anwendung der Hypnose verzichtet. Er gesteht zwar zu, dass sie eine attraktive Methode darstellt, die scheinbar die Möglichkeit einer wissenschaftlichen Kontrolle und Verifikation bietet. Letzteres jedoch ist seiner Meinung nach nur eine Illusion, da es sich immer als unmöglich erwiesen hat, festzustellen, inwieweit der Patient auf andere Weise in Kontakt mit den Details gekommen sein könnte, die er bei seinen angeblichen Erinnerungen an frühere Leben von sich gibt. Als mögliche Quellen wären etwa Romane, Theaterstücke, Filme und Dokumentarberichte zu nennen.[17]

Stevenson meint, diese angeblichen früheren Leben bestünden aus mehreren Bausteinen. Sie enthielten Aspekte der Persönlichkeit des Patienten, vermischt mit Phantasien, die aus diversen schriftlichen oder filmischen Quellen stammen könnten. Stark beeinflusst werde der Prozess auch davon, was der Hypnotiseur nach Meinung des Patienten von diesem wolle. Anders gesagt, könnte der Patient versuchen, dem Experten zu gefallen, indem er die »richtigen« Informationen von sich gibt.

Außerdem könnte, meint Stevenson ferner, ein paranormales Element ins Spiel kommen, zum Beispiel Hellsehen, Telepathie oder der Einfluss einer Art Geistwesen. Selbst wenn echte Erinnerungen an frühere Leben dazukämen, wäre das Erlebnis gleichzeitig aus mehreren Quellen entstanden. Auf diese Weise könne zwar eine zusammenhängende und faszinierende Geschichte entstehen, bei der es sich jedoch nicht ausschließlich um die Erinnerung an ein früheres Leben handle.

Trotz all dieser Mängel können wir unter Hypnose berichtete Reinkarnationserlebnisse jedoch nicht vollständig ignorieren. Es wäre beispielsweise möglich, dass eine echte

Erinnerung an ein früheres Leben alle damit verbundenen Informationen an sich zieht, die sich im Verlauf der Jahre in der Psyche angesammelt haben. Vielleicht ist man unter Hypnose nicht in der Lage, zwischen diesen Quellen zu unterscheiden, und präsentiert daher alle verfügbaren Informationen in Form eines überzeugenden Ganzen.

Manche dieser Berichte vermitteln eine stille Würde, ein undramatisches Gefühl der Gültigkeit. Gerade sie sind nicht so leicht zu übergehen. Das trifft auch auf das Erlebnis eines Patienten von Edith Fiore zu, der unter Hypnose von einem Ritterturnier im England des Jahres 1486 erzählt hat, das für ihn einen schlimmen Ausgang nahm.

Das Turnier

»Ich sitze in meiner Rüstung auf dem Pferd ... Ich – ich bin ein bisschen nervös ... und ich hab' das Gefühl, ich müsste ... ich müsste mich womöglich übergeben.«[18] So beschrieb der Patient Edith Fiores den Moment, bevor er in seiner Erinnerung auf den Kampfplatz eines Ritterturniers ritt, das in England zur Zeit von König Heinrich VII. stattfand. Nachdem er von seiner Nervosität beim Warten erzählt hatte, sagte er, jetzt sei er endlich auf dem Platz. Plötzlich zuckte er heftig zusammen und sagte, sein Gegner habe ihn vom Pferd gestoßen. Fiore fragte, ob er nun am Boden liege. »Nein«, sagte er, »ich bin ... aufgestanden ... ich schäme mich mehr, als dass ich Angst hätte, aber ... ich bin irgendwie desorientiert ... ich glaub', ich bin am Bauch verwundet.«[19]

Sein Gegner saß noch auf dem Pferd und umkreiste ihn, um auf die richtige Gelegenheit zu warten, den Herabgefallenen mit seiner Waffe zu treffen. Der Patient beschrieb seine missliche Lage: Lediglich mit einer Streitaxt bewaffnet, konnte er seinem berittenen Gegner kaum Schaden zufügen. Plötzlich gab dieser seinem Pferd die Sporen und überrannte ihn. Dabei schwang er seine Waffe, einen Morgenstern, mit dem er dem Gefallenen einen tödlichen Schlag auf den Kopf versetzte.

In diesem Moment verzerrte Edith Fiores Patient qualvoll das Gesicht. Sie fragte, wo er sich nun befinde. Mit ersterbender Stimme erwiderte er: »Ich liege im Gras ... ich spüre einfach gar nichts ... bloß irgendetwas Warmes und ein ... rotes Blut, warmes Blut strömt durch meinen Körper ... und ich bin gerade ... irgendwie ... ich hab' ein weißes Licht gesehen und ... bin einfach weggeschwebt ...«[20] Später sprach er ausführlicher über seinen Tod: »Ich lag mit dem Gesicht auf dem Boden, und dann bin ich mit dem Gesicht nach unten geschwebt ... bin hochgeschwebt und ... zuerst etwa einen Meter hoch ... und dann bin ich aufrecht geschwebt ... einfach weggeschwebt ... ein Gefühl der Wärme und Erlösung in meinem ganzen Körper ... ich sehe die ganze Landschaft. Ich kann alles sehen.«[21]

Der Sturz in die Sonne

Ein anderer interessanter Fall führt uns noch weiter in den größeren Zusammenhang hinein, auf den schon das Ende des geschilderten Kampfes verweist. Die Reinkarnation ist schließlich nur ein Aspekt eines umfassenderen Prozesses, der mit dem Tod beginnt, nicht endet.

Es geht um die Erlebnisse eines Mannes, der in den Jahren vor und nach seinem 20. Geburtstag eine Reihe kurzer, aber lebhafter Erinnerungen an frühere Leben hatte.[22] Keines dieser Erlebnisse dauerte länger als ein oder zwei Minuten, doch er hatte keinerlei Zweifel an ihrer Realität. Wie er berichtet, stellte er jedes Mal plötzlich fest, dass beim Wiedererleben der vergangenen Ereignisse auch sein *damaliges* Erinnerungsvermögen wiederkehrte. Das heißt, er erinnerte sich nicht nur an ein bestimmtes Leben, er wusste auch, dass er es später vergessen hatte. Es war, wie sich nach vielen Jahren als reiner Autofahrer wieder auf ein Fahrrad zu setzen. Sobald man auf dem Sattel sitzt und in die Pedale tritt, kehrt die Erinnerung wieder, wie man balancieren und lenken muss. Das Fahrradfahren wird wieder zur zweiten Natur, genau wie früher. So sei es auch mit der Erinnerung an frühere Leben; sobald sie auftrete, sei ihre Realität eine Selbstverständlichkeit.

Das war jedoch nicht die einzige Entdeckung, die er machte. Wenn er sich das erste Mal an eines dieser früheren Leben erinnerte, also eins mit ihm wurde, wurde ihm klar, dass er dies entweder zum Zeitpunkt des damaligen Todes tat oder dann, wenn sich eine profunde Erfahrung abspielte.

Mit einem dieser Leben verschmolz er in dem Moment, als er als Wikingerkrieger am Bug seines Schiffes stand, das sich bei Sonnenaufgang ächzend durch die Nordsee kämpfte. Während die Sonne aufging, entstand ein Gefühl der Zeitlosigkeit. In diesem Augenblick und in diesem Leben als Wikinger erkannte er die Ewigkeit und Einheit der Schöpfung. Es war eine zutiefst mystische Erfahrung. Das galt auch für ein anderes Leben, in das er eintrat, als die Einweihung in ein uraltes, geheimes Ritual gerade ihren Höhepunkt erreichte.

Mit anderen Leben verschmolz er im Augenblick des Todes. So war er offenbar einmal Galeerensklave auf einem römischen Schiff gewesen. Er spürte den Gestank, die Nacktheit, den Schweiß, die Ketten, die Ruder, die Hoffnungslosigkeit und den Hass, den er auf die Römer empfand. In diesem Moment bohrte sich der Rammsporn eines feindlichen Schiffes durch die Planken seiner Galeere, gefolgt von einem Wasserschwall. Da er an die Planken gekettet war, zog ihn das Schiff in die Tiefe, wo er ertrank. Das Ganze dauerte nur wenige Minuten.

Ein anderes Leben, in das er kurz vor dem Tod eintrat, endete während des Zweiten Weltkriegs. Er befand sich im Cockpit einer Messerschmitt Me 163, eines Raketenflugzeugs der deutschen Luftwaffe. Das Flugzeug, das mit einem hoch empfindlichen Treibstoff betrieben wurde, explodierte bei der Landung, was bei diesem Typ nicht selten vorkam. Er spürte, wie er von dem Wrack wegschwebte und auf eine schneebedeckte, verwüstete Landschaft hinabblickte, und während seine Erinnerung verblasste, fragte er sich, was mit der Schönheit, der Liebe und der Wahrheit geschehen war. Diese Fragen prägten auch sein nächstes, das jetzige Leben.

Er erkannte, dass jeder dieser Momente der gleichen Zeit angehörte, egal, wie viele Leben und wie viele Jahre dazwischen liegen mochten. Diese Erlebnisse als Erinnerung zu bezeichnen, entsprach irgendwie nicht dem vollen Ausmaß ihrer Realität. Auf eine bestimmte Weise, kam es ihm vor, existierten diese Leben noch immer; nur die Zeit trennte sie vom jetzigen Moment. All diese Leben waren wie die Speichen eines Rades, die außen voneinander entfernt sind, doch an der Nabe zusammenlaufen.

Zwei oder drei Jahre nach dieser Vielzahl von Reinkarnationserlebnissen hatte er begonnen, abends regelmäßig zu meditieren. Dabei hatte er ein Erlebnis, dass all die anderen in einen Zusammenhang stellte.

Eines Abends war er nach seiner Meditation eingeschlafen, als er plötzlich aufwachte. Er hatte das Gefühl, unkontrollierbar durch den tiefen dunklen Raum zu fallen, und er genoss die Freiheit dieses wilden Sturzes. Dann begann sich vor seinen Augen undeutlich eine Szene zu bilden. Es war wie Rauch, der sich allmählich verdichtet und verfestigt. Während das geschah, erkannte er eines seiner früheren Leben, und er wusste instinktiv, dass er die sich bildende Szene annehmen, mit ihr verschmelzen und sie noch einmal durchleben konnte. Doch statt Neugier zu verspüren, fühlte er sich todmüde. »Nein«, sagte er, »nein. Ich bin erschöpft, ich hab' genug von all den vielen Leben. Ich will jetzt einfach nur das Licht sehen.«

Die Szene löste sich auf, und er fiel wieder mit großer Geschwindigkeit durch die Dunkelheit des Raumes, bis sich auf dieselbe Weise eine zweite Szene vor seinen Augen zu formen begann. Wieder erkannte er eines seiner früheren Leben, und wieder wies er es zurück, weil er müde sei.

Sofort löste es sich auf, und er stürzte wieder durch den Raum.

Ein drittes Mal bot sich eine Szene an, wieder verwies er auf seine Müdigkeit, wieder löste sie sich auf, und er fiel weiter durch die endlose Dunkelheit. Diesmal hatte sich jedoch etwas verändert. In weiter Entfernung sah er einen hellen Stern, eine Sonne, auf die er mit zunehmender Geschwindigkeit zustürzte. Dann fiel er in die Sonne.

Plötzlich saß er da, und das helle Licht strömte durch jede Zelle seines Körpers. Da es von einem intensiven Brennen begleitet war, war es eine schmerzhafte Erfahrung, die ihn erschöpfte, während er dasaß, unfähig, etwas anderes zu tun, als alles einfach weiter zuzulassen.

Abrupt ließ der Schmerz nach, und er spürte die Sonne innerhalb seines Körpers aufsteigen. Es war, berichtet er, als habe die Sonne im Mittelpunkt seiner Stirn geleuchtet und ihn mit unendlich reinem Licht erfüllt. Dieses Licht aber war das Göttliche selbst.

In diesem Augenblick wusste er, dass tatsächlich alles eins war, und er lachte, weil er eine derart selbstverständliche Wahrheit vergessen hatte. Er hatte sie schon immer gekannt und doch lange nach ihr gesucht. Nun erkannte er seinen Fehler, denn jede Suche war unnötig: Es bedurfte lediglich der Erinnerung. Der Tod erschien ihm wie ein Fabelwesen, die Reinkarnation als ein Prozess, der so natürlich war wie der fallende Regen und das Auf und Ab der Gezeiten.

Es ist kaum möglich, eine solche Erfahrung nach einem wissenschaftlichen Standard zu beurteilen, aber ist sie es deshalb nicht wert, Beachtung zu finden? Wird sie dadurch irrelevant für unser Leben? Nein, denn sie kann uns, so weit sie auch von jeder objektiven Beweisbarkeit entfernt sein mag, deutlich machen, dass die Reinkarnation, wie sie erfahren wird, nicht isoliert betrachtet werden kann. Wie viele ähnliche Berichte verweisen diese Erlebnisse darauf, dass sie ein bedeutsamer Bestandteil von etwas viel Größerem ist.

Es ist offenkundig, dass die Erfahrung früherer Leben in engem Zusammenhang mit der Erfahrung des Todes steht. Mit der Erfahrung des Todes aber befinden wir uns paradoxerweise inmitten des größten Mysteriums des Lebens, eines Mysteriums, das eine noch so große Menge an Fossilien und archäologischen Funden nicht wirklich erklären kann. Es ist ein Geheimnis, zu dem die Wissenschaft keinen Zugang hat, denn folgt man deren Denkweise, so bedeutet der Stillstand aller biologischen und chemischen Körpervorgänge und das rasche Verwesen des Körpers nur eines: das Ende, als werde eine Lampe ausgeknipst.

Um das Mysterium des Todes zu begreifen, müssen wir ein wenig Demut zeigen und uns noch einmal mit den Schriften der Vergangenheit befassen, denn diese können uns mehr sagen als die Wissenschaft. Der Tod, behaupten sie, stelle kein Ende dar, sondern den Anfang einer neuen Reise, einer Reise durch das Reich der Götter.

Neuntes Kapitel

Kann der Tod im Leben erfahren werden?

Seit Urzeiten werden die Mythen über das Leben nach dem Tode von bestimmten Vorstellungen geprägt. Immer wieder ist die Rede von einem himmlischen Ort, der sich jenseits der Pforten des Todes erstreckt, aber auch von einem Ort des Elends und der Bestrafung, einem Rückblick auf das vergangene Leben, einem göttlichen Gericht und dem Überschreiten einer Grenze, zum Beispiel eines Flusses.

Sind solche Mythen nichts als fromme, aber zynische Geschichten, oder wurden sie von Menschen erschaffen, die selbst einen kurzen Moment lang in Kontakt mit dem Tod gekommen, dann aber wieder ins Leben zurückgekehrt waren? Entstammen unsere Vorstellungen von Himmel und Hölle also womöglich nicht einer lebhaften religiösen Einbildungskraft, sondern Berichten über reale Erfahrungen?

Sicher ist jedenfalls, dass der Übergang in den Tod schon in der Frühzeit der Menschheitsgeschichte von Ritualen begleitet wurde. Ein Beispiel dafür ist das 100 000 Jahre alte Grab eines jungen Neandertalers, das russische Archäologen in Zentralasien entdeckt haben. Das Skelett war von paarweise angeordneten Ziegenhörnern umgeben. Auch ein weiterer Neandertaler, dessen 75 000 Jahre altes Grab im französischen Le Moustier entdeckt wurde, wurde offenbar nach einem bestimmten Ritual bestattet. Sein Körper war mit rotem Ocker bedeckt, sein Schädel lag auf aufgehäuften Feuersteinen; außerdem fanden sich verstreute Rinderknochen mit Brandspuren.[1]

Bei Grabungen in der Neandertalerhöhle von Shanidar

im Norden des Irak hat man eine Reihe circa 60 000 Jahre alter Gräber gefunden. In einem Fall konnte festgestellt werden, dass der Tote auf einem Bett aus Blumen bestattet worden war.[2] Solche einfachen Bestattungsriten weisen darauf hin, dass der Tod schon damals nicht als bedeutungslos angesehen wurde. Die Leichen wurden nicht einfach beseitigt oder achtlos verscharrt; der Übergang vom Leben zum Tod galt vielmehr als ein ganz besonderer Vorgang, dem Ehre gebührte.

Auch die etwa 14 000 Jahre alten Gräber der ägyptischen Vorzeit lassen einen bestimmten standardisierten Bestattungsritus erkennen. Die Toten wurden in flachen, ovalen Gräbern bestattet, die mit dünnen Kalksteinplatten bedeckt waren.[3] Ein derart durchgängig zu beobachtendes Schema weist darauf hin, dass das Wissen über den Umgang mit dem Tod ein wichtiges Thema der damaligen Kultur war. Zudem ist zu vermuten, dass es speziell ausgebildete Männer und Frauen gab, die dafür Sorge trugen, dass die rituellen Vorschriften befolgt wurden. Anders gesagt, es gab eine Priesterschaft.

Im anatolischen Hochland liegen die Ruinen von Çatal Hüyük, der ältesten bekannten Stadt der Welt. Sie stammen aus der Zeit um 8000 v. Chr. Auch hier finden sich Hinweise auf eine Systematisierung der Bestattungsrituale, bei denen die Toten mit wertvollen Gegenständen versehen wurden. Solche Riten sollten den Prozess des Todes erhöhen und unterstützen.

Im alten Ägypten glaubte man, es gebe ein Totengericht, gefolgt von einem Aufstieg zu den Sternen. Mit Letzterem könnte der erste Eindruck des Lichtes gemeint gewesen sein, den die körperlose Seele erfährt. In den ältesten religiösen Schriften Ägyptens, den vom Ende der 5. Dynastie (um 2350 v. Chr.) stammenden *Pyramidentexten,* finden sich viele Gebete und Sprüche, die diese Vorstellungen auf symbolische Weise ausdrücken. So heißt es zum Beispiel: »Möge der Himmel dir ein helles Sonnenlicht gewähren, mögest du in den Himmel aufsteigen.«[4]

In diesen Zusammenhang gehört auch die bereits ausführlicher erwähnte Vorstellung, der Tote könne in Form des *Ba*-Vogels frei umherfliegen. In einem Gebet an den Sonnengott Re heißt es: »O Re, ich bin dein Sohn, ich bin eine Seele [...] Ich fliege empor von euch, ihr Menschen; ich gehöre nicht der Erde, sondern dem Himmel [...] bei euch ist mein Abbild, denn ich bin in den Himmel gestiegen als Reiher, ich habe den Himmel geküsst als Falke.«[5]

Auch der berühmte griechische Philosoph Platon, der im 4. Jahrhundert v. Chr. lehrte, beschäftigte sich mit dem Weiterleben nach dem Tod. In seinem Buch *Der Staat* überliefert er die Geschichte eines Soldaten, der mehrere Tage scheinbar tot gewesen sei und bei der Rückkehr ins Leben eine Botschaft aus dem Jenseits mitgebracht habe.

Nach einer Schlacht hatte man diesen Soldaten nach den Worten Platons für tot gehalten. Als die Leichen der Gefallenen eingesammelt wurden, stellte man fest, dass die seine unversehrt und ohne jedes Zeichen der Verwesung war. Man brachte sie nach Hause, um sie den Bräuchen gemäß am zwölften Tag zu verbrennen. Auf dem Scheiterhaufen kehrte der vermeintlich Tote dann plötzlich wieder ins Leben zurück und erzählte von einer großen Reise, die ihn in die Totenwelt geführt hätte. Seine Seele, sagte er, habe seinen Körper verlassen und sei in Begleitung vieler anderer Seelen – wahrscheinlich die der anderen gefallenen Soldaten – zu einem geheimnisvollen, weit entfernten Ort gereist. Dort habe er einem Gericht beigewohnt, bei dem die Gerechten von den Ungerechten getrennt worden seien. Eine nach der anderen seien die toten Seelen vor die Richter getreten, doch als er selbst an der Reihe gewesen sei, »hätten sie ihm gesagt, er solle den Menschen ein Verkündiger des Dortigen sein«, und ihn wieder ins Leben zurück geschickt.[6]

Gegen Ende des 6. Jahrhunderts n. Chr. berichtet Papst Gregor I. in seinen *Dialogen* von drei Nahtoderfahrungen. Geschildert werden die Erlebnisse eines Einsiedlers, der »wieder ins Leben zurückversetzt« worden sei, eines Kaufmannes, der bei einer Reise nach Konstantinopel gestorben und »wieder mit dem Leibe vereinigt« worden sei, und eines Soldaten, der an der Pest gestorben, aber bald wieder zurückgekehrt sei.[7]

Aus dem Jahr 731 n. Chr. stammt die *Kirchengeschichte des englischen Volkes*, verfasst von dem englischen Mönch und Chronisten Beda. Hier findet sich die Geschichte eines Mannes aus dem schottischen Cunningham, der krank wurde und eines Abends starb. Zur Verblüffung der Trauernden, die sich weinend um ihn versammelt hatten, setzte er sich in der Morgendämmerung jedoch lebendig wieder auf. Voll Schrecken flohen alle Anwesenden mit Ausnahme seiner Frau. »Du sollst dich nicht fürchten«, erklärte er dieser, »denn ich bin tatsächlich schon vom Tod auferstanden, von dem ich festgehalten wurde, und ich darf wieder bei den Menschen leben.«[8]

Wie der ins Leben Zurückgekehrte später erzählte, war er von einer Gestalt in einem strahlend hellen Gewand geführt worden. Zuerst war er mit ihr durch ein Tal gewandert, in dem Szenen voll großer Qual zu sehen waren; dann gelangten die beiden in ein helles Licht und überwanden eine hohe Mauer, hinter der eine Ebene lag, in der Glück und ländliche Ruhe herrschten. Das Licht wurde immer stärker, begleitet von starkem Duft und Gesang, doch statt weiter in dieses Licht zu schreiten, hielt der Führer inne und ging mit seinem Begleiter in die ländliche Idylle zurück. Dann sagte er, dieser müsse jetzt in seinen Körper zurückkehren. Im selben Augenblick spürte der Mann, dass er sich tatsächlich wieder in seinem Körper befand, und setzte sich auf, bestürzt über das Entsetzen, das er verursacht hatte.[9]

Erfahrungen im Augenblick des Todes

»Ich sah die Türen des Operationssaales und war mir bewusst, dass sie sich immer weiter von mir entfernten.«[10] So beginnt der Bericht einer Frau namens Gillian McKenzie, bei deren erster Entbindung ernsthafte Komplikationen aufgetreten waren. Im Operationssaal begannen die Chirurgen sofort mit ihrer Arbeit, um Mutter und Kind zu retten. Sie hatten nur wenig Zeit, denn ihre Patientin war dem Tode schon sehr nahe. Später berichtete sie:

>»Ich kam an der Oberseite meines Kopfes heraus; es war, als würde mein Körper von mir abgestreift wie ein Gummihandschuh ... Sofort war ich von Dunkelheit umgeben. Rechts von mir ... über mir war ein winziger Lichtpunkt, auf den ich ›zuflog‹. Gleichzeitig dachte ich: mein Gott, ich bin tot ... ich will nicht sterben. Ich ärgerte mich sehr darüber. [...]
> Ich kam dem Licht immer näher ... Während ich mich ihm näherte, sah ich, dass es die Wände eines Tunnels erleuchtete. Ich flog darauf zu und tauchte darin ein, war davon umgeben. Ich kann gar nicht ausdrücken, wie strahlend es war, es war unbeschreiblich. Es war nicht nur das Licht, es war ein *Gefühl* – ich weiß nicht, wie ich es sagen soll –, ein Gefühl der Heiterkeit, der Freude, der Wärme.«[11]

Gillian McKenzie befand sich inmitten eines Phänomens, das heute als Nahtoderfahrung bezeichnet wird.

Ein ähnlicher Bericht stammt von einer Frau, die nach einem Herzstillstand fast gestorben wäre. Nach ihrem Zusammenbruch, erinnerte sie sich später, sei Folgendes geschehen:

>»Das Nächste, an was ich mich erinnere, ist, dass ich sehr schnell durch etwas getragen oder geschleudert wurde, was mir wie eine röhrenförmige Leere vorkam. In der Ferne sah ich ein Licht, ein sehr helles Licht. Während ich diesem Licht rasch näher kam, wurde es heller und größer. Um mich herum hörte ich Geräusche, die sich fast wie ein

Echo anfühlten, aber sie waren nicht erschreckend; es waren Vibrationen [...]. Während ich mich dem Licht immer mehr näherte, wurde es so hell und allumfassend, dass ich von diesem wunderschönen Licht plötzlich ganz umgeben war, dass ich völlig darin eintauchte.«[12]

An einem ähnlich kritischen Punkt befand sich ein Mann, der seine Erfahrungen so zusammenfasste:

»Allmählich erkennt man dann, dass man in weiter, weiter Ferne, in einer unermesslichen Distanz, das Ende des Tunnels erreichen könnte. Man sieht nämlich ein weißes Licht, das aber so weit weg ist, dass ich es nur damit vergleichen kann, in den Himmel zu schauen und in der Ferne einen einzelnen Stern zu sehen. [...] Man konzentriert sich auf diesen Lichtpunkt, denn während man vorwärts getrieben wird, erwartet man, das Licht zu erreichen. Während man sich mit extremer Geschwindigkeit darauf zubewegt, wird es allmählich immer größer. [...] Kommt man dem unerhört hell glänzenden Licht immer näher, hat man nicht das Gefühl, dass der Tunnel plötzlich endet, sondern eher, als würde man mit dem Licht verschmelzen.«[13]

Nach den Worten eines Mannes, der fast an einem durchlöcherten Geschwür gestorben wäre, stellt diese Erfahrung eines strahlenden Lichtes sich folgendermaßen dar: »Ich weiß nicht mehr, wie ich dorthin gekommen bin, nur noch, dass ich mich plötzlich im Licht befand. Es war wunderschön. Ich hatte kein Gefühl einer davon getrennten Identität mehr. Ich war im Licht und damit vereint.«[14]

Erste wissenschaftliche Studien

Die wissenschaftliche Erforschung solcher Erfahrungen von Menschen, die lebensbedrohliche Unfälle oder Erkrankungen überstanden haben, begann mit einem Paukenschlag. 1975 veröffentlichte ein junger Arzt namens Raymond Moody sein Buch *Life after Life*, in dem er eine Reihe beeindruckender Berichte vorstellte, die er gesammelt hatte. Das Buch, das 1977 unter dem Titel *Leben nach dem Tod* auf Deutsch erschien, wurde zu einem internationalen Bestseller, was zeigte, welch großes Interesse die Öffentlichkeit dem Thema Tod und Sterben entgegenbringt.

Mitte der Sechzigerjahre war Moody, damals noch Philosophiestudent, zum ersten Mal auf das Thema gestoßen. Ein Professor für Psychiatrie hatte ihm erzählt, was er erlebt hatte, als er infolge einer Lungenentzündung kurz für klinisch tot gehalten worden war. Er habe, sagte er, sehen können, »wie sein offenbar toter Körper auf dem Krankenhausbett lag, wie er in ein strahlendes, Liebe ausströmendes Licht gelangte und wie alle Begebenheiten seines Lebens in einem dreidimensionalen Panorama an ihm vorüberzogen«.[15]

Moody fand diesen Bericht zwar phantastisch, war jedoch fasziniert von den Folgerungen, die sich daraus für das Verständnis des Sterbeprozesses ergaben. Er vergaß die Sache nicht. Einige Jahre später, als er nach seiner Promotion an der Universität lehrte, stieß er auf eine ganz ähnliche Geschichte. Einer seiner Studenten erzählte ihm nach einer Vorlesung, was seine Großmutter erlebt hatte, als sie bei einer Operation kurz »gestorben« war. Überrascht stellte Moody fest, wie viele Übereinstimmungen es zwischen diesem Erlebnis und der ihm bereits bekannten Erfahrung gab. Als er begann, das Thema in seinen Seminaren anzusprechen, fand sich zu seiner Verblüffung jedes Mal mindestens ein Student, der am Ende der Stunde auf ihn zukam, um ihm von einer persönlichen Nahtoderfahrung zu berichten.[16]

Auch als Moody sich entschloss, ein Zweitstudium der Medizin aufzunehmen, behielt er sein Interesse an Nahtodesphänomenen bei. 1972 besaß er bereits eine ganze Sammlung von Berichten darüber. Da er mit Kollegen darüber diskutierte, wurde sein Interesse weithin bekannt, und andere Ärzte schickten ihm eigene Berichte oder verwiesen ihn an Patienten, die solche Erfahrungen hinter sich hatten. Mitte der Siebzigerjahre war Moodys Sammlung auf etwa 150 Fälle angewachsen, die er für sein Buch auswerten konnte.

Im Einklang mit seinen ersten Vermutungen stellte Moody fest, dass alle Berichte trotz individueller Variationen bestimmte Übereinstimmungen aufwiesen. Als andere Wissenschaftler, angeregt durch Moodys Erkenntnisse, ihre eigenen Studien durchführten, stießen sie auf genau dieselbe Variationsbreite innerhalb eines gemeinsamen Kontextes. Aufs Wesentliche reduziert, ergibt sich folgendes Schema: Kurz nachdem der medizinische Notfall eingetreten ist, hat der Patient die Empfindung, seinen Körper zu verlassen. In der Ferne sieht er ein Licht, das an einen Stern oder das helle Ende eines langen Tunnels erinnert. Der Patient bewegt sich rasch auf dieses Licht zu, ein Vorgang, den er oft als Reise durch einen Tunnel empfindet. Kurze Zeit später ist das Licht erreicht.

In diesem Moment wird der Patient entweder von dem von Liebe und Erfüllung durchströmten Licht absorbiert oder findet sich in einer idealen Landschaft wieder, in der er möglicherweise auf Bekannte trifft, zum Beispiel vor ihm verstorbene Verwandte oder Freunde. In anderen Fällen erscheint eine Art Führer, der von den Patienten oft im Rahmen ihres religiösen und kulturellen Hintergrunds gedeutet wird. Christen zum Beispiel berichten, sie seien Jesus oder Maria begegnet, eine Erscheinung, die Moody als »christliche Deutung einer grundlegenden universellen Erfahrung« bezeichnet.[17] Juden hingegen sehen oft einen Engel, Moslems Allah, Hindus eine ihrer verschiedenen Gottheiten.[18]

Ein Beispiel für eine christlich geprägte Erscheinung ist der folgende Bericht einer Frau:

> »Plötzlich wurde mir bewusst, dass ich mich in dem schönsten Garten befand, den ich je gesehen hatte ... Ich hörte deutlich himmlische Musik und sah Blumen mit leuchtenden Farben ... prächtige Büsche und Bäume. Als ich mich umblickte, sah ich in der Ferne, auf einem Hügel, Jesus ... Er sagte mir nur, es liege an mir, ob ich auf die Erde zurückgehen wolle oder nicht.«[19]

Das neunjährige Kind einer Mormonenfamilie, das leblos in einem Schwimmbecken getrieben hatte, erzählte dem Arzt Melvin Morse, es habe »Jesus und den Himmlischen Vater« getroffen.[20]

Peter Fenwick berichtet in seiner Studie, etwa ein Viertel jener seiner Patienten, die eine Nahtoderfahrung gehabt hätten, hätten erklärt, auf eine unkörperliche Gestalt, ein »Lichtwesen«, getroffen zu sein. Allerdings hätten nur wenige diese Gestalt religiös genauer identifiziert. Viel häufiger, schreibt Fenwick, hätten die Patienten das Gefühl gehabt, »vor ihren Schöpfer zu treten«.[21] Diese alles andere als sektiererische Beschreibung kann für viele verschiedene Kulturen gelten.

Der Hüter der Schwelle

In dieser idealen, transzendenten Welt, diesem »Himmel«, muss offenbar oft eine Art Barriere überwunden werden. Alle Patienten berichten, sie hätten instinktiv gespürt, dass das eine Rückkehr in den Körper verhindert, also den endgültigen körperlichen Tod bedeutet hätte. Die Barriere kann verschiedene Formen annehmen. Meist erscheint sie in Form eines Tores, aber auch als Tür oder als Zaun mit einem Durchgang. Ein anderes Bild ist das einer Gestalt mit ausgestreckten Armen. Nimmt man ihr Angebot an, bedeutet dies, dass es keine Rückkehr mehr gibt.[22]

Eine solche Gestalt ist einer Frau erschienen, die nach einer misslungenen Operation mit einer akuten Bauchfellentzündung eilends wieder in den Operationssaal gebracht wurde. Während der Notoperation spürte sie, wie sie ihren Körper verließ und in einen Tunnel schwebte, an dessen Ende sie ein helles Licht sah. Als sie es erreichte, stand sie vor einem großen goldenen Tor mit kunstvoll geschmiedeten Flügeln, die sich langsam öffneten. »Ich sah einen Mann, der in ein langes weißes Gewand gehüllt war«, heißt es in ihrem Bericht weiter. »Er leuchtete, glänzte. Ich bewegte mich vorwärts, um durch das Tor zu treten, aber er streckte die Hand aus und sagte mit einer lauten, aber freundlichen Stimme: ›Geh zurück, deine Zeit ist noch nicht gekommen.‹«[23]

Eine anders geartete Barriere hat ein Mann beschrieben, der sich daran erinnern konnte, wie er im Alter von zehn Jahren bei einer schweren allergischen Reaktion auf ein Antibiotikum fast gestorben wäre. Am Anfang sei er von dichten schwarzen Wolken umgeben gewesen, die sich bald im Licht aufgelöst hätten. Er habe nun an einem schmalen Fluss gestanden, dem er gefolgt sei, bis er ihn überschreiten konnte. »Auf der anderen Seite des Flusses war es äußerst friedlich«, heißt es weiter. »Als ich weiterging, näherte sich mir ein alter Mann mit Bart. [...] Er hielt mich an und schickte mich zurück über den Fluss. ›Es ist nicht deine Zeit‹, sagte er. [...] Dann schritt ich wieder über den Fluss und glitt direkt in meinen Körper.«[24]

In manchen Berichten ist von einer Art Verhandlung die Rede, die mit dieser Gestalt geführt wird. Ein amerikanischer Vertreter, der nach einem schweren Autounfall ein Nahtodeserlebnis hatte, hat berichtet, nach dem Verlassen seines Körpers sei er auf zwei Männer gestoßen, die offenbar auf ihn gewartet und erklärt hätten, sie seien da, um ihm den Weg zu zeigen. Während er mit ihnen fortgegangen sei, habe er ausdrücklich erklärt, er wolle ins Leben zurückkehren. Seine Begleiter hätten mit den Worten protestiert: »Sie sollten nicht zurückgehen. Es ist zu schwer für Sie, jetzt zurückzugehen.« Als er betont hätte, er wolle wirklich zurückkehren, hätten sie erwidert: »Wir wollen Sie nicht beeinflussen, aber wir sind Ihnen zugeteilt worden, und wenn Sie nicht weiter mit uns kommen wollen, müssen wir Sie verlassen. Wir sehen uns aber bestimmt wieder.«[25]

Auch eine Frau, die nach einem Autounfall im Koma lag, hat sich an eine Auseinandersetzung mit der Gestalt erinnert, auf die sie nach ihrer Reise durch den Tunnel ins Licht getroffen war:

> »Das Wesen erklärte ihr, es sei Zeit zu sterben. [...] Sie weigerte sich mit der Begründung, sie sei zu jung, um zu sterben, doch das Wesen gab nicht nach, bis sie sagte: ›Aber ich bin noch jung, ich hab' noch nicht genug getanzt.‹ Da lachte das Wesen laut auf und erlaubte ihr, weiterzuleben.
>
> Etwa 30 Jahre später erlitt sie bei einer Bagatelloperation einen Herzstillstand. Wieder glitt sie durch den Tunnel und stand vor dem Wesen, das ihr erneut sagte, es sei jetzt Zeit zu sterben. Diesmal brachte sie das Argument vor, sie müsse ihre Kinder aufziehen und könne sie in diesem Alter noch nicht verlassen. ›Na schön‹, sagte das Wesen, ›aber das ist das letzte Mal. Das nächste Mal musst du bleiben.‹«[26]

Ein kritischer Lebensrückblick

In Vietnam hatte Dannion Brinkley nach offizieller Lesart Sondereinsätze durchgeführt. Im Grunde war er ein Mörder gewesen, der weit hinter den feindlichen Linien auf Menschenjagd gegangen war und Sabotageakte ausgeführt hatte. Er hatte Dutzende von Menschen getötet, darunter mehrere hochrangige Offiziere der nordvietnamesischen

Streitkräfte. Nach dem Ende des Vietnamkriegs wirkte er bei einem geheimen amerikanischen Programm mit, dessen Ziel es war, Guerillakämpfer in Mittelamerika mit Waffen zu versorgen. Abgesehen davon, dass er als Erwachsener meist damit beschäftigt gewesen war, Tod und Zerstörung zu verbreiten, war er schon als Kind gewalttätig und streitsüchtig gewesen.

1975 führte Brinkley zu Hause gerade ein Telefongespräch, als durch eine extreme Verkettung unglücklicher Umstände ein Blitz in die Leitung einschlug. Von der Gewalt des Schlags zu Boden geworfen, sank Brinkley leblos in sich zusammen. Dem rasch herbeigerufenen Notarzt gelang es, ihn wieder zu beleben. In der Zwischenzeit hatte Brinkley etwas erfahren, was sein Leben verändern sollte. Heute lehnt er seine frühere Gewalttätigkeit vollkommen ab und arbeitet in seiner Freizeit als ehrenamtlicher Helfer in der Hospizbewegung, die sich sterbenden Menschen widmet. Dies sind Auszüge aus seinem Bericht über das, was er erlebte, als er leblos auf dem Boden lag:

»Ich selbst bewegte mich eigentlich nicht. Der Tunnel kam auf mich zu. Er näherte sich mir in einer schraubenförmigen Bewegung und zog mich in sich, und ich hörte den Klang eines Glockenspiels. Bald sah ich [...] nur einen Tunnel, der mich völlig einhüllte, [und hörte] den unsäglich schönen Klang von sieben Glockenspielen, die in rhythmischer Aufeinanderfolge ertönten.
Ich blickte vorwärts in die Dunkelheit. Dort war ein Licht, und ich bewegte mich, so schnell es ging, auf dieses Licht zu. [...] Das Licht vor mir wurde heller und heller, bis es die Dunkelheit überstrahlte und ich schließlich in einem Paradies strahlenden Lichts stand. [...]
Ich blickte nach rechts und sah, wie eine silberne Gestalt wie eine Silhouette aus einem Nebel auftauchte. Als sie sich näherte, empfand ich eine in-

tensive Liebe, die alle Bedeutungen des Wortes umfasste. [...] Als das Lichtwesen näher kam, wurden diese Liebesempfindungen so intensiv, dass sie fast unerträglich waren. [...]

Das Lichtwesen stand unmittelbar vor mir. [Es] hüllte mich ein, und in diesem Augenblick begann mein ganzes Leben an mir vorüberzuziehen. Ich fühlte und sah alles, was mir jemals begegnet war. Es war, wie wenn ein Damm gebrochen wäre und alle Erinnerungen, die in meinem Gehirn gespeichert waren, sich ergießen würden.

Diese Rückschau auf mein Leben war nicht angenehm. Von Anfang bis Ende war ich mit der unerträglichen Tatsache konfrontiert, dass ich ein unangenehmer Zeitgenosse gewesen war, ein egoistischer und böser Mensch.«[27]

Wie Brinkley berichtet, hat er bei der Konfrontation mit seinen Gewalttaten deutlich den Schmerz gespürt, den er anderen zugefügt hatte.

Nahtodeserfahrungen und die konventionelle Medizin

Die Forschung hat gezeigt, dass Nahtodeserfahrungen, wie sie auf den vorhergehenden Seiten vorgestellt wurden, wesentlich häufiger auftreten, als man erwarten könnte. Eine 1992 in den Vereinigten Staaten durchgeführte Umfrage ergab, dass bis zu 13 Millionen Menschen sie in der einen oder anderen Form gehabt haben könnten.[28] Darüber berichtet haben Tausende ins Leben zurückgekehrter Menschen aus allen Ländern und allen Kulturen. Dabei ist ein vom kulturellen Hintergrund unabhängiges Grundmuster zu beobachten. Entsprechende Berichte wurden nicht nur in den Vereinigten Staaten zusammengetragen, sondern auch in Ländern wie Deutschland, England, Frankreich, Norwegen, Israel, Brasilien, Zaire, Indien, Japan, Saudi-Arabien, ja sogar Papua-Neuguinea. Alles spricht dafür, dass es sich um eine universelle Erfahrung mit leichten Variationen handelt, die wahrscheinlich auf kulturelle Unterschiede zurückzuführen sind.

Ein Beispiel für solche Abweichungen hat eine Befragung chinesischer Erdbebenopfer zutage gebracht. Ein großer Prozentsatz der Überlebenden berichtete über Nahtodeserfahrungen, die mehr dem indischen als dem westlichen Schema entsprachen. Es waren zwar all jene Komponenten der Erfahrung vorhanden, die auch bei Studien im Westen festgestellt wurden, jedoch mit einer unterschiedlichen Gewichtung. Im direkten Vergleich mit einer britischen Studie zeigte sich, dass prozentual wesentlich mehr Chinesen von einem Rückblick aufs eigene Leben berichteten, wesentlich weniger dagegen von einer Reise durch einen Tunnel ins Licht.[29]

Was die Ärzteschaft betrifft, ist die Reaktion auf diese Studien höchst uneinheitlich. Von manchen Seiten ist ein erheblicher Widerstand zu beobachten, den auch der Pädiater Melvin Morse zu spüren bekam. Morse, der gerade eine wissenschaftliche Studie über Nahtodeserfahrungen bei Kindern durchführte, hatte die vorläufigen Ergebnisse 1986 in einer angesehenen medizinischen Fachzeitschrift veröffentlicht; zwei weitere Aufsätze folgten. Dennoch wurde sein Forschungsstipendium nicht verlängert. Als Morse Argumente gegen die Entscheidung vorbrachte, wurde ihm bald klar, dass die offizielle Begründung für die Beendigung des Projekts – eine Verletzung der Rechte der Patienten – nur ein Vorwand war. »Ich denke«, schreibt Morse, »in Wirklichkeit wollen die Ärzte dem Problem des Todes aus dem Weg gehen. Obwohl die meisten Menschen im Krankenhaus sterben, ist das Thema ›Tod‹ dort so gut wie tabu.«[30] Das Unverständnis mancher Kollegen illustriert Morse mit der folgenden Anekdote:

»Ich erinnere mich daran, wie der Betreuer meines Forschungsvorhabens fragte, warum ich mich mit Todesnähe-Erfahrungen beschäftigte. Ich erwiderte, dass zwar viel über Säuglingskoliken und Sauberkeitserziehung bekannt sei, aber relativ wenig über das Sterben. Ich wollte einfach wissen, was im Augenblick des Todes geschieht.

Nachdem ich ihm so geantwortet hatte, schüttelte er den Kopf: ›Aber worum geht es Ihnen denn wirklich?‹«[31]

Tatsache ist, dass viele Ärzte mit Studien über Nahtodeserfahrungen nichts zu tun haben wollen. Zum Teil liegt das daran, dass sie sich als Wissenschaftler begreifen und sich bei der Krankheitsbekämpfung auf allgemein anerkannte wissenschaftliche Verfahren verlassen wollen. Zu Methoden, die sich scheinbar jenseits der Grenzen der modernen Naturwissenschaft bewegen, haben sie keinerlei Vertrauen. Das gilt für Studien über Nahtodeserfahrungen ebenso wie für die alternative Medizin. Dazu kommt, dass viele jener Ärzte, die bereit sind, die Existenz solcher Erlebnisse anzuerkennen, sie nicht für real halten, sondern für von Hormonen oder dem Zentralnervensystem hervorgerufene Phantasien.[32]

Ein schwieriges praktisches Problem für die Forschung liegt darin, dass die überwiegende Mehrheit der im Krankenhaus sterbenden Menschen unter dem Einfluss starker Medikamente steht. Die Patienten werden sediert, mit Medikamenten voll gepumpt und chemisch desaktiviert. Wer trotz allem eine Nahtodeserfahrung hat und so unbedacht ist, darüber zu sprechen, erhält umgehend neue Medikamente gegen seine »Ängste«. Die verabreichten Pharmaka blockieren solche Erfahrungen nicht nur, sie löschen auch die Erinnerung an das, was geschehen sein könnte.

Tragisch ist das deshalb, weil alle Forschungsergebnisse darauf hinweisen, dass solche Erfahrungen die Angst vor dem Tod vollständig beseitigen können. Deshalb sind auch viele der Überlebenden in der Lage, sich um im Sterben liegende Menschen zu kümmern. Angesichts dessen, was eine

Frau nach ihrem Kontakt mit dem Tod verspürte – »Der Tod macht mir jetzt keine Angst mehr, er ist einfach der Anfang eines neuen Lebens«[33] –, sollte man in Krankenhäusern, in denen Sterbende liegen, diese bewusst zu solchen Erfahrungen ermutigen.

So absurd es klingen mag, wahrscheinlich ist gerade die moderne Medizin dafür verantwortlich, dass so viele Menschen Nahtoderfahrungen haben und sich daran erinnern. Heute werden viel mehr Menschen aus lebensbedrohlichen Situationen gerettet als früher. Ein Herzstillstand zum Beispiel kann oft mit Hilfe des Defibrillators, der dem Herz einen kontrollierten Stromstoß versetzt, behoben werden. Früher starben viele Frauen bei der Entbindung, heute kann auch in Problemfällen ein Tod meist knapp vermieden werden. Eine andere Quelle für Nahtoderfahrungen sind Autounfälle; dazu kommt, wie immer schon, der Krieg. In der Vergangenheit stand am Ende eines solchen Ereignisses oft der Tod. Im Einklang mit den geschilderten Erlebnissen wäre anzunehmen, dass der Betreffende den Fluss überquerte oder durch das Tor trat und nie zurückkehrte, um von seiner Reise zu berichten.

Seit die Erforschung von Nahtoderfahrungen an Akzeptanz gewonnen hat, interessieren sich immer mehr Ärzte und Psychologen für solche Fälle. 1981 wurde in den Vereinigten Staaten eine Vereinigung von Fachleuten ins Leben gerufen, um solche Berichte zu sammeln, auszuwerten und zu veröffentlichen: die Internationale Vereinigung für Nahtodesstudien, von der die Zeitschrift *Anabiosis* herausgegeben wird.

Das Interesse von fachlicher Seite hat seither viel zum Verständnis des Phänomens beigetragen. 1997 zum Beispiel hat Prof. Kenneth Ring, einer der Mitbegründer der Vereinigung, die Ergebnisse einer Studie über blinde Menschen mit Nahtoderfahrungen veröffentlicht. Sobald diese ihren Körper verlassen hatten, konnten sie sehen. Eine von Geburt an blinde Frau hat erzählt, als sie über ihrem Körper geschwebt sei, habe sie zum ersten Mal die Verzierungen auf ihrem Ehering und ihren eigenen Körper gesehen. Danach habe sie gespürt, wie sie in einen Tunnel gesogen wurde und sich auf ein Licht zu bewegte. Dort angelangt, sei sie auf eine Wiese »herausgerollt« in ein Land, das von einem »ungeheuren Licht« erfüllt gewesen sei.[34]

Ein anderer, ebenfalls 1997 publizierter Artikel verweist auf eine dunkle Seite des Phänomens. Bei einer Untersuchung von 230 Berichten über Nahtoderfahrungen stellten Psychologen an der Universität Coventry fest, dass fast die Hälfte davon einen negativen Charakter hatte. Ein Mann zum Beispiel hatte das Gefühl, er werde von einem dreibeinigen Wesen in eine dunkle Grube gezerrt. Andere Teilnehmer sprachen von einem ähnlichen Wesen oder einem »Teufel« oder »Dämon«, der sie gegen ihren Willen in die Dunkelheit hinabgezogen habe. Das Forscherteam beschäftigt sich inzwischen mit der Frage, ob soziale oder moralische Aspekte eine Erklärung dafür bieten könnten, weshalb die Betreffenden auf Schrecken und Dunkelheit gestoßen sind statt auf ein beglückendes Licht.[35]

Kriegserlebnisse

Im Zweiten Weltkrieg erlitt ein junger amerikanischer Soldat bei einem Einsatz im Pazifik mehrere Schussverletzungen. Er blutete heftig und litt unter starken Schmerzen. Was er dann erlebte, hat er später mit folgenden Worten berichtet:

> »Ich muss durch den Blutverlust ohnmächtig geworden sein. Ich weiß, dass ich noch den Himmel anstarrte und Geschosse und andere Kampfgeräusche hörte. Einen Moment später war alles schwarz und still. Ich weiß nicht, wie lang mein Black-Out andauerte, aber ich begann, aus meinem Körper zu gleiten. Ich empfand keine Schmerzen, als ich offenbar mitten auf dem Schlachtfeld einfach auf-

stand. Über mir war ein wunderschönes Licht, das alle Schmerzen wegnahm. Es strahlte und war wirklich schön. Ich konnte einfach so auf dem entsetzlichen Schlachtfeld stehen und war vom Licht geschützt.«[36]

Am 6. Juni 1966 wurde ein 33-jähriger Amerikaner in Vietnam schwer verwundet, als er auf eine Mine trat. Durch die Explosion wurden ihm beide Beine und ein Arm weggerissen. Ein Helikopter brachte ihn ins nächste Lazarett, wo er einer Notoperation unterzogen wurde. Er überlebte mit knapper Not und mit einer so außergewöhnlichen Erfahrung, dass er sie nie vergaß. Mehr als zehn Jahre später erzählte er dem Kardiologen Michael Sabom, der auch am Medizinischen Zentrum für Kriegsveteranen in Atlanta arbeitete, die folgende Geschichte.

Gleich nach der Explosion habe er seinen Körper verlassen und sich ohne die verlorenen Glieder auf dem Boden liegen sehen.[37] Er sei in der Nähe des Körpers geblieben, während man diesen zum Hubschrauber getragen und ins Lazarett geflogen habe. Dort habe er beobachtet, wie der Chirurg verzweifelt versucht habe, ihn zu retten, obwohl er das gar nicht gewollt habe: »Ich versuchte immer wieder, sie [die Ärzte] aufzuhalten«, erinnerte er sich. »Ich versuchte sogar, sie zu packen und zu stoppen, denn ich war glücklich dort, wo ich war ... Ich weiß noch genau, dass ich den Arzt packte, [aber] es war fast so, als ob er überhaupt nicht da war. Ich packte ihn, und er war überhaupt nicht anwesend oder ich langte durch ihn hindurch.«[38] Irgendwie habe er das Lazarett dann plötzlich verlassen und sich an dem Ort wieder gefunden, an dem er verwundet worden war: »Ich sah all die Männer, die an diesem Tag gefallen waren, und beobachtete, wie sie in diese Ponchos eingerollt wurden und wie die Verwundeten eingesammelt wurden.«[39]

Von besonderer Bedeutung war für ihn jedoch etwas, was er gleich nach der Explosion wahrgenommen hatte:

»Was die ganze Geschichte so wirklich macht, ist die Tatsache, dass dreizehn Kameraden bei mir waren, die am Tag vorher gefallen waren und die ich in Plastiksäcke gelegt hatte. Meine Kompanie hatte damals im Mai zweiundvierzig Menschen verloren, und auch die waren da. Sie hatten keine menschliche Gestalt, ich kann Ihnen aber nicht sagen, wie sie aussahen, ich weiß es nicht. Aber ich weiß, dass sie da waren. Wir verständigten uns, ohne mit unserer Stimme zu sprechen ... Wir empfanden kein Mitgefühl, keine Traurigkeit ... Sie wollten nicht zurückgehen. Und wir stimmten alle darin überein, dass wir dort, wo wir waren, glücklich waren.«[40]

Ein unerwarteter Sieg über den Krebs

1982 stellten die Ärzte fest, dass Mellon-Thomas Benedict, ein bekannter Kameramann, der sich später der Glasmalerei zuwandte, nicht mehr lange zu leben hatte. Sein ganzer Körper war vom Krebs zerfressen. Die folgenden eineinhalb Jahre verbrachte er in einem Hospiz für unheilbar Kranke, wo es ihm immer schlechter ging. Er verweigerte alle Schmerzmittel, weil er, wie er sagte, so bewusst sein wollte wie möglich. Eines Morgens wachte er gegen halb fünf Uhr auf und wusste, dass sein letzter Tag gekommen war. Er rief ein paar Freunde an, um sich von ihnen zu verabschieden, und schlief dann wieder ein. Dann starb er. Dies ist sein Bericht:

> »Plötzlich war ich hellwach und stand auf, obwohl mein Körper im Bett lag. [...] Ein Licht leuchtete, und ich wandte mich ihm zu [...]. Es war so wunderschön. Es ist fühlbar, man kann es spüren, und es ist verlockend. Man will zu ihm gehen, wie man auf die Arme einer idealen Mutter, eines idealen

Vaters zugehen will. Als ich begann, mich auf dieses Licht zuzubewegen, wusste ich intuitiv, dass ich tot sein würde, wenn ich es erreichte. Während ich also auf das Licht zuging, sagte ich: ›Einen Moment bitte, nur einen kleinen Moment. Ich will erst darüber nachdenken, ich will mit dir sprechen, bevor ich gehe.‹

Zu meiner Überraschung kam die ganze Erfahrung in diesem Augenblick zum Stillstand. [...] Meiner Bitte wurde stattgegeben, und ich unterhielt mich mit dem Licht. Es nahm dabei ständig eine andere Gestalt an, die von Jesus, Buddha, Krishna, von Mandalas, archetypischen Bildern und Zeichen. Ich fragt das Licht: ›Was geht hier vor?‹ [...] Das Licht antwortete. Die Information, die ich übermittelt bekam, lautete, dass der jeweilige Glaube die Art von Feedback bestimmt, die man vor dem Licht bekommt. Wenn man buddhistisch, katholisch oder fundamentalistisch orientiert war, bekommt man seine eigenen Sachen zurückgespiegelt [...].

Während das Licht sich mir offenbarte, wurde mir bewusst, dass ich in Wirklichkeit das Urmuster unseres höheren Selbst vor mir hatte. Wir alle besitzen ein höheres Selbst, eine Überseele als Teil unseres Wesens, die sich mir da in ihrer reinsten energetischen Form offenbarte. Eigentlich kann ich es nur so beschreiben, dass das Wesen des höheren Selbst einem Kanal ähnelt; [...] es ist eine direkte Verbindung zu der Quelle, über die jeder von uns verfügt. Wir sind direkt mit dieser Quelle verbunden.«[41]

Eineinhalb Stunden lang war Benedict tot. Die Kontrollgeräte registrierten keinen Herzschlag, keinen Blutdruck. Dann hörte die Krankenschwester plötzlich ein lautes Geräusch. Als sie ins Zimmer ihres Patienten eilte, sah sie ihn lebendig auf dem Boden liegen. Schon nach drei Tagen fühlte er sich wieder vollständig gesund, genauso, wie er sich vor dem Ausbruch seiner Erkrankung gefühlt hatte. Drei Monate später stellte man bei einer Untersuchung fest, dass alle Metastasen verschwunden waren. Das sei eine spontane Remission, sagten die Ärzte; so etwas komme manchmal vor.

Tod und Mystik

Wir haben gesehen, dass es bei Nahtodeserlebnissen nicht nur um den Übergang vom Leben zum Tod geht, sondern auch um die Konfrontation mit einer intensiven spirituellen Erfahrung. Manche Menschen erleben dies aus einer religiösen Perspektive und erzählen, sie seien auf eine Gestalt oder Gottheit aus ihrer Religion getroffen, zum Beispiel auf Jesus. Andere sprechen einfach von einer göttlichen Totalität, von einer Essenz des Seins, die als Licht wahrgenommen wird.

Viele dieser Menschen wie auch die Forscher, die sich mit diesem Thema beschäftigten, haben erstaunt festgestellt, wie sehr diese Erlebnisse alten Berichten über mystische Erfahrungen ähneln. Ein Beispiel dafür ist der uralte mesopotamische Mythos um den Helden Gilgamesch, den wir von über 4000 Jahre alten Schrifttafeln kennen. Ein Vers des Mythos weist offenbar darauf hin, dass die Nahtodeserfahrung schon damals als mystisch empfunden wurde. Gilgamesch sagt hier: »Möge der Tote das Licht der Sonne sehen.«[42]

Ebenso geheimnisvoll, in diesem Kontext aber ganz logisch, wird in den ägyptischen *Pyramidentexten* verkündet: »O König, du bist nicht tot fortgegangen, du bist lebendig fortgegangen.«[43] Im nächsten Spruch heißt es weiter: »O König [...], folge deiner Sonne und reinige dich.«[44]

Der älteste Teil des ägyptischen *Totenbuchs* ist der »Spruch vom Herausgehen am Tage in der Unterwelt«, was besser mit einem »Heraustreten ins Licht« zu übersetzen wäre. Hier wird der Gott Re gebeten: »Breite für mich deine Lichtbahnen aus am Tage, an dem ich den irdischen Wohnsitz verlasse und fliege davon, ins himmlische Reich! Vergieße dein Licht über mich.«[45] Wie schon im ersten Kapitel erwähnt, wurde später der Begriff *sachu* (Verklärung) in den Titel des *Totenbuchs* aufgenommen, was darauf hinweist, dass die Sprüche das Ziel hatten, den Toten in einen Geist zu verwandeln, der »eins geworden ist mit dem Licht«.[46]

Zu denken wäre auch an die geheimnisvollen »Bücher des Hermes«, besonders an das bereits ausführlicher zitierte Traktat mit dem Titel »Poimandres«, in dem die göttliche Natur durch die Vision eines Lichts vermittelt wird, das es zu erkennen gilt.[47]

Ist die mystische Erfahrung also identisch mit der des Todes? Der antike griechische Schriftsteller Themistios zumindest war sich dessen sicher. Er schreibt: »Die Seele macht (zum Zeitpunkt des Todes) dieselbe Erfahrung wie jene, die in die großen Mysterien eingeweiht werden. [Man wird] von einem wundersamen Licht erfasst und in reinen Gefilden und Wiesen empfangen.«[48]

Es ist kaum zu bezweifeln, dass wir es in diesem Zusammenhang mit einer mystischen Erfahrung zu tun haben, die man zu jedem beliebigen Zeitpunkt erleben kann, bestimmt aber im Augenblick des Todes machen wird. Der Unterschied liegt darin, dass beim Tod keine Rückkehr in den Körper möglich ist, falls man sich nicht – wie Mellon-Thomas Benedict – als außergewöhnlich versierter Unterhändler erweist.

Auf der tiefgründigsten Ebene sind die Nahtoderfahrung und die mystische Erfahrung also offenbar wirklich dasselbe.

Ein schönes Beispiel dafür ist das Erlebnis eines amerikanischen Ingenieurs, der, unter einem umgestürzten Lastwagen liegend, die göttliche Natur des Lichts erfuhr: »Mein Herz hörte auf zu schlagen ... diese Leere nahm die

Form eines Tunnels an, und dann sah ich vor mir ein gleißendes Licht; es ist das Licht aller Lichter, es ist – einfach gesprochen – die Essenz Gottes.«[49]

Zehntes Kapitel

Mystische Erfahrungen: Was ist Gott?

Um 1560 war Spanien fest im Würgegriff der Inquisition. Der lange Arm des Großinquisitors reichte bis in die hintersten Winkel des Reiches. Nichts entging den wachsamen Augen seiner Häscher, die auf den geringsten Hinweis darauf lauerten, dass jemand von dem abwich, was man für die einzig wahre Religion hielt.

In dieser Zeit lebte Teresa von Avila, eine der größten Heiligen der katholischen Kirche. In großer Seelenqual suchte sie eines Abends ihren Beichtvater auf, um ihm weinend ihr Herz auszuschütten. Sie sprach über ihren Schrecken und ihre Furcht, dass alles, was sie am selben Abend gesehen hatte, nur eine ihr vom Teufel gesandte Täuschung gewesen sein könnte, so real es ihr auch vorgekommen war. Ihr Beichtvater hörte sie voll Mitgefühl an und tröstete sie; er wusste, dass Teresa nach ihren exaltierten Visionen oft von Angst und Schuldgefühlen gepeinigt wurde.

Wie so oft in ihrem Leben war Teresa an diesem Tag krank gewesen. Als sie abends in die Kapelle ging, um zu beten, spürte sie, dass ihr die Kraft für ihr schweigendes inneres Gebet fehlte, dem oft intensive mystische Erlebnisse folgten. Sie beschloss, einfach laut den Rosenkranz zu beten, nahm ihre Kette und begann.

Kurze Zeit später wurde sie gegen ihren Willen von einem ekstatischen Zustand ergriffen, den sie als »Geistesentzückung« bezeichnete und der, wie sie später schrieb, so gewaltig und stark war, dass sie sich der folgenden mystischen Vision nicht entziehen konnte: »Es schien mir, ich sei in den Himmel entrückt; und die ersten Personen, die ich da erblickte, waren mein Vater und meine Mutter.«[1] Ihre Mutter war gestorben, als Teresa vierzehn Jahre alt gewesen war, ihr Vater zehn Jahre später.

Wir kennen solche Erlebnisse schon aus den Berichten von Menschen, die kurzzeitig tot waren und nach ihrer medizinischen Wiederbelebung eine außerkörperliche Reise in ein idyllisches Land beschrieben haben. Viele von ihnen haben dabei tote Verwandte oder Freunde gesehen, die offenbar auf ihre Ankunft warteten.

Ekstatische Visionen

In ihren Lebenserinnerungen berichtet Teresa oft von dem Moment, »da sich die Seele in einem Augenblick aus ihrem Gefängnisse befreit und in Ruhe versetzt sieht«.[2] Gemeint ist die Befreiung aus dem Gefängnis der physischen Welt und der Anhaftung daran. Obwohl sie sich bewusst war, welche Konsequenzen solche Erfahrungen für das religiöse Dogma haben mussten, sprach sie furchtlos darüber. Im Anschluss an die eben zitierte Stelle heißt es: »[Diese] Erhebung des Geistes durch Gott und die Offenbarung so erhabener Dinge, die die Seele bei diesen Verzückungen schaut, scheint mir eine große Ähnlichkeit mit dem Scheiden der Seele aus dem Leibe zu haben.«[3] Das aber ist der Tod. Man könnte also sagen, dass Teresa hier einen Vergleich mit einem Nahtoderlebnis zieht.

Teresa war sich bewusst, dass ein solcher Ausblick auf das, was uns jenseits der Schwelle des Todes erwartet, nur dem von Nutzen sein kann, der das Glück hat, ihn selbst zu erfahren. Die Männer und Frauen unserer Zeit, die den Tod gestreift haben und zurückgekehrt sind, würden sicher mit ihr übereinstimmen. Konkret schreibt Teresa über ihre »Erkenntnis unseres wahren Vaterlandes und die Überzeugung, dass wir hienieden nur Pilger sind«:

»Es ist etwas Großes, zu erkennen, was droben ist, und zu wissen, wo wir in der Zukunft leben werden. Will einer in ein Land reisen, wo er bleibend sich aufhalten soll, so ist es ihm zur Ertragung der Reisebeschwerden eine große Erleichterung, wenn er dieses Land kennt und weiß, dass er dort ganz in seiner Ruhe beten kann.«[4]

Die Ähnlichkeit zwischen manchen Elementen von Teresas Visionen und dem, was heute als außerkörperliche Erfahrung oder Nahtodeserlebnis bezeichnet wird, ist auch daran erkennbar, dass sie an dem Ort, den sie in ihrer »Verzückung« besuchte, auf Menschen traf, mit denen sie sprechen konnte. »Öfter ist es auch der Fall«, schreibt sie, »dass ich durch die Gesellschaft derer erfreut und getröstet werde, die, wie ich weiß, dort oben leben; sie allein scheinen mir die wahrhaft Lebenden zu sein, indes mir die hienieden Lebenden so tot vorkommen, dass mir [...] die ganze Welt keine Gesellschaft leisten zu können scheint.«[5]

Mit dem, was Teresa über ihre Erfahrungen in dieser metaphysischen Welt nach außen dringen ließ, musste sie sehr vorsichtig sein. Als Nonne der spanischen Karmelitinnen bewegte sie sich innerhalb der römisch-katholischen Tradition, und das auf dem Höhepunkt der spanischen Inquisition. Jedes Wort, das sie schrieb, wurde von ihren Oberen kritisch geprüft, jede ihrer Visionen musste mit der orthodoxen Praxis übereinstimmen. Teresa selbst meinte, man solle ihre Schriften verbrennen, wenn sie von der Wahrheit der heiligen katholischen Kirche abwichen. Dennoch betrachtete die Inquisition sie mit großem Argwohn. Immer wieder warnten Freunde sie vor drohenden Problemen.

Gelegentlich musste Teresa auch feststellen, dass ihre Beichtväter gar nicht bereit waren, ihr wirklich zuzuhören. Manche waren so davon überzeugt, sie sei von dämonischen Kräften besessen, dass sie einen Exorzismus an ihr durchführen wollten. Obwohl solche Widerstände ihr

Kummer machten, konnte sie, wie sie schreibt, ihre »himmlischen Visionen« nie bedauern.[6] Angesichts der scharfen Restriktionen ist erstaunlich, wie viel sie über ihre mystischen Erfahrungen mitteilen konnte.

Ihre »Verzückung«, schreibt sie, komme immer unerwartet über sie und sei eine kurze Zeit intensiven Erlebens. Keine ihrer Visionen habe wohl mehr als dreißig Minuten gedauert. Trotz dieser Kürze sei man in einem solchen Zustand »keines Widerstandes fähig«: »Da wirst du oftmals, ohne daran gedacht zu haben und ohne in irgendeiner Weise selbst mitzuwirken, von einem so plötzlichen und starken Ungestüm erfasst, dass du siehst und fühlst, wie jene Wolke sich erhebt oder wie jener gewaltige Adler sich emporschwingt und dich auf seinen Flügeln dahinträgt.«[7] Dieses Bild erinnert an die altägyptische Vorstellung der geflügelten Seele, des *Ba,* der vom Körper in den Himmel emporsteigen kann.

Den eindrucksvollsten Aspekt ihrer Erfahrungen mit Worten auszudrücken war für Teresa offenbar immer sehr schwierig. Sie könne, schreibt sie, darüber nur Folgendes sagen: »Die Seele nimmt wahr, dass sie mit Gott vereint ist; und davon bleibt ihr eine solche Gewissheit, dass sie von diesem Glauben durchaus nicht lassen kann.«[8]

Wie aber hat Teresa Gott wahrgenommen – als eine männliche Gestalt in kostbaren Gewändern, die autokratisch über ein jenseitiges Reich herrscht? Was die damalige Kirche und vor ihr das israelitische Volk des Alten Testaments betrifft, war Gott jedenfalls ein Wesen, das Gefühle wie Leidenschaft, Zorn und Liebe ausdrückte und mit dem man verhandeln und sprechen konnte. Im Grunde entsprach diese Vorstellung weitgehend dem, was wir uns gemeinhin unter einer griechischen, römischen, babylonischen oder ägyptischen Gottheit vorstellen.

Trotz aller vermeintlichen Glaubensstrenge hatte Teresa eine ganz andere Gottesvorstellung. »Anfangs war ich in einer gewissen Unwissenheit befangen«, schreibt sie und meint damit offenbar etwas, das ihr die Kirche nicht gelehrt hatte: »Ich wusste nämlich nicht, dass Gott in allen Dingen ist, und es schien mir unmöglich, dass er mir so innig gegenwärtig sei, wie es mir vorkam.«[9] In der Verzückung jedoch befinde sich die Seele in einer »vollständigen Vereinigung mit Gott«: »Schaut sie die göttliche Sonne an, so wird sie von deren Klarheit geblendet.«[10]

Hier spricht die authentische Stimme der Mystik, die über Zeit und Raum hinausgreift und den Panzer aller traditionellen Vorstellungen sprengt, die sie gehabt haben mag. Eine solche Stimme ist heute so wahr wie damals, ob auf der Erde oder in einer unbekannten Galaxie am anderen Ende des Universums, Milliarden von Lichtjahren von uns entfernt.

Die Mystik und ihre Kritiker

Die Kirche hat ihre Mystiker nie sonderlich geschätzt. Zwar wurde Teresa von Avila schon 40 Jahre nach ihrem Tod heilig gesprochen, eine Ehre, die auch dem ihr freundschaftlich verbundenen spanischen Mystiker Johannes vom Kreuz zuteil wurde. Zu Lebzeiten hatten beide jedoch unter den Pressionen der Inquisition zu leiden. Das gilt auch für den großen deutschen Mystiker Meister Eckhart, der von der Inquisition angeklagt und posthum verfemt wurde.

Organisierte Religionen reagieren meist sehr unwillig auf Mystiker in ihren Reihen. So demütig und spirituell diese Religionen auch begonnen haben mögen, irgendwann verfallen sie immer dem Machtstreben. Sobald eine hierarchische, orthodoxe und disziplinierende Struktur entstanden ist, geht es weniger um echtes Wissen als um den rechten Glauben, mit dem die Gemeinschaft abhängig und gefügig gemacht wird. Könnten die Mitglieder einen direkten Weg zur Erkenntnis des Göttlichen finden, wie ihn die Mystiker erfahren haben, bräuchten sie die Vermittlung durch Pfarrer oder Priester im Grunde nicht mehr. Und ohne die Aufgabe, zwischen den Gläubigen und Gott zu vermitteln, verlören diese ihre Macht.

Alle Organisationen streben nach einem Monopol über ihren Geschäftsbereich, und Kirchen sind da häufig keine Ausnahme. Viele Repräsentanten ihrer Hierarchie wünschen sich ein Monopol über die Wahrheit, denn nur so können sie deren Definition kontrollieren.

Noch heute gibt es prominente Vertreter der christlichen Kirchen, die den Wert der Mystik herabwürdigen. Sie leugnen, dass diese eine zentrale Rolle in jeder Religion spielt, wenn sie nicht gar behaupten, sie wirke zersetzend auf die rechtmäßige Reinheit von Theologie und Glauben.

Ein bekanntes Beispiel ist der katholische Theologe Hans Küng. In vieler Hinsicht ein erbitterter Gegner des Vatikans, bleibt er mit seinem Misstrauen gegenüber der Mystik doch der traditionellen Linie verhaftet. Obwohl in der Bibel genügend Gegenbeweise[11] zu finden sind, behauptet er nicht nur, im Kern habe das Christentum nicht das Geringste mit Mystik zu tun[12], diese sei auch keineswegs der höchste Beweis göttlicher Gnade. Bestenfalls sei die Mystik eine Bereicherung, schlimmstenfalls könne sie den Gläubigen vom wahren religiösen Ziel wegführen.[13]

Hier spricht die authentische Stimme der Ignoranz, so gelehrt sie sich auch geben mag.

Philosophische Einwände

Befasst man sich mit mystischen Schriften, wird bald klar, dass das Ziel aller Mystiker identisch ist. Sie streben danach, mit dem reinen weißen Licht des unterschiedslosen Göttlichen zu verschmelzen, sich völlig in ihm aufzulösen. Dieses ewige Eine kann Gott genannt werden, aber auch einen ganz anderen Namen tragen.

In allen historischen Perioden und allen Kulturen ist diese zentrale Erfahrung aller mystischen Visionen offenbar dieselbe. Die wahrnehmbaren Unterschiede der Berichte sind rein oberflächlich; sie beziehen sich auf sprachliche Eigenheiten oder die spezielle Symbolik, die den religiösen und kulturellen Hintergrund des jeweiligen Mystikers bildet. Aus dieser Perspektive versucht Teresa von Avila in ihren Berichten über ihre »Verzückung« dieselbe Erfahrung zum Ausdruck zu bringen wie ein Buddhist, der vom Nirwana, ein Yogi, der vom Samadhi, und ein Kabbalist, der vom Ajin spricht.

So offensichtlich das sein mag, stimmt es auch tatsächlich? Immerhin stimmt nicht jedermann mit dieser Perspektive überein. Gegenargumente kommen vor allem aus zwei Lagern.

Zum einen handelt es sich dabei um jene Theologen und Philosophen, die einen sicheren Abstand zwischen der Menschheit und dem wie auch immer gearteten göttlichen Wesen aufrechterhalten wollen, das angeblich gnädig über uns wacht. Für sie besteht die höchste Erfahrung nicht in einem allgemeinen Einssein mit dem Göttlichen, sondern in der Vereinigung mit einer spezifischen Gottheit, die sie als etwas wahrnehmen, das von jenem Einssein nicht nur getrennt, sondern auch größer als dieses ist. Lange Zeit war dies die wichtigste Gegenposition.

In neuerer Zeit hat sich eine zweite Gegenthese herausgebildet. Es war der englische Philosophieprofessor Stephen Katz, der sie 1978 zum ersten Mal formulierte. Katz lehnt jede Vorstellung, alle mystischen Erfahrungen hätten einen gemeinsamen Kern, kategorisch ab. Es klingt allerdings weniger nach Einsicht als nach Ärger, wenn er sich zur Begründung auf die Unterschiede zwischen den einzelnen mystischen Erfahrungen kapriziert statt auf deren Gemeinsamkeiten. Diese Unterschiede betrachtet er als schlüssigen Beweis dafür, dass es ebenso viele Typen mystischer Erfahrung gebe wie Religionen. Für Katz gibt es keine übergeordnete Einheit. Seine grundlegende Annahme lautet: »Es gibt keine reinen (das heißt unmittelbaren) Erfahrungen.«[14] Davon ausgehend, argumentiert er: »Sowohl die Erfahrung selbst wie auch die Form, in der sie berichtet wird, wird von

Vorstellungen bestimmt, die der Mystiker in seine Erfahrung einbringt und die diese formen.«[15]

Daher, behauptet Katz, mache zum Beispiel ein hinduistischer Mystiker nicht die Erfahrung eines universellen Kerns, den er mit der Begrifflichkeit des Hinduismus ausdrücke, er mache vielmehr eine »hinduistische Erfahrung«.[16] Ebenso mache der christliche Mystiker eine christliche Erfahrung, der islamische eine islamische, und so weiter. Eine Verbindung zwischen diesen Erfahrungen gebe es nicht.[17]

Das könnte einleuchtend klingen, wenn nicht schon die Grundannahme dieser Theorie eine entscheidende Schwäche hätte. Katz behauptet, dass es keine reinen Erfahrungen gebe, bringt jedoch keinerlei Beweise für die Gültigkeit dieser Behauptung vor. Er setzt ganz einfach voraus, dass sie wahr ist, wodurch klar wird, dass seine Thesen sich auf eine Überzeugung stützen, nicht auf ein echtes Wissen. Trotzdem haben sie großen Anklang gefunden, zumindest unter Leuten, die lieber über solche Themen sprechen, statt sie zu erfahren.

Im Grunde leitet Katz seine Ausgangsthese wie seine gesamte Theorie von einer der einflussreichsten Gestalten der europäischen Philosophie ab, von Immanuel Kant (1724–1804). Kant war der Ansicht, der Mensch sei nicht in der Lage, eine reine, unmittelbare Erkenntnis der Realität zu erlangen. All unser Wissen sei strukturiert; unsere Eindrücke von Dingen seien immer durch unsere Sinneswahrnehmung vermittelt. Eine direkte Erkenntnis – also die Wahrnehmung des »Dinges an sich« – gebe es nicht.

Folgt man dieser Argumentation, kann die Behauptung von Mystikern, sie hätten eine direkte Einsicht in die Realität erfahren, nicht stimmen. Ihre Erfahrungen wären dann von ihrer individuellen Natur abhängig, von dem biologischen und kulturellen Umfeld, in dem sie zufällig leben. Damit könnten sie uns auch nichts über die wahre Natur des Universums sagen.

Aber Kant hatte Unrecht.

Eine neue Quelle der Erkenntnis

Ohne großes Aufsehen ist schon seit geraumer Zeit eine Revolution im Gange. Philosophen, Wissenschaftler, Psychologen, Theologen und andere Akademiker haben gelernt, wie man meditiert. Dabei haben sie eine neue Art der Erkenntnis entdeckt, die der Argumentation Kants zuwiderläuft: die reine, unmittelbare Erfahrung.

In breiterem Umfang hat dieser Prozess Mitte der Siebzigerjahre begonnen, als der Amerikaner Frits Staal die Ansicht äußerte, wer sich wissenschaftlich mit dem Thema Mystik beschäftige, könne sein Fachgebiet nur dann befriedigend erfassen, wenn er sich um eigene mystische Erfahrungen bemühe.[18] Dieser Appell blieb nicht ohne Wirkung. An Philosophie und Religion interessierte Studenten begannen, sich auf die Suche nach direkten Erfahrungen zu begeben; sie meditierten und lernten dabei andere Bewusstseinszustände kennen. Seither sind manche von ihnen selbst zu Universitätslehrern geworden, die sich einerseits im akademischen Diskurs behaupten können, andererseits aber auch einen direkten Zugang zu ihrem Thema haben. Die akademische Welt ist dadurch in einen gewaltigen Umbruch geraten.

Ein Beispiel für die Studenten der Siebzigerjahre, die dem Appell von Frits Staal folgten, ist der amerikanische Philosoph Robert Forman. Auf der Basis seiner praktischen Erfahrungen übt er eine eindeutige Kritik an den Thesen von Leuten wie Stephen Katz.

Forman schreibt, während eines Meditationskurses habe er vormittags alleine in seinem Zimmer meditiert, als jemand an seinem Zimmer geklopft habe. Dieses Klopfen habe er zwar gehört, sei dabei aber nicht aus seiner Versenkung aufgeschreckt. In diesem Augenblick habe er gemerkt, dass er seit einer unbestimmten Zeit ohne jedes Bewusstsein dagesessen habe; ohne sich irgendeiner Sache bewusst zu sein, sei er wach gewesen. In seinem Geist habe das Gefühl des Leerseins geherrscht. Forman kommt zu dem Schluss:

»Angesichts meiner Erfahrung ist die Behauptung, es gebe keine substantiellen Beweise für die Existenz eines reinen Bewusstseinszustands, entweder falsch oder ohne jede Substanz. [...] Da zuverlässige Berichte über diesen Zustand existieren, muss die Philosophie sich mit einer neuen Tatsache auseinandersetzen.«[19]

Den Zustand eines reinen Bewusstseins hat Forman 1990 genauer als ein »waches, jedoch inhaltsloses Bewusstsein« definiert, als eine Erfahrung, die »weder konstruiert noch bezüglich ihrer Gestalt, ihres Inhalts oder ihres Verlaufs geformt« sei.[20] Es gebe keine mentale Aktivität; das Denken stehe still. Der Meditierende trage auch nichts dazu bei. Damit steht diese Erfahrung in direktem Widerspruch zur Auffassung Kants.

Der Erfahrung eines reinen Bewusstseins, wie Forman sie beschreibt, entsteht nicht aufgrund bereits vorhandener Faktoren. Ihre einzige Grundlage ist offenbar die vielen Kulturen und religiösen Traditionen gemeinsame Praxis, still dazusitzen, alle Gedanken zur Ruhe kommen zu lassen und dabei alle Begriffe, Symbole und Vorstellungen loszulassen.

Es ist eine hübsche Ironie des Schicksals, dass ein bloßes Klopfen an einer Tür, das eine fast bedeutungslose Erfahrung unterbrach, der Schlag war, der Kants philosophisches Gebäude endgültig zum Einsturz brachte. Denn das ist zweifellos geschehen.

Einheit und Vielheit

Warum sollten wir nicht akzeptieren, dass die Mystiker die reine Wahrheit sagen, wenn sie behaupten, »alles« (wofür wir Gott, Brahma, Shiva, Krishna und so weiter einsetzen könnten) sei eins? Wenn aber alles eins ist, muss es die gesamte Vielfalt der Welt enthalten, und wechselseitig müssen alle Teile der Vielfalt ein Teil des Einen sein. Damit wäre die tiefe Erfahrung *jedes* Elements dieser Vielheit auch eine Erfahrung des Einen.

Folgen wir diesem Gedankengang, sind Einheit und Vielheit identisch; sie haben nur den Anschein, verschieden zu sein. Sie befinden sich in ständiger Bewegung: Das Eine atmet die Elemente der Vielheit aus, die in einer immer während Dynamik zum Einen zurückkehren. Das Eine ist im Anderen enthalten und umgekehrt. Wie ein ins Meer strömender Fluss strömt die Vielheit in die Einheit.

Wenn man im Meer badet, wo immer dies auf der Welt geschieht, so erlebt man das Meer. Dennoch weiß man noch nichts von der unendlichen Vielfalt, in der das Meer sich manifestieren kann: in Form sanft plätschernder Wellen oder einer stillen Wasserfläche, die wie ein Spiegel des Himmels wirkt, in Form tobender, von weißer Gischt gekrönter Wogen oder als zerstörerische Flutwelle.

Wie das Meer, so kann auch das Eine sich auf unzählige Arten manifestieren. Diese Erscheinungsformen sind alle gleichwertig. Lässt man weißes Licht durch ein Prisma fallen, so erstrahlt es in den Farben des Spektrums. Jede dieser Farben kann man einzeln untersuchen; die ausgewählte Farbe unterscheidet sich von allen anderen, ist aber kein mehr oder weniger wichtiger Teil des Lichts. Was die Farben unterscheidet, ist ihre Wellenlänge, nicht ein ihnen innewohnender Qualitätsunterschied. Ob man sich für den roten oder den blauen Pfad entscheidet, ist ganz egal; beide führen gleichermaßen zur Erkenntnis des Ganzen, des reinen weißen Lichts, das sich sammelt und alle Teile enthält.

Nach der Erfahrung der Mystiker ist diese Emanation des Göttlichen ohne Ende; der Kreislauf von der Einheit zur Vielheit und umgekehrt vollzieht sich als ewige Dynamik. Meister Eckhart spricht in diesem Zusammenhang von einer Entfernung Gottes von der Gottheit und davon, dass Gott werde und aufhöre zu werden, dass er zu- und abnehme.[21] Der Mensch kann die Gottheit oder Gott erfahren und damit jeden Teil der grenzenlosen Ausdehnung des ewigen Zentrums, das sich paradoxerweise überall befindet.

Ist es, könnte man nun fragen, möglich, dass das Eine sich in bestimmter Form manifestiert? Könnten bestimmte

Strukturen eine Manifestation des reinen Bewusstseins sein?

Wie wir gesehen haben, werden die gottähnlichen Gestalten, die bei Nah-Todeserfahrungen in einer metaphysischen Zwischenwelt auftauchen, unterschiedlich als Jesus, Krishna oder Buddha interpretiert. Hat das ausschließlich mit dem kulturellen Hintergrund des Zeugen zu tun oder könnte hier möglicherweise eine objektive Komponente mitwirken? Kann man sich also gewissermaßen in eine bestimmte Erscheinungsform »einblenden«?

Nehmen wir einmal die Erlebnisse von Teresa von Avila. Diese Erlebnisse selbst – und nicht nur ihre Darstellung – haben einen christlichen »Geschmack«. Liegt das einfach nur an Teresas religiöser Tradition oder daran, dass sie und ihre Tradition in Kontakt mit einem speziellen Aspekt des Einen stehen? Anders gefragt: Wäre es möglich, dass das Eine bei seiner Emanation die Initiative ergreift?[22] Wir sollten diesen Gedanken nicht allzu rasch beiseite schieben.

Wäre es möglich, dass sich ein einheitliches universelles Bewusstsein durch uns ausdrückt, dass unser Körper und unser Gehirn nur Gefäße dafür sind? Es müsste sich um ein ungeteiltes göttliches Bewusstsein handeln, das mit allen anderen Bewusstseinsformen verwoben ist, die auf der Erde und anderswo in Raum – und Zeit – ihren Ausdruck finden.

Ein globaler Geist

Am 3. Oktober 1995 fand an der University of Nevada, an der Princeton University und an der Universität Amsterdam gleichzeitig ein ebenso geheimnisvolles wie bedeutsames Experiment statt. Es hatte das Ziel, zu untersuchen, ob das einheitliche individuelle Bewusstsein vieler Menschen Auswirkungen auf die physische Welt hat. Kann, lautete die Fragestellung, die physische Welt durch eine rein mentale Anstrengung beeinflusst werden?

240

Vor Beginn des Experimentes wurde eine Reihe von Hypothesen[23] aufgestellt, darunter folgende:

a) Das Bewusstsein ist größer als das Individuum und kann die Wahrscheinlichkeit von Ereignissen beeinflussen.

b) Das Bewusstsein erzeugt Ordnung in physischen Systemen, die dadurch geordneter werden.

Behauptet wurde also, dass der Geist die Materie beeinflussen kann. Ein Beispiel: Wird eine Münze willkürlich 200-mal in die Luft geworfen, wäre nach dem Zufallsprinzip ein Verhältnis von 100-mal Kopf und 100-mal Zahl zu erwarten. Wäre jemand in der Lage, diesen Vorgang mental zu beeinflussen, wäre das ganz leicht daran zu entdecken, dass sich dieses Verhältnis von Kopf und Zahl ändern würde.

Fiele die Münze öfter auf eine der beiden Seiten, als nach dem Zufallsprinzip zu erwarten wäre, wäre zu schließen, dass die Psi-Energie der beteiligten Person die materielle Welt beeinflusst hätte. Sie hätte den Zufall reduziert beziehungsweise die Ordnung erhöht.

Um die Veränderungen der Ordnung in der physischen Welt zu überprüfen, kamen bei dem Versuch elektronische Zufallsgeneratoren zur Anwendung. Die Hypothese lautete folgendermaßen: Wenn das Gruppenbewusstsein überhaupt dazu in der Lage ist, muss es die Leistung eines Zufallsgenerators beeinflussen. Unter normalen Bedingungen produziert der Generator keinerlei Ordnung, es ist also leicht zu erkennen, wenn irgendeine ordnende Wirkung vorliegt. Natürlich kann sich auch zufällig eine gewisse Ordnung ergeben, aber die Experimente sollten demonstrieren, ob eine Veränderung der Ordnung gleichzeitig mit der Veränderung der massierten Aufmerksamkeit der Gruppe stattfand, die fortlaufend überwacht wurde.

Als Koordinator der Experimente fungierte Dean Radin von der University of Nevada. Er beschloss, sich auf Massenereignisse zu konzentrieren, die weltweit die simultane Aufmerksamkeit vieler Menschen auf sich ziehen. Anfänglich wurden sechs solche Großereignisse und zwei kleinere Gruppenereignisse ausgewählt.

Die Zufallsgeneratoren wurden so programmiert, dass sie alle sechs Sekunden 400 Ergebnisse produzierten. Radin schreibt, das entspreche in ungefähr dem Vorgang, 400-mal eine Münze hochzuwerfen und das sich ergebende Verhältnis von Kopf und Zahl aufzuzeichnen.[24] Langfristig dürften sich dabei keine Abweichungen ergeben, sondern eine gleichmäßige Verteilung der beiden möglichen Resultate. Jede signifikante Abweichung müsste also von äußeren Faktoren hervorgerufen worden sein, im Falle der Experimente vom Fokus des Massenbewusstseins.

Eines der beobachteten Ereignisse war das Verfahren gegen O. J. Simpson, das weltweit von einem großen Publikum verfolgt wurde. Als am 3. Oktober 1995 live der Spruch der Geschworenen ausgestrahlt wurde, saßen schätzungsweise 500 Millionen Menschen vor dem Bildschirm, fasziniert von dem juristischen Spektakel und dessen Ergebnis. Zur selben Zeit waren verschiedene Zufallsgeneratoren im Einsatz: einer in Princeton, einer in Amsterdam und drei weitere in dem von Dean Radin geleiteten Labor an der University of Nevada. Wie Radin schreibt, konnten die Wissenschaftler einen spektakulären Effekt beobachten: »Während der zwei Stunden, in denen Daten aufgezeichnet wurden, erreichte die Ordnung bei allen fünf Zufallsgeneratoren genau in dem Moment unvermittelt ihren Höhepunkt, als der Gerichtsbeamte den Spruch verkündete.«[25]

Andere Großereignisse, bei denen ähnliche Experimente durchgeführt wurden, waren die Oscar-Verleihung der Jahre 1995 und 1996 mit jeweils einer Milliarde Zuschauer, der »Super Bowl« (das Endspiel der amerikanischen Football-Liga NFL) mit einem Publikum von circa 200 Millionen, eine im Februar 1996 von allen großen amerikanischen Fernsehsendern ausgestrahlte Show mit etwa 90 Millionen Zuschauern und die Eröffnung der Olympischen Spiele von 1996 mit drei Milliarden Zuschauern. Bei all diesen Ereignissen war in entscheidenden Momenten ein signifikanter Anstieg des Ordnungsfaktors zu erkennen.

Zur Überprüfung wurden in Princeton und Amsterdam

zwölf weitere Studien durchgeführt, bei denen die Ergebnisse reproduziert werden konnten.[26] Die Kriterien eines wissenschaftlichen Verfahrens waren damit erfüllt: Kontrollierte Experimente hatten statistisch signifikante Ergebnisse erbracht, die später wiederholt werden konnten.

Radin kommt zu dem Schluss, die Experimente hätten demonstriert, dass es einen »Zusammenhang zwischen Geist und Materie« gebe.[27] Als Erklärung bietet er die Vorstellung an, die Welt sei womöglich ein lebender Organismus mit einem Geist, an dessen »Tanz« alle Menschen teilnähmen. Er fügt hinzu: »Eine bislang unvermutete Ursache der globalen Gewalt und Aggression könnte ganz konkret darin liegen, dass eine große Zahl von Menschen überall auf der Welt chaotische, feindselige Gedanken hat.«[28] Friedliche Massenbewegungen, wie sie zum Beispiel Gandhi ins Leben gerufen habe, könnten hingegen womöglich zu einem so positiven Zustand des individuellen Bewusstseins führen, dass der Erfolg nicht nur aus psychologischen Gründen eintrete, »sondern auch aus physikalischen Gründen, von denen wir jetzt erst eine schwache Ahnung haben«.[29]

Aus der Tiefe des Universums

Wir alle stehen in einem Zusammenhang, der jeden einzelnen Menschen ebenso umfasst wie die Welt, in der wir leben. Die Experimente von Dean Radin haben das bewiesen; die Mystiker haben es schon immer behauptet. Wahrscheinlich haben wir es alle gewusst, aber irgendwann vergessen. Überdies sind wir alle auch mit der Grundsubstanz des Universums verbunden. Das weist auf etwas hin, was in der neueren Diskussion über Kontakte mit außerirdischen Wesen nie in Betracht gezogen wurde.

Wenn ein Wesen aus der Tiefe des physischen Universums uns – aus welchem Grunde auch immer – hier auf der Erde besuchen würde, hätten wir mit ihm zumindest einen wichtigen Faktor gemein: unsere Mystik, das heißt unser

Wissen um die Quelle des Einen. Ein irdischer Mystiker könnte also mit einem außerirdischen Mystiker kommunizieren. Natürlich schicken wir nicht bewusst Mystiker in den Weltraum, und das könnte auch für außerirdische Zivilisationen gelten. Aber vielleicht sollten wir einmal darüber nachdenken. Zumindest könnte es bei der Ausbildung unserer Astronauten nicht zuletzt darum gehen, den Zugang zum Schweigen zu finden.

Wenn wir bislang Symbole des menschlichen Lebens und Wissens in die endlose Wildnis des Raums gesendet haben, um uns möglicherweise vorhandenen Kulturen in fernen Galaxien zu erkennen zu geben, war dabei keinerlei Symbol des einzigen Aspekts, den man dort sicher verstehen würde: unseres Wissens um die Quelle des Einen. Denn trotz aller technologischen Komplexität und aller intellektuellen Verrenkungen, auf die wir so stolz sind, ist dieses Wissen um das Eine die wahre Definition unserer Zivilisation. Letztendlich ist es auch die wahre Definition dessen, was es bedeutet, Mensch zu sein.

Nachwort

Die moderne Welt bombardiert uns unaufhörlich mit Enthüllungen über unsere scheinbare Unzulänglichkeit. Werbekampagnen in allen Medien zielen bewusst darauf ab, uns immer wieder weiszumachen, uns würde irgendeine entscheidende Komponente zum Erfolg fehlen, zum Beispiel Schönheit, Gesundheit oder ein schnelles Auto. So bringt man uns dazu, pausenlos Dinge zu kaufen, um eine Befriedigung zu erlangen, die zumindest unterstellt, wenn nicht gar konkret versprochen wird. Unser gesundes Bedürfnis nach Erfüllung und Ganzheit wird dadurch ständig in die Irre geleitet und nie befriedigt.

Angesichts dieser unerbittlichen Kampagne, die zynisch als notwendig für eine gesunde Wirtschaft gerechtfertigt wird, ist es verständlich, dass wir eine derart seichte und enge Vorstellung dessen haben, was es bedeutet, Mensch zu sein. Dadurch verfallen wir jedoch meist in eine von zwei Verhaltensweisen. Entweder stellen sich Selbstekel und Ängstlichkeit ein, verstärkt durch ständig neue Berichte über Unmenschlichkeit, Massenmord, Hunger und Dummheit auf der ganzen Welt. Oder wir blasen uns zu jenem seltsam theatralischen Geisteszustand auf, der gemeinhin als »Selbstvertrauen« bezeichnet wird, aber eigentlich eher »Selbstüberhebung« heißen müsste. Gefördert wird dieser Zustand durch die allzu leichte Verfügbarkeit von Steroiden und Silikon, aber auch durch die Boulevardpresse, die ständig nach neuen Persönlichkeiten verlangt.

Beide Verhaltensweisen sind Reaktionen auf ein Gefühl der Einsamkeit und Sinnlosigkeit, auf die Vorstellung, das Leben und die Menschheit seien nur durch Zufall entstanden und würden irgendwann auch durch Zufall enden, nachdem sie mit ihrer völligen Belanglosigkeit konfrontiert worden seien. Bis dahin halten alle, die nicht nur einsam, sondern auch skrupellos sind, das rücksichtslose Streben nach Macht über andere für das einzige unleugbare Zeichen des Erfolgs.

Welchen Wert können in diesem Kontext die Entdeckungen der Remote Viewer, der Parapsychologen, der an den Grenzen unserer Zeitvorstellung forschenden Physiker und der Mystiker für uns haben? Nun, all diese Entdeckungen verweisen auf das wahre Maß des Menschen, auf das grenzenlose Potential unseres Bewusstseins. Die Menschheit ist ganz konkret ein Teil der göttlichen Substanz des Universums.

Letztendlich können wir nicht leugnen, dass wir von vielen alten Kulturen etwas lernen können – von der chinesischen, der indischen oder der uns im Westen näheren Kultur des alten Ägypten. Die moderne Welt ist derart abhängig von ihrer Technologie und Wissenschaft geworden, dass jetzt ein Punkt erreicht ist, an dem diese mechanistischen Disziplinen sich mit dem philosophischen und religiösen Bereich verwirrt haben. Es wäre wesentlich sinnvoller, wenn wir solche begrenzten Vorstellungen fallen lassen und uns stattdessen der wahren Größe zuwenden würden, an der die Menschheit teilhat. Im »Poimandres«, dem ersten Traktat der hermetischen Schriften, werden wir schon seit fast 2000 Jahren energisch auf diese Aufgabe hingewiesen:

»Ihr Völker, ihr erdgeborenen Menschen, die ihr der Trunkenheit und dem Schlaf ergeben seid und der Unkenntnis Gottes, werdet nüchtern, hört auf, trunken zu sein und in unvernünftigem Schlaf zu schwelgen.«[1]

Erwachen . . . kein schlechter Gedanke.

246

Anhang

Bildnachweis

(15) – Die Pyramiden, Foto: © Michael Baigent
(15) – Die Sphinx, Foto: © Michael Baigent
(18) – Die Königskammer, Foto: © Michael Baigent
(21) – Die Pyramidentexte, Foto: © Peter A. Clayton
(31) – Die Sargtexte, Foto: © The British Museum
(33) – Das ägyptische Totenbuch, Foto: © The British Museum
(38) – Thot, Foto: © Michael Baigent
(61) – Alchemistische Illustration, Foto: © The British Library
(76 ff.) – Staatenhoroskope, erstellt mit Win*Star Express,
    © 1999 Matrix Software
(96) – Ma'at, Foto: © Michael Baigent
(113 f.) – »Remote Viewing« im Auftrag der CIA, Abbildungen:
    © The Society for Scientific Exploration (aus Berichten von
    Dr. H. Puthoff und Dr. R. Targ an die CIA, 1974–1975, in:
    Journal of Scientific Exploration, 10. Jg. 1996, S. 70, 71 und
    84, 85)
(132) – Zwei Darstellungen des *Ba*, Fotos: © The British Museum

Anmerkungen

Erstes Kapitel

1 Herodot, *Historien,* Kap. 124, S. 153 f.
2 Hawass, »Egypt's celebration of the Millennium«, S. 16–18.
3 Bauval, *Secret Chamber,* S. 194.
4 Ebd. S. 219 f.
5 Neugebauer und Parker, *Egyptian Astronomical Texts,* Bd. 1, S. 24 f.
6 Quirke, *Altägyptische Religion,* S. 81.
7 Bauval und Gilbert, *Das Geheimnis des Orion,* S. 143.
8 Ebd. S. 150.
9 Siehe Hancock, *Die Spur der Götter,* S. 489, wo für die »Erste Zeit« das etwas abweichende Datum 10 450 v. Chr. genannt wird, und Bauval und Hancock, *Der Schlüssel zur Sphinx,* S. 106 und 310.
10 In seinem Aufsatz »Giza« (S. 140–145) behandelt Mark Lehner die These, die Sonnenzyklen hätten die Anordnung der Pyramiden von Giseh bestimmt. In einem anderen Aufsatz desselben Autors (»Some Observations on the Layout ...«) geht es um die Standorte, die Nivellierung, die Ausrichtung und den gegenseitigen Bezug der Cheops- und der Chephren-Pyramide.
Jaromir Malek schreibt in seinem Aufsatz »Orion and the Giza pyramids« (S. 109): »Ich zweifle kaum daran, dass es eine bestimmbare Beziehung zwischen der Position der Pyramiden von Giseh gibt.«
Auch auf den Seiten der *Discussions in Egyptology* wird das Thema immer wieder diskutiert. So schreibt R. J. Cook (Bd. 31, 1995, S. 35): »Bislang hat man keine Argumente vorgebracht, die beweisen würden, dass [Lehner und andere Autoren] Unrecht mit der Behauptung hätten, die Pyramiden von Giseh seien nach einem einheitlichen Plan errichtet worden. Allerdings muss jede Beschreibung dieses Plans erklären können, weshalb die Bauten in ihrer spezifischen Konfiguration angeordnet wurden«.
11 Lehner, »Giza«, S. 143–145. Lehners Gedanken über die Vermessung, Ausrichtung und Struktur der Pyramiden von Giseh finden sich in komprimierter Form in seinem Buch *Das erste Weltwunder,* S. 106 f., 129 f. und 212–214.
12 Lehner, »Giza«, S. 141; hier auch Fotos des Sonnenuntergangs zur Zeit der Sonnenwende und der Tagundnachtgleichen.

13 Edwards, *Die ägyptischen Pyramiden*, S. 202.
14 Pinch, *Magic in Ancient Egypt*, S. 51.
15 Kolpaktchy, *Ägyptisches Totenbuch*, S. 124.
16 Quirke, *Altägyptische Religion*,, S. 223.
17 Ebd. S. 224.
18 Pinch, *Magic in Ancient Egypt*, S. 51–53.
19 Gardner, »The House of Life«, S. 158.
20 Ebd. S. 175.
21 Pinch, *Magic in Ancient Egypt*, S. 63.
22 Gardner, »The House of Life«, S. 173.
23 Näheres in: Quirke, *Altägyptische Religion*, S. 24 f. und 57 f.
24 Dass die hermetischen Bücher im 2. Jahrhundert v. Chr. im Entstehen begriffen waren, lässt sich aus einem aus dieser Zeit stammenden Manuskript schließen, das in einer Tempelbibliothek in Memphis gefunden wurde. Es handelt sich um ein Traktat über Astronomie, in dem am Anfang die Bemerkung steht: »Enthält den Hermes betreffende Dinge«. Im selben Text findet sich ein Kreis mit den Tierkreiszeichen und der Notiz: »Orakel des Hermes«. Siehe dazu Thompson, *Memphis Under the Ptolemies*, S. 252 f.
25 Kingsley, »Poimandres«, S. 7.
26 *Corpus Hermeticum*, S. 10.
27 Ebd. S. 11.
28 Ebd.
29 Ebd. S. 12.
30 Ebd.
31 Ebd.
32 Ebd. S. 20.
33 Ebd. S. 21.
34 Zitiert nach: Klossowski de Rola, *Alchemie*, S. 16. Dieselbe Stelle in: Artephius, *Hermetischer Rosenkrantz*, S. 30.

Zweites Kapitel

1 Zur Geschichte der Ausgrabungen siehe Zuntz, *Persephone*, S. 288–292.
2 Kingsley, »From Pythagoras to the *Turba Philosophorum*«, S. 3. Siehe auch Kingsley, *Ancient, Philosophy, Mystery, and Magic*, S. 256–261 und 303–313, und Cole, »New Evidence for the Mysteries of Dionysos«. Zuntz (*Persephone*, S. 370–376) verweist auf spezifische Parallelen mit dem ägyptischen *Totenbuch*.
3 Cole, »New Evidence for the Mysteries of Dionysos«, S. 233 f.
4 Shipley, *A History of Samos*, S. 43, 56 und 73.
5 Bezüglich der hier angegebenen, vom üblicherweise genannten Datum abweichenden Jahreszahl siehe Gorman, *Pythagoras*, S. 49.
6 Ebd. S. 58.
7 Ebd. S. 83.
8 Herodot, *Historien*, Kap. 123, S. 153.

250

9   Kingsley, *Ancient Philosophy, Mystery and Magic*, S. 325 f.

10 Lindsay, *The Origins of Alchemy in Graeco-Roman Egypt*, S. 100.

11 Fraser, *Ptolemaic Alexandria*, Bd. 1, S. 440.

12 Kingsley, *Ancient Philosophy, Mystery and Magic*, S. 339–341.

13 Fowden, *The Egyptian Hermes*, S. 167.

14 Taylor, *The Alchemists*, S. 25.

15 Lindsay, *The Origins of Alchemy in Graeco-Roman Egypt*, S. 335.

16 Taylor, *The Alchemists*, S. 25

17 Chadwick, *Priscillian of Avila*, S. 21.

18 Fowden, *The Egyptian Hermes*, S. 166, Anm. 35.

19 Lindsay, *The Origins of Alchemy in Graeco-Roman Egypt*, S. 336.

20 Ebd.

21 Porphyrios, »Life of Pythagoras«, XII, in: Guthrie, *The Pythagorean Sourcebook and Library*, S. 125.

22 Flamel, *His Exposition of the Hieroglyphical Figures*, S. 13.

23 Boyle, *The Sceptical Chymist*, S. 166.

24 Ebd.

25 Principe, »Robert Boyle's Alchemical Secrecy«. Siehe auch Hunter, »Alchemy, magic and moralism in the thought of Robert Boyle«.

26 Boyle, *Boyle Papers*, VII, F. 138. Weitere Überlegungen dazu in: Baigent, »Freemasonry, Hermetic Thought and the Royal Society of London«, S. 8.

27 Manuel, *A Portrait of Isaac Newton*, S. 177.

28 Ebd. S. 185.

29 Ebd. S. 170.

30 Dobbs, *The Foundations of Newton's Alchemy*, S. 16 f.

31 Ebd. S. 320.

32 *The Times*, 11. Oktober 1993, S. 10.

33 *The Times*, 24. Dezember 1993, S. 9.

34 *The Times*, 12. Dezember 1994, S. 16.

35 Barnaby, »Is there a pure-fusion bomb for sale?«, S. 79. Siehe auch Barnaby, »The Red Mercury Saga«.

36 Barnaby, »Is there a pure-fusion bomb for sale?«. Weitere Informationen, besonders zu angeblichen Verbindungen nach Südafrika, finden sich in: Badolato und Andrade, »Red Mercury: Hoax or the Ultimate Terrorist Weapon?«. Der zuerst im *Counterterrorism Magazine* veröffentlichte Aufsatz ist in der Sammlung »Best of Counterterrorism & Security for: 1995 and 1996« enthalten, zu finden auf folgender Webseite: *http://www.worldonline.net/security-net/CTS/pages/mercury.html*.

37 Barnaby, »Is there a pure-fusion bomb for sale?«.

38 Artephius, *Hermetischer Rosencrantz*, S. 11.

39 Dass gewöhnliche Metalle durch den Einsatz großer Energiemengen tatsächlich in Gold verwandelt werden können, hat die moderne Wissenschaft bereits entdeckt: die Atomkerne von Elementen können verschmolzen werden, um andere Elemente zu erzeugen. Verschmilzt man zum Beispiel den Kern eines Kupferatoms (Atomgewicht 29) mit dem Kern eines Zinnatoms (Atomgewicht

50), so entsteht ein Atom, dessen Kern das Atomgewicht 79 aufweist – und das ist Gold.

40 Fowden, *The Egyptian Hermes*, S. 123.
41 Ebd. S. 122.
42 Lindsay, *The Origins of Alchemy in Graeco-Roman Egypt*, S. 257.
43 Ebd.
44 Ashmole, *Theatrum Chemicum Britannicum*, S. VI.

Drittes Kapitel

1 Siehe Baigent, *From the Omens of Babylon*, S. 41–43.
2 Parpola, *Letters from Assyrian Scholars*, Bd. 2, S. 269 und 403.
3 Ebd., Bd. 1, Brief 279, S. 227.
4 Eine gute Darstellung der Institution des Ersatzkönigs findet sich ebd., Bd. 2, S. XXII–XXXII.
5 Ebd., Bd. 1, Brief 279, S. 227; Anmerkungen dazu in Bd. 2, S. 269 f.
6 Ebd., Bd. 1, Brief 280, S. 227; Anmerkungen dazu in Bd. 2, S. 270–272.
7 Baigent, »The Natal Chart of Communist Russia«, S. 173; zitiert nach der erweiterten Fassung in: Baigent u. a., *Mundan-Astrologie*, S. 377 f.
8 Campion, *Das Buch der Welthoroskope*, S. 150.
9 Für die Unterzeichnung der amerikanischen Unabhängigkeitserklärung wurden mehrere Zeitpunkte vorgeschlagen, aber die von Ebenezer Sibly, einem Astrologen des 18. Jahrhunderts, angegebene Zeit ergibt ein Horoskop, das besser zu diesem Ereignis passt als alle anderen. Spätere Arbeiten über die Transitzyklen stützen diese Annahme. Siehe dazu: Campion, *Das Buch der Welthoroskope*, S. 370–374, und Baigent, »Ebenezer Sibly and the Declaration of Independence, 1776«, *The Astrological Journal*, Winter 1983/84, S. 34–38.
10 Campion, *Das Buch der Welthoroskope*, S. 171. Die berechnete Ortszeit von 7.00 Uhr entspricht 4.00 Uhr GMT.
11 Laut der neuesten, dritten Ausgabe von N. Campion, *The Book of World Horoscopes*, Bristol 1999. In der ersten Ausgabe, auf die sich die deutsche Übersetzung bezieht, wird das Horoskop noch auf den 18. Januar berechnet (siehe dort S. 110 f.).
12 Im Horoskop für 1871 ist Uranus im Begriff, die Saturn-Sonne-Venus-Konjunktion zu passieren und zeigt somit einen grundsätzlichen Wandel in der Führung und Struktur des Landes an.
13 Im Horoskop von 1990 hat Pluto soeben die Sonne des Horoskops von 1955 in Opposition durchlaufen und ist im Begriff, sich mit Saturn zu verbinden. Dies weist für 1990 auf die Bildung von starken Oppositionen gegenüber der deutschen Führung hin, die möglicherweise zu einem entscheidenden Bruch führen.
14 Ebd. S. 297 f.
15 Ebd. S. 262 f.

16 Um 02.12 Ortszeit; vom 1. Juli bis 27. Dezember 1917 galt in Sankt Petersburg (damals Petrograd) die Sommerzeit. Ein Überblick über die historischen Ereignisse und Argumente für den 8. November finden sich in: Campion, *Das Buch der Welthoroskope*, S. 355 f. und 638 (Anm. 751 und 752).

17 Nach der nautischen Terminologie steht die Sonne auf 226°, Saturn auf 134° und Uranus auf 320°.

18 Diese Aspekte müssen nicht exakt sein; eine Bandbreite (»Orbis«) von ca. 8° gilt als akzeptabel.

19 Jung, »Zivilisation im Übergang«, S. 290.

20 Ausführlicher wird dieses Thema behandelt in: Baigent u. a., *Mundan-Astrologie*, S. 67–82.

21 Baigent, »The Natal Chart of Communist Russia«, S. 173; zitiert nach der erweiterten Fassung in: Baigent u. a., *Mundan-Astrologie*, S. 377.

22 Ebd.

23 Siehe Gauquelin, *Die Uhren des Kosmos gehen anders*, S. 135 f. Ein kritischer Überblick über die Auswirkungen des Mondzyklus findet sich in: Eysenck und Nias, *Astrologie*, S. 199–219.

24 Dewey, *Cycles*, S. 182 f.

25 Ebd. S. 184.

26 Die Proklamation fand kurz nach 18 Uhr statt; für die Berechnung des Geburtshoroskops gelten also die Daten: 15.10 Uhr GMT, 23. August 1921, Bagdad. Siehe S. Erskine, *King Faisal of Iraq*, London 1933, S. 132; und *Colonial Reports: Iraq. Report on Iraq Administration, October 1920–March 1922*, London 1923–1932, S. 14 f.

27 Für diesen einem Bericht der französischen Zeitung *Le Monde* entnommenen Zeitpunkt (14. Juli 1958, 4.00 Uhr GMT, Bagdad) wird in: Campion, *Das Buch der Welthoroskope*, S. 171, auch das Geburtshoroskop der Republik Irak berechnet. Die *BBC Summary of World Broadcasts*, Nr. 601, 15. Juli 1958, Anhang G, S. 5, nennt als frühesten Zeitpunkt der Proklamation 5.00 Uhr GMT (8.00 Ortszeit).

28 Dewey, *Cycles*, S. 14

29 Ebd. S. 24 f.

30 Ebd. S. 89.

31 Ebd. S. 62.

32 Ebd. S. 118 f.

33 Ebd. S. 65.

34 Ebd. S. 69.

35 Ebd. S. 71.

36 Ebd. S. 85.

37 Siehe ebd. S. 188 und 195.

38 Ebd. S. 192.

39 Bleeker, *Hathor and Thoth*, S. 12–14, 19, 143 und 149.

40 Ebd. S. 13.

41 Quirke, *Altägyptische Religion*, S. 38.

Viertes Kapitel

1 Verne, *20 000 Meilen unter den Meeren*, S. 107 f.
2 McMoneagle, *Mind Trek*, S. 309.
3 Beloff, *Parapsychology*, S. 136.
4 Ebd. S. 142.
5 Puthoff, »CIA-initiated Remote Viewing Program«, S. 65.
6 Zu Hal Puthoffs ersten Experimenten am SRI siehe Schnabel, *Geheimwaffe Gehirn*, S. 98–101.
7 Puthoff, »CIA-initiated Remote Viewing Program«, S. 65.
8 McMoneagle, *Mind Trek*, S. 154.
9 Ebd. S. 156.
10 Ebd. S. 76.
11 Siehe dazu *Der Tag nach Roswell* von Colonel Philip Corso, dem ehemaligen Chef der »Abteilung für ausländische Technologie« im Pentagon.
12 Graff, *Tracks in the Psychic Wilderness*, S. 4.
13 Schnabel, *Geheimwaffe Gehirn*, S. 82.
14 Ebd. S. 83. Siehe auch Graff, *Tracks in the Psychic Wilderness*, S. 15 f.
15 Schnabel, *Geheimwaffe Gehirn*, S. 17.
16 Targ und Puthoff, »Information transmission under conditions of sensory shielding«, S. 606.
17 Ebd. S. 602.
18 *Nature*, 251, 1974, S. 559.
19 *Nature*, 252, 1974, S. 629.
20 Puthoff, »CIA-initiated Remote Viewing Program«, S. 66.
21 McMoneagle, *Mind Trek*, S. 142.
22 Schnabel, *Geheimwaffe Gehirn*, S. 57 f.
23 McMoneagle, *Mind Trek*, S. 265.
24 Ebd.
25 Schnabel, *Geheimwaffe Gehirn*, S. 319.
26 Ebd. S. 317.
27 Ebd. S. 319.
28 Das gesamte Protokoll des Experiments ist nachzulesen in: McMoneagle, *Mind Trek*, S. 203–207.
29 Ebd. S. 156–173.
30 Ebd. Die Fotografien sind auf den Seiten 166–173 wiedergegeben.
31 Ebd. S. 219.
32 Gruber, *Psychic Wars*, S. 83.
33 Morehouse, *Psychic Warrior*, S. 135 f. Siehe auch Schnabel, *Geheimwaffe Gehirn*, S. 319.
34 Schnabel, *Geheimwaffe Gehirn*, S. 211.
35 *Fortean Times*, November 1998, S. 66.
36 May, »The American Institutes for Research Review ...«, S. 93.
37 Morehouse, *Psychic Warrior*, S. 251.
38 Bauval, *Secret Chamber*, S. 235.
39 Siehe dazu Morehouse, *Psychic Warrior*, S. 129–134.
40 Nelson u. a., »Precognitive Remote Perception«, S. 110.

41 Puthoff, »CIA-initiated Remote Viewing Program«, S. 76.

42 Targ, »Remote Viewing at Stanford Research Institute in the 1970s«, S. 88.

43 Betz, *The Greek Magical Papyri in Translation*, S. 42 (*PGM* IV, 154–285).

Fünftes Kapitel

1 Jamblichus, *Über die Geheimlehren* (VII, 1), S. 161.

2 Zum Begriff des *Ba* siehe Naydler, *Temple of the Cosmos*, S. 200–207.

3 Ebd. S. 191.

4 *Corpus Hermeticum*, S. 134 (CH XI, »Gespräch des Geistes mit Hermes«).

5 Iversen, *Egyptian and Hermetic Doctrine*, S. 33.

6 Zu der im *Totenbuch* (sein eigentlicher Titel lautet »Buch vom Herausgehen am Tage«) beschriebenen Initiationsreise siehe Naydler, *Tempel of the Cosmos*, S. 213–281. Auf S. 281 spricht der Autor von der Reise, durch die »der Reisende wahrhaftig ›in den Tag herausgegangen‹ ist, eine Wendung, die man genauso gut mit ›ins Licht gelangt‹ übersetzen könnte«.

7 Naydler, *Temple of the Cosmos*, S. 205 (Abb. 9.8).

8 Bauval und Gilbert, *Das Geheimnis des Orion*, S. 200–203.

9 Charles Tart in: Lorimer, »The Near-Death Experience«, S. 324.

10 Fenwick, *The Truth in the Light*, S. 49 f.

11 Sabom, *Erinnerung an den Tod*, S. 56.

12 Ebd. S. 93–96. Siehe auch Rogo, *The Return from Silence*, S. 84–94.

13 Monroe, *Der Mann mit den zwei Leben*, S. 16.

14 Ebd. S. 36.

15 Ebd.

16 Ebd. S. 63.

17 Ebd. S. 68 f. (alle Zitate dieses Abschnitts).

18 Ebd. S. 70.

19 Ebd. S. 70 f. (alle Zitate dieses Abschnitts).

20 McMoneagle, *Mind Trek*, S. 97 f.

21 Ebd. S. 160 f.

22 Ebd. S. 161 f.

23 Ebd. S. 162 f.

24 Monroe, *Der Mann mit den zwei Leben*, S. 165–167.

25 Ebd. S. 163.

26 Ebd. S. 65.

Sechstes Kapitel

1 Zitiert nach den ersten Seiten der bei 1998 bei Bantam Books (London) erschienenen Taschenbuchausgabe von Hawkings *A Brief History of Time*.
2 Ebd.
3 Hawking, *Eine kurze Geschichte der Zeit*, S. 212.
4 Paul Davies, »The Cosmic Blueprint: Self-organizing Principles of Matter and Energy«, in: Lorimer, *The Spirit of Science*, S. 87.
5 Hawking, *Eine kurze Geschichte der Zeit*, S. 218.
6 Ebd.
7 Ebd. S. 12 (Einleitung von Carl Sagan).
8 Ebd. S. 72.
9 Ebd. S. 155 f.
10 Davies, *Gott und die moderne Physik*, S. 219.
11 Ebd. S. 234.
12 Penrose, *Computerdenken*, S. 320.
13 Arp u. a., »The extragalactic Universe«, S. 812.
14 Ebd.
15 Ebd.
16 Ebd. S. 807.
17 Ebd. S. 811.
18 Ebd. S. 808.
19 Kennicutt, »An old galaxy in a young Universe«, S. 556.
20 Coles, »The end of the old model Universe«, S. 744.
21 Ebd. S. 743.
22 Chown, »In the beginning«, S. 7.
23 Coles, »The end of the old model Universe«, S. 741.
24 Siehe *Nature,* 340, 1989, S. 425.
25 In: Lorimer, *The Spirit of Science*, S. 23.
26 Ebd. S. 35.
27 Radin, *The Conscious Universe*, S. 290.
28 Ebd. S. 291.
29 Ebd. S. 293.
30 In: Lorimer, *The Spirit of Science*, S. 37.
31 Ebd. S. 132.
32 Ebd. S. 59.
33 Siehe Bohm, *Die implizite Ordnung*, S. 9–12.
34 In: Lorimer, *The Spirit of Science*, S. 41.
35 Radin, *The Conscious Universe*, S. 267.
36 Ebd. S. 302.
37 McMoneagle, *Mind Trek*, S. 30.
38 Ebd. S. 81.
39 Monroe, *Der Mann mit den zwei Leben*, S. 62.
40 Ebd. S. 19.
41 Broughton, »A Milestone on Parapsychology's Long March«, S. 57.

Siebtes Kapitel

1 Iverson, *In Search of the Dead*, S. 162.
2 Ebd. S. 165, nach der englischen Ausgabe von *My Land, my People*, der Autobiographie des Dalai Lama. In der deutschen Ausgabe von *Mein Leben und mein Volk* nicht enthalten.
3 Ebd.
4 Ebd. S. 166.
5 Carpenter, *Past Lives*, S. 91–93 (gesamte vorangehende Passage).
6 Ebd. S. 102.
7 In seinem Buch *Is There Life After Death?* (S. 201) schreibt Prof. Robert Kastenbaum: »Außergewöhnlich an Stevenson sind die systematische Vorgehensweise, mit der er seine Studien betreibt, und die detaillierte Darstellung. Kurz gesagt: Wer sich mit Stevensons Studien nicht beschäftigt hat, ist nicht berechtigt, eine fundierte Meinung über die Indizien für Reinkarnation zu äußern.«
8 Stevenson, *The Evidence for Survival from Claimed Memories of Former Incarnations*, S. 15 f.
9 Stevenson, *Reinkarnation*, S. 17.
10 Zum Fall Elad Imawar siehe ebd. S. 286–316.
11 Ebd. S. 298–311. Neben den 47 Aussagen, die Imad vor seinem Besuch in Khriby machte, sind hier zehn weitere aufgelistet, die von der ersten Autofahrt dorthin stammen. Nur drei der 47 und drei der weiteren zehn Aussagen erwiesen sich als unrichtig.
12 Ebd. S. 292.
13 Ebd. S. 313.
14 Iverson, *In Search of the Dead*, S. XI.
15 *Rigveda*, 10.16.5.
16 Schreiner, *Bhagavad-Gita* (2.21–22), S. 60.
17 *Corpus Hermeticum*, CH IV, »Gespräch des Hermes mit Tat: Der Mischkrug oder Die Monade«, S. 51.
18 Ebd. CH X, »Hermes Trismegistos: Der Schlüssel«, S. 110.
19 Kolpaktchy, *Ägyptisches Totenbuch*, Spruch 175, S. 283. Siehe auch Budge, *The Book of the Dead*, S. 598.
20 Cranston und Williams, *Wiedergeburt*, S. 28.
21 Ebd. S. 29.
22 Ebd. S. 15.

Achtes Kapitel

1 Stevenson, *Reinkarnationsbeweise*, S. 157.
2 Ebd. S. 56.
3 Ebd. S. 57.
4 Ebd. S. 59.
5 Ebd. S. 66–68.
6 Ebd. S. 69 f.

7   Ebd. S. 69.
8   Ebd. S. 74.
9   Ebd. S. 25–27.
10   Ebd. S. 83.
11   Ebd. S. 249.
12   Grof, *The Cosmic Game,* S. 166.
13   Ebd. S. 168.
14   Fiore, *You Have Been Here Before,* S. 4 f.
15   Iverson, *Leben wir öfter als einmal?,* S. 134.
16   Ebd. S. 141.
17   Stevenson, *Reinkarnation,* S. 18.
18   Fiore, *You Have Been Here Before,* S. 194.
19   Ebd. S. 197.
20   Ebd. S. 198.
21   Ebd. S. 223.
22   Persönliche Mitteilung vom 24. Mai 1997.

Neuntes Kapitel

1   Shreeve, *The Neanderthal Enigma,* S. 53.
2   Solecki, *Shanidar,* S. 154 und 175.
3   Hoffman, *Egypt before the Pharaohs,* S. 90–99.
4   Faulkner, *The Ancient Egyptian Pyramid Texts* (Spruch 523), S. 196.
5   Ebd. (Spruch 467) S. 156.
6   Platon, *Der Staat* (X, 13), S. 853–855.
7   Gregor I., *Dialoge* (4. Buch, Kap. 36), S. 236 f.
8   Beda, *Kirchengeschichte des englischen Volkes,* S. 465.
9   Ebd. S. 465–471.
10   Fenwick und Fenwick, *The Truth in the Light,* S. 143.
11   Ebd. S. 143 f.
12   Grey, *Return from Death,* S. 44 f.
13   Ebd. S. 47.
14   Ebd. S. 46.
15   Bailey und Yates, *The Near-Death Experience,* S. 28.
16   Moody, *Leben nach dem Tod,* S. 23.
17   Zaleski, *Nah-Todeserlebnisse und Jenseitsvisionen,* S. 194.
18   Ritchie, *Blicke ins Jenseits,* S. 56.
19   Atwater, *Beyond the Light,* S. 52.
20   Morse, *Zum Licht,* S. 20.
21   Fenwick und Fenwick, *The Truth in the Light,* S. 91 f.
22   Ebd. S. 159 f.
23   Ritchie, *Blicke ins Jenseits,* S. 201.
24   Morse, *Zum Licht,* S. 175.
25   Sabom, *Erinnerung an den Tod,* S. 72.
26   Bailey und Yates, *The Near-Death Experience,* S. 35.
27   Brinkley, *Zurück ins Leben,* S. 21–23.
28   Atwater, *Beyond the Light,* S. 8.

29 Fenwick und Fenwick, *The Truth in the Light,* S. 234 f.

30 Morse, *Zum Licht,* S. 60.

31 Ebd.

32 Der prominenteste Vertreter dieser Auffassung ist Prof. Robert Kastenbaum, der sie in seinem Buch *Is there Life after Death* (S. 29) folgendermaßen formuliert:»Die Nah-Todeserfahrung stellt ein Phänomen des gespaltenen Ichs und als solches eine authentische Bewusstseinsveränderung dar, liefert jedoch keinerlei Beweise für ein Weiterleben nach dem Tod.«

33 Fenwick und Fenwick, *The Truth in the Light,* S. 151.

34 Ring und Cooper,»Mindsight«, S. 29 f.

35 Cherry Norton,»Horrors of a near-death ›hell‹«, *The Sunday Times,* 5. Okt. 1997, 1, S. 14.

36 Morse, *Zum Licht,* S. 180.

37 Sabom, *Erinnerung an den Tod,* S. 70.

38 Ebd. S. 53.

39 Ebd. S. 54.

40 Ebd. S. 70.

41 Bailey und Yates, *The Near-Death Experience,* S. 41 f.

42 Heidel, *The Gilgamesh Epic* (X, I, 13–15), S. 69. Siehe auch Baigent, *From the Omens of Babylon,* S. 78–80.

43 Faulkner, *The Ancient Egyptian Pyramid Texts* (Spruch 213), S. 40.

44 Ebd. (Spruch 214), S. 41.

45 Kolpaktchy, *Ägyptisches Totenbuch* (Spruch 64), S. 116.

46 Quirke, *Altägyptische Religion,* S. 223.

47 *Corpus Hermeticum* (CH I), S. 12.

48 Nach: Farnell, *The Cults of the Greek States,* S. 179. Der volle Wortlaut dieser Passage lautet:»Die Seele macht (zum Zeitpunkt des Todes) dieselbe Erfahrung wie jene, die in die großen Mysterien eingeweiht werden. [...] Zuerst wandert und eilt man müde hin und her und reist voll Argwohn durch die Dunkelheit wie ein Uneingeweihter; dann tauchen alle Schrecken vor der letzten Einweihung auf: Schaudern, Zittern, Schwitzen, Verwunderung; dann wird man von einem wundersamen Licht erfasst und in reinen Gefilden und Wiesen empfangen, voll Stimmen und Tänzen und der Majestät heiliger Klänge und Formen. Hier streift, wer die Einweihung vollbracht hat, frei umher; erlöst trägt er seine Krone, nimmt an der göttlichen Gemeinschaft teil und verkehrt mit reinen und heiligen Menschen. Dabei betrachtet er jene, die hienieden uneingeweiht leben, als unreine Schar, auf die sein Fuß tritt und die sich im Schmutz und im Nebel zusammenkauert, sich an ihr Elend klammernd ob der Angst vor dem Tod und dem Misstrauen gegenüber den Segnungen an jenem Orte.« Eine Beziehung zwischen Mystik und Todeserfahrung hat auch C. G. Jung gesehen, der in seinem Buch *Aion* (S. 200) von einem gleichartigen Vorgang »beim Tode des Lebewesens [...] und ebenso beim figürlichen Tode als mystischem Erlebnis« spricht.

49 Zaleski, *Nah-Todeserlebnisse und Jenseitsvisionen,* S. 12.

Zehntes Kapitel

1 Teresa von Avila, *Das Leben der heiligen Theresia von Jesu,* S. 382.
2 Ebd. S. 384.
3 Ebd.
4 Ebd.
5 Ebd. S. 384 f.
6 Ebd. S. 274.
7 Ebd. S. 181.
8 Ebd. S. 168.
9 Ebd. S. 169.
10 Ebd. S. 190 und 196.
11 Siehe zum Beispiel Lukas 11,34.
12 Küng, *Das Christentum,* S. 519.
13 Ebd. S. 522.
14 Katz, »Language, Epistemology, and Mysticism«, S. 26.
15 Ebd.
16 Ebd.
17 Ebd. S. 56 f. und 66.
18 Staal, *Exploring Mysticism,* S. 180.
19 Forman, »Pure Consciousness Events and Mysticism«, S. 56.
20 Forman, *The Problem of Pure Consciousness,* S. 25.
21 Siehe Stoeber, *Theo-Monistic Mysticism,* S. 28.
22 Siehe ebd., besonders S. 49, die entsprechenden Argumente.
23 Radin, *The Conscious Universe,* S. 160.
24 Ebd. S. 162.
25 Ebd. S. 167.
26 Ebd. S. 170 f.
27 Ebd. S. 172.
28 Ebd. S. 174.
29 Ebd.

Nachwort

1 *Corpus Hermeticum,* CH I, S. 20.

Literatur

Arp, H. C./G. Burbidge/F. Hoyle/J. V. Narlikar/N. C. Wickramasinghe, »The extragalactic Universe. An alternative view«. *Nature,* 346, 1990, S. 807–812.

Artephius, *Hermetischer Rosenkrantz.* Hamburg 1659.

Ashmole, E. *Theatrum Chemicum Britannicum.* London 1652.

Atwater, P. M. H., *Beyond the Light.* London 1994.

Baigent, M. *From the Omens of Babylon. Astrology and Ancient Mesopotamia.* London 1994.

Baigent, M., »Freemasonry, Hermetic Thought and the Royal Society of London«. *Ars Quatuor Coronatorum,* 109, 1996, S. 1–13.

Baigent, M., »The Natal Chart of Communist Russia«. *The Astrological Journal,* Jg. 22, Nr. 3, Sommer 1980, S. 134–137, 173.

Baigent, M./N. Campion/C. Harvey, *Mundan-Astrologie.* Wettswil 1989.

Bailey, L. W./J. Yates (Hrsg.), *The Near-Death Experience.* London 1996.

Barnaby, F., »Is there a pure-fusion bomb for sale?« *International Defence Review,* 1. Juni 1994, S. 79.

Barnaby, F., »The Red Mercury Saga«. *Medicine and War,* 10, 1994, S. 286–289.

Bauval, R., *Secret Chamber.* London 1999.

Bauval, R./A. Gilbert, *Das Geheimnis des Orion.* München 1998.

Bauval, R./G. Hancock, *Der Schlüssel zur Sphinx.* München 1996.

Beda [Venerabilis], *Kirchengeschichte des englischen Volkes.* Bd. 2, Darmstadt 1982.

Beloff, J., *Parapsychology. A Concise History.* London 1993.

Betz, H. D., *The Greek Magical Papyri in Translation.* 2. Aufl., Chicago 1996.

Bleeker, C. J., Ha*Hathor and Thoth.* Leiden 1973.

Bohm, D., *Die implizite Ordnung.* München 1987.

Boyle, R., *Boyle Papers.* Manuskriptsammlung im Besitz der Royal Society, London.

Boyle, R., *The Sceptical Chymist.* London 1911.

Breasted, J. H., *Ancient Records of Egypt.* 5 Bde., Chicago 1906–1907.

Brinkley, D., *Zurück ins Leben.* München 1994.

Broughton, R. S., »A Milestone of Parapsychology's Long March«. *Network. The Scientific and Medical Network Review,* 66, April 1998, S. 57–59.

Budge, E. A. W., *The Book of the Dead*. London 1960.
Bunney, S., »First migrants will travel back in time«. *New Scientist,* 1565, 18. Juni 1987, S. 36.
Campion, N., *Das Buch der Welthoroskope*. Wettswil 1991.
Campion, N., *The Great Year*. London 1994.
Carpenter, S., *Past Lives*. London 1995.
Chadwick, H., *Priscillian of Avila*. Oxford 1976.
Chadwick, R., »The so-called ›Orion Mystery‹«. *KMT. A Modern Journal of Ancient Egypt*. Bd. 7, Nr. 3, 1996, S. 74–83.
Chown, M., »In the beginning«. *New Scientist,* 25. April 1998, S. 7.
Cole, S. G., »New Evidence for the Mysteries of Dionysos«. *Greek, Roman, and Byzantine Studies,* 21, 1980, S. 223–238.
Coles, P., »The end of the old model Universe«. *Nature,* 393, 1998, S. 741–744.
Cook, R. J., »The elaboration of the Giza site-plan«. *Discussions in Egyptology,* 31, 1995, S. 35–45.
Corpus Hermeticum: C. Colpe/J. Holzhausen (Hrsg.), *Das Corpus Hermeticum Deutsch.* 2 Bde., Stuttgart-Bad Cannstatt 1997.
Corso, Ph./W. Birnes, *Der Tag nach Roswell*. München 1998.
Coveney, P./R. Highfield, *Anti-Chaos*. Reinbek 1992.
Cranston, S./C. Williams, *Wiedergeburt*. München 1989.
Dalkvist, J./J. Westerlund, »Experimental Studies on Telepathic Group Communication of Emotions«. *Journal of Scientific Exploration,* 12, 1998, S. 583–603.
Davies, P., *Gott und die moderne Physik*. München 1986.
Dawson, A. G., *Ice Age Earth*. London 1992.
Dewey, E, *Cycles. The Mysterious Forces that Trigger Events*. New York 1971.
Dobbs, B. J. T., *The Foundations of Newton's Alchemy*. Cambridge 1975.
Edwards, I. E. S., *Die ägyptischen Pyramiden*. Wiesbaden 1967.
Emery, W. B., *Ägypten. Geschichte und Kultur der Frühzeit*. München 1964.
Eysenck, H. J./D. K. B. Nias, *Astrologie. Wissenschaft oder Aberglaube?* München 1984.
Farnell, L. R., *The Cults of the Greek States*. Bd. 3, Oxford 1907.
Faulkner, R. O., *The Ancient Egyptian Coffin Texts*. 3 Bde., Warminster 1994–1996.
Faulkner, R. O. *The Ancient Egyptian Pyramid Texts*. Warminster o. D. [1969].
Faulkner, R. O., »The King and the Star-Religion in the Pyramid Texts«. *Journal of Near Eastern Studies,* 25, 1966, S. 153–161.
Fenwick, P. und E., *The Truth in the Light*. London 1996.
Fiore, E., *You Have Been Here Before*. London 1980.
Flamel, N., *His Exposition of the Hieroglyphical Figures*. Hrsg. L. Dixon. New York 1994.
Forbes, R. J., *The Conquest of Nature*. Harmondsworth 1971.
Forbes, R. J., *Studies in Ancient Technology*. Leiden 1955.
Forman, R. K. C. (Hrsg.), *The Problem of Pure Consciousness*. Oxford 1997.

Forman, R. K. C., »Pure Consciousness Events and Mysticism«. *Sophia*, 25 (1), April 1986, S. 49–58.

Fowden, G., *The Egyptian Hermes*. Princeton 1993.

Fraser, P. M., *Ptolemaic Alexandria*. 3 Bde., Oxford 1972.

Gardner, A. H., »The House of Life«. *The Journal of Egyptian Archaeology*, 24, 1938, S. 157–179.

Gauquelin, M., *Die Uhren des Kosmos gehen anders*. Bern/München 1973.

Gorman, P., *Pythagoras. A Life*. London 1979.

Graff, D. E., *Tracks in the Psychic Wilderness*. Shaftesbury 1998.

Gregor I. (der Große), *Dialoge* (= *Ausgewählte Schriften*, 2. Bd.). München 1933.

Grey, M., *Return from Death. An Exploration of the Near-Death Experience*. London 1985.

Grof, S., *The Cosmic Game*. Dublin 1998.

Hancock, G., *Die Spur der Götter*. Bergisch Gladbach 1995.

Hassan, S., *The Sphinx. Its History in the Light of Recent Excavations*. Kairo 1949.

Hawass, Z., »Egypt's Celebration of the Millennium«. *Horus*, Okt./Dez. 1999, S. 10–20.

Hawking, S., *Eine kurze Geschichte der Zeit*. Reinbek 1988.

Heidel, A., *The Gilgamesh Epic and Old Testament Parallels*. Chicago 1963.

Herodot, *Historien*. Übers. A. Horneffer. Stuttgart 1955.

Hoffman, M., *Egypt before the Pharaohs*. London 1979.

Holmyard, E. J., *Alchemy*. Harmondsworth 1957.

Hunter, M., »Alchemy, magic and moralism in the thought of Robert Boyle«. *The British Journal for the History of Science*, 23, 1990, S. 387–410.

Iversen, E., *Egyptian and Hermetic Doctrine*. Kopenhagen 1984.

Iverson, J., *In Search of the Dead*. London 1994.

Iverson, J., *Leben wir öfter als einmal?* München 1977.

Jamblichus, *Über die Geheimlehren*. Hildesheim u. a. 1987.

James, T. G. H., *A Short History of Ancient Egypt*. London 1995.

Jung, C. G., »Aion. Beiträge zur Symbolik des Selbst.« *Gesammelte Werke* 9,2, 7. Aufl., Olten 1989.

Jung, C. G., »Psychologie und Alchemie«. *Gesammelte Werke*, Bd. 12, 6. Aufl., Olten 1990.

Jung, C. G., »Zivilisation im Übergang«. *Gesammelte Werke*, Bd. 10, 4. Aufl., Olten 1991.

Kastenbaum, R., *Is there Life after Death?* London 1995.

Katz, S. T., »Language, Epistemology, and Mysticism«. In: S. T. Katz, *Mysticism and Philosophical Analysis*. London 1978, S. 22–74.

Kemp, B., J., *Ancient Egypt. Anatomy of a Civilisation*. London 1995.

Kennicutt, R. C., »An old galaxy in a young universe«. *Nature*, 381, 1996, S. 555 f.

Kingsley, P., *Ancient Philosophy, Mystery and Magic*. Oxford 1995.

Kingsley, P., »From Pythagoras to the *Turba Philosophorum*. Egypt and

Pythagorean Tradition«. *Journal of the Warburg and Courtauld Institutes*, 57, 1994, S. 1–13.

Kingsley, P., »Poimandres. The Etymology of the Name and the Origins of the Hermetica«. *Journal of the Warburg and Courtauld Institutes*, 56, 1993, S. 1–24.

Klossowski de Rola, S., *Alchemie. Die geheime Kunst.* München/Zürich 1974.

Kolpaktchy, G., *Ägyptisches Totenbuch.* München 1998.

Küng, H., *Das Christentum.* München 1994.

Lehner, M., *Das erste Weltwunder. Die Geheimnisse der ägyptischen Pyramiden.* Düsseldorf/München 1997.

Lehner, M., »The Development of the Giza Necropolis. The Khufu Project«. *Mitteilungen des Deutschen Archäologischen Instituts, Abteilung Kairo*, 41, 1985, S. 109–143.

Lehner, M., »Giza. A Contextual Approach to the Pyramids«. *Archiv für Orientforschung*, 32, 1985, S. 136–158.

Lehner, M., »Some Observations on the Layout of the Khufu and Khafre Pyramids«. *Journal of the American Research Center in Egypt*, 20, 1983, S. 7–25.

Lehner, M./J. P. Allen/K. L. Gauri, »The ARCE Sphinx Project. A Preliminary Report«. *Newsletter of the American Research Centre in Egypt*, 112, 1980, S. 3–33.

Lindsay, J., *The Origins of Alchemy in Graeco-Roman Egypt.* London 1970.

Lorimer, D. (Hrsg.), *The Spirit of Science.* Edinburgh 1998.

Lorimer, D., »The Near-Death Experience and the Perennial Wisdom.« In: L. W. Bailey und J. Yates (Hrsg.), *The Near-Death Experience*, London 1996.

Malek, J. »Graham Hancock, Fingerprints of the Gods. A Quest for the Beginning and the End«. *Discussions in Egyptology*, 34, 1996, S. 135–142.

Malek, J., »Orion and the Giza pyramids«. *Discussions in Egyptology*, 30, 1994, S. 101–114.

Manuel, F. E., *A Portrait of Isaac Newton.* Cambridge (Mass.) 1968.

May, Edwin C., »The American Institutes for Research Review of the Department of Defense's STAR GATE Program. A Commentary«. *Journal of Scientific Exploration*, 10, 1996, S. 89–107.

Mazar, A., *Archaeology of the Land of the Bible. 10000–586 B.C.E.* Cambridge 1993.

McMoneagle, J., *Mind Trek. Autobiographie eines PSI-Agenten.* Düsseldorf 1998.

Monroe, R. A., *Der Mann mit den zwei Leben. Reisen außerhalb des Körpers.* München 1986.

Moody, R., *Leben nach dem Tod.* Reinbek 1977.

Morehouse, D., *Psychic Warrior.* London 1996.

Morse, M./P. Perry, *Zum Licht.* München 1994.

Naydler, J., *Temple of the Cosmos.* Rochester 1996.

Nelson, R. D./B. J. Dunne/Y. H. Dobyns/R. G. Jahn, »Precognitive Remote Perception. Replication of Remote Viewing«. *Journal of Scientific Exploration*, 10, 1996, S. 109 f.

Neugebauer, O./R. A. Parker, *Egyptian Astronomical Texts*. 3 Bde., Providence (RI), 1960–1969.

Parpola, S., *Letters from Assyrian Scholars to the Kings Esarhaddon and Assurbanipal*. 2 Bde., Neukirchen-Vluyn 1983.

Penrose, R., *Computerdenken*. Heidelberg 1991.

Pinch, G., *Magic in Ancient Egypt*. London 1994.

Platon, »Der Staat«. *Werke in acht Bänden*, Bd. 4, Darmstadt 1971.

Porphyry, *Life of Pythagoras*. In: K. S. Guthrie (Hrsg.), *The Pythagorean Sourcebook and Library*, Grand Rapids 1988.

Principe, L. M., »Robert Boyle's Alchemical Secrecy. Codes, Ciphers and Concealments«. *Ambix*, 39, 1992, S. 63–74.

Puthoff, H. E., »CIA-Initiated Remote Viewing Program at Stanford Research Institute«. *Journal of Scientific Exploration*, 10, 1996, S. 63–76.

Quirke, S., *Altägyptische Religion*. Stuttgart 1996.

Radin, D., *The Conscious Universe*. San Francisco 1997.

Reymond, E. A. E., *The Mythical Origin of the Egyptian Temple*. Manchester 1969.

Ring, K./S. Cooper, »Mindsight. How the Blind can ›see‹ during Near-Death Experiences«. *The Anomalist*, 5, Sommer 1997, S. 28–40.

Ritchie, J., *Blicke ins Jenseits. Berichte von der Schwelle zum Tod*. Bergisch Gladbach 1997.

Rogo, D. S., *Life after Death. The Case for Survival of Bodily Death*. Wellingborough 1986.

Rogo, D. S., *The Return from Silence*. Wellingborough 1989.

Sabom, M. B., *Erinnerung an den Tod*. München 1983.

Schnabel, J., *Geheimwaffe Gehirn. Die PSI-Agenten des CIA*. München/Essen 1998.

Schoch, R. M., *How Old is the Sphinx?* Boston 1992.

Schoch, R. M., »Redating the Great Sphinx of Giza«. *KMT. A Modern Journal of Ancient Egypt*, Bd. 3, Nr. 2, 1992, S. 52–59 u. 66–70.

Schreiner, P., *Bhagavad-Gita*. Zürich 1991.

Shipley, G., *A History of Samos, 800–188 BC*. Oxford 1987.

Shreeve, J., *The Neanderthal Enigma*. London 1995.

Solecki, R., *Shanidar*. London 1972.

Staal, F., *Exploring Mysticism*. Berkeley 1975.

Stemman, R., *Reincarnation. True Stories of Past Lives*. London 1997.

Stevenson, I., *Reinkarnationsbeweise*. Grafing 1999.

Stevenson, I., *Reinkarnation. Der Mensch im Wandel von Tod und Wiedergeburt*. Freiburg i. Br. 1983.

Stevenson, I., *The Evidence for Survival from Claimed Memories of Former Incarnations*. London 1978.

Stoeber, M., *Theo-Monistic Mysticism*. London 1994.

Targ, R., »Remote Viewing at Stanford Research Institute in the 1970s. A Memoir«. *Journal of Scientific Exploration*, 10, 1996, S. 77–88.

Targ, R./H. Puthoff, »Information transmission under conditions of sensory shielding«. *Nature*, 251, 1974, S. 602–607.

Taylor, F., *The Alchemists*. Frogmore 1976.

Teresa von Avila, *Das Leben der heiligen Theresia von Jesu* (= *Sämtliche Schriften*, 1. Bd.). 8. Aufl., München 1994.

Thompson, D. J., *Memphis Under the Ptolemies*. Princeton 1988.

Verne, J., *20000 Meilen unter den Meeren*. Stuttgart/München o.J. [1986].

Wilson, I., *The After Death Experience*. London 1987.

Zaleski, C., *Nah-Todeserlebnisse und Jenseitsvisionen*. Frankfurt a.M. 1993.

Zuntz, G., *Persephone*. Oxford 1971.

Register